Rudolf Tarnow – ein Lebensbild aus Mecklenburg

Rudolf Tarnow, 1925.
Photographiert von A. Kraehmer, Grimmen

Väl Minschen
hett he dat Hart
fröhlich makt.

RUDOLF TARNOW

Ein Lebensbild aus Mecklenburg

von Arnold Hückstädt

HINSTORFF

Das Cover zeigt Rudolf Tarnow,
ein Gemälde von Karl-Heinz Kruse,
Barth 1981

Die Deutsche Bibliothek - CIP-Einheitsaufnahme

Hückstädt, Arnold:
Rudolf Tarnow - ein Lebensbild aus Mecklenburg :
väl Minschen hett he dat Hart fröhlich makt / von Arnold Hückstädt. -
1. Aufl. - Rostock : Hinstorff, 1995
ISBN 3-356-00632-0

1. Auflage 1995
Herstellung: Offizin Andersen Nexö GmbH
Printed in Germany
ISBN 3-356-00632-0

PARCHIM. AM HAFEN. POSTKARTE, UM 1900

DÖRTIG JOHR JÜNGER MÜCHT ICK SIN – DAS JUBILÄUM 1927

Die letzten Februartage des Jahres 1927 verliefen so ganz anders als sonst die Tage im Leben des Rudolf Tarnow. Wie mit einem Schlage war aus der Häuslichkeit seiner Familie die Ruhe gewichen. Ungewöhnliche Geschäftigkeit beherrschte das kleine Haus des Betriebsoberinspektors Tarnow auf dem Sachsenberg bei Schwerin. Häufiger als gewohnt erschienen Besucher vor der Tür und begehrten Einlaß. Bekannte wechselten mit Fremden. Die einen hatten Fragen, wollten Neugier stillen, andere boten Hilfe an, das Fest auszurichten. Denn seit kurzem drehte sich alles um die Vorbereitungen zum Jubiläum des Hausherrn. Rudolf Tarnows sechzigster Geburtstag stand bevor. Der 25. Februar 1927 warf seine Schatten voraus. Mit dem Augenblick, als die Öffentlichkeit davon Kenntnis erhalten hatte, war es nicht mehr möglich, auf das feierliche Ereignis ungestört hinzuarbeiten. Freunde trugen die Kunde herbei, daß offizielle Ehrungen bevorstünden. Der Rundfunk erschien und sendete Tarnows Stimme in den Äther. Presseleute warben wortreich um die Gunst des Jubilars, daß er ihren Fragen die Antwort nicht verweigere. Sie legten ihm nahe, aus Anlaß seines Ehrentages eine Selbstbiographie zu verfassen und zur Publikation freizugeben. – Welch eine verführerische Idee! Doch war sie auch seine Sache? Lange überlegte

Tarnow, ob er sie verwirklichen sollte. Zögernd griff er zur Feder.
Wenn er schließlich bereit war, seinen „sogenannten Werdegang zu Papier" zu bringen, dann nur, weil er sich dem Drängen der mecklenburgischen Zeitungen und niederdeutschen Blätter auf Dauer nicht widersetzen wollte. Was man aber da von ihm verlangte, tat er ungern. Es verursachte ihm Unbehagen. Fast jeder Gedanke, jedes Wort, jede Formulierung kosteten ihn Überwindung, fielen ihm schwer.

Doch es müsse sein, war aus den Redaktionen zu hören. Eine große Leserschar warte darauf. Sie wünsche sich persönliche Mitteilungen aus dem Leben des Autors der „Burrkäwers" und des „Köster Klickermann". Das bevorstehende Jubiläum biete willkommenen Anlaß, die Interessen des Publikums zu befriedigen.

Unangenehm war ihm die Vorstellung, hier in die Rolle des gefeierten Musensohnes zu geraten. Nur widerwillig gehorchte drum die schreibende Hand. Sein bescheidener Sinn sträubte sich vor Betrachtungen, für die ihm das eigene Leben zu klein, zu normal, zu unbedeutend erschien. „Ich habe überhaupt keinen Werdegang", gab er trotzig zu verstehen. Was er dennoch niederschrieb und anläßlich seines 60. Geburtstages veröffentlichen ließ, trägt die Überschrift „Mein sogenannter Werdegang" und lautet:

„Nichts ist mir widerlicher, als meinen sogenannten Werdegang zu Papier zu bringen. Ich habe überhaupt keinen Werdegang. Ich habe dasselbe durchgemacht, was alle übrigen Christenmenschen durchmachen müssen. Am 25. 2. 1867 soll ich geboren worden sein, so steht's wenigstens auf meinem Geburtsschein, und zwar in der Geburtsstadt Moltkes, in Parchim, worauf ich mir in meinen ‚kindlichen' Jahren nicht wenig einbildete. Als ‚Klabater' habe ich mich viel auf der Straße herumgetrieben, habe mich mit den anderen Jungs geprügelt – ich glaube, ich habe immer die meisten gekriegt, weil ich nicht fix genug auskniff – und bin dann zur Schule gekommen. Ich soll ein guter Schüler gewesen sein, die Lehrer haben es wenigstens in den Zeugnissen bestätigt. In einem Fache haben sie sich aber geirrt, die 1 im Fleiß habe ich nicht verdient, ich bin ziemlich faul gewesen, aber aufgepaßt habe ich in der Klasse wie ein Schießhund, und da ich ein außergewöhnlich gutes Gedächtnis hatte, ‚einen behölligen Kopp', so kann ich eigentlich nicht von den Leiden, sondern nur von den Freuden der Schulzeit reden. Nach der Konfirmation kam ich in die Kaufmannslehre ins Kontor einer Tuchfabrik und wäre wohl auch Kaufmann geblieben, wäre heute vielleicht ein angesehener Großkaufmann, wenn mir nicht die Militärzeit einen Strich durch die Rechnung gemacht hätte. Man überredete mich, beim ‚Kommiß' zu bleiben und die Zahlmeisterlaufbahn einzuschlagen. Ich bin darauf eingegangen, habe fast 20 Jahre beim Kommiß abgerissen und wäre wohl heute noch Militärbeamter, wenn ich nicht 1906 durch einen Zufall auf die freie Stelle des Betriebsinspek-

tors an der Landesheilanstalt Sachsenberg aufmerksam gemacht worden wäre. Ich bewarb mich und habe sie erhalten und sitze noch heute hier als wohlbestallter Oberinspektor. Von all diesen Sachen interessiert dich jedenfalls aber nichts, du willst wohl mehr von der dichterischen Ader, vom ‚Erwachen des Genius' etwas wissen wollen? Ja, dorvon bün ick nix fraud worden. Ick kreg mit'n Mal so'n Jieper tau fantesieren un tau riemen, un schrew allerhand Kram, un wenn'ck dat vörläsen ded, denn lachten de Lüd, un dat hett mi kettelt, un ick schrew ümmer mihr, un dunn würd't ein Bauk, un de Lüd köften dat, un ick hew mi dacht: Na, denn man tau! Un hüt sünd dat all 6 Bäuker ‚Burrkäwers' un ein Band ‚Köster Klickermann' un ein Band ‚Rüter-Püter' un ein Band ‚Ringelranken', un in'n ganzen sünd jo woll an 150 dusend Bäuker verköfft, un wenn mi weck Lüd ok runner makt hemm, un mien Bäuker wiern gornich tau bruken, un ick süll mi blot nich inbilden, dat ick'n plattdütschen Dichter wier, denn hew ick ehr seggt: Ick will jo ok gor keiner sien, un wenn ji mien Bäuker nich läsen willt, denn lat't ji dat blieben, ick dremmel jug kein Bäuker an, dat makt Hinstorff, un wecken mien Bäuker nich gaud naug schräben sünd, de kann sick jo sülwst hensetten und bäder schrieben. Un denn hemm's mi taufräden laten, un hüt mögen mi de meisten Lüd, de mi kennen, ganz giern lieden, un ick dauh ok keinen wat, ümmer grad tau un so un so. – Un nu bün ick sößtig Johr worden, un allerhand Kemedie un Hopphei hemm s' mit mi makt. – Kinnings, lat't mi taufräden! Ick sitt lewer in mien stille Eck un drink einen Buddel Rotspohn. Wat ick woll möcht, könnt ji alltauhop mi nich gäben: Dörtig Johr jünger mücht ick sin, denn wull ick jug öwer wiesen, wat'n Hark is! O ha – o ha!"

Rudolf Tarnow hat seine Autobiographie sehr knapp bemessen. Er beließ es beim Skizzieren einiger äußerer Stationen seines Lebensweges. Mehr hingegen berührte ihn, welchen Widerhall seine Bücher fanden, wie mit ihnen umgegangen wurde. Was er dazu anzumerken hatte, nahm er auf in den Abriß seiner Selbstdarstellung. Neben freundlicher Zustimmung gab es immer auch Äußerungen der Kritik und Ablehnung. Tarnow tröstete sich mit der besänftigenden Erkenntnis: „Hüt mögen mi de meisten Lüd, de mi kennen, ganz giern lieden."

Der 25. Februar 1927 war gekommen. Rudolf Tarnows sechstes Lebensjahrzehnt hatte sich vollendet. Der Jubilar wurde mit Gratulationen und Huldigungen überschüttet. Widerstrebend ergab er sich in die vielen Ehrungen und öffentlichen Würdigungen. Am liebsten hätte er sich ihnen entzogen. Nicht verwunderlich also, wenn er sie schmunzelnd und ein wenig abwehrend „allerhand Kemedie un Hopphei" nannte. Seine Bitte: „Kinnings, lat't mi taufräden!" entsprach seinem Wesen. Sie war ernst gemeint.

Die Kritiker ließen ihn – von wenigen Ausnahmen abgesehen – einstweilen wirklich zufrieden. Die Leser aber gaben keine Ruhe. Beständig verlangten sie Neues aus der Welt der „Burrkäwers“ und aus dem Leben des Kösters Klickermann.

Rudolf Tarnow erfreut sich im niederdeutschen Sprachraum, vor allem in Mecklenburg und Vorpommern, großer Beliebtheit. Wie Fritz Reuter steht auch er hoch in der Gunst des Publikums. Die Mecklenburger haben seine Figuren ins Herz geschlossen. Sie lieben seine Bücher, lesen seine Geschichten und hören auf seine Töne, die plattdeutschen Klänge der Heimat: Mit Bedacht die leisen, mit Ungeduld und Begeisterung die kräftigen, die er in den Pointen so wirksam anzuschlagen weiß.

Elternhaus und Kindheit in Parchim

Wo kümmt Parchen tau dat grote Feld?

Parchim, die Geburtsstadt Rudolf Tarnows, war bei allen Vorzügen, die sie als Vorderstadt gegenüber den Nachbarstädten besaß, um die Mitte des vorigen Jahrhunderts doch nur eine typische mecklenburgische Landstadt. Größer als die anderen, mit 7 234 Einwohnern, wie die Volkszählung von 1867 ergab, eben nur eine Kleinstadt.

Die Flußläufe der Elde und die Wallanlagen hielten das Städtchen umarmt, als müßten sie es noch immer beschützen und darauf achten, daß seinen Bürgern nichts zu Leide geschehe. Die Bewohner der Eldestadt lebten einfach, wohnten bescheiden und arbeiteten fleißig. Mit Tüchtigkeit betrieben sie alle jene Gewerbe, die sie von den Vorvätern übernommen hatten und die sie dereinst ihren Nachkommen übergeben würden.

Im Jahre 1867 wohnten und wirkten in Parchim rund 750 Handwerker, Kleinhändler und Fuhrleute. Nach dem Rhythmus ihrer Arbeit schlug der Puls dieser Stadt, ordnete sich das Leben in ihr. Doch auch Ackerwagen polterten auf ihren Straßen, Knechte zogen mit Pferdegespannen auf die Felder hinaus. Viehhaltungen aller Art hinterließen ihre untrüglichen Spuren auf Gehwegen und in Rinnsteinen. Denn fast alle – ob Schuster, Schneider oder Händler – waren sie auch Ackerbürger, wußten um das Nützliche ihrer kleinen Wirtschaften und verstanden gut, mit Sense und Dreschflegel umzugehen.

Parchim war die mecklenburgische Landstadt mit den meisten Ackerbürgern, mit der größten Feldmark. Seit alters her verfügte die Eldestadt über eine riesige Feldflur von annähernd 15 000 Hektar. Da mußte sie sich oft der Mißgunst ihrer Nachbarn erwehren. „Un de Parchenschen säden tau de Lübser: „Ji Snurrerwohr, wat willt ji hir? Willt ji uns den Drank dünn maken? – Marsch mit jug! – Ein jeder bliw för sick' “, schreibt Fritz Reuter in seiner „Urgeschicht von

Meckelnborg". Er schildert, wie die Stadtarmen aus ganz Mecklenburg zusammenkommen, vor Dörchläuchten hintreten und ihn fragen: „Ja, Herr", säd de ein, „...äwer wo kümmt Parchen dortau?" – „Ja, wo kümmt Parchen tau de välen Stadtgäuder?" säd de drüdde. – „Wo kümmt Parchen tau den Sünnenbarg?" rep de vierte. – „Wo kümmt Parchen dortau?" repen's nu alltausamen. – „Dummen Snack!" säd Dörchläuchten, „wat gellt mi Parchen an? Dorüm ward ick mi vel kümmern. Wat einer hett, dat hett hei."

Wären die Ackerbürger Parchims allein auf die Erträge ihrer kleinen Landwirtschaften angewiesen, sie müßten, wie ihre Vorfahren in Reuters „Urgeschicht", empört aufbegehren und beklagen, „dat sei en Stück Land kregen hadden, taum Lewen tau wenig un taum Dodhungern tau väl."

Handwerk und Ackerbau, diese wohl häufigsten Erwerbskombinationen der mittelständischen Bevölkerung in Parchim, waren über das ganze Stadtgebiet verbreitet und bestimmten augenfällig dessen Bild. Weniger zu bemerken in der Mitte der Stadt, wo auf dem Markt ein stattliches, aus rotem Backstein gebautes gotisches Rathaus von seiner Würde und seinem Alter kündete. Die kleinen Gewerbe waren mehr nach den Rändern hin angesiedelt, wo die Straßen der Altstadt noch enger und die Häuser noch kleiner waren. Dort schufen Meister und Gesellen in ihren Werkstätten fürs tägliche Brot, kümmerten sich Frauen um Kinder und Hausstand, versorgten Arbeitsleute das Vieh.

In der Alten Mauerstraße

In der Alten Mauerstraße (heute Am Wallhotel) wohnte und arbeitete in dem Haus mit der Stadtbuchhausnummer XXXVIII a (achtunddreißig a) der Schuster Heinrich Tarnow. In den amtlichen Registern stehen seine drei Vornamen Karl Heinrich August, auf die er getauft worden war. Gerufen wurde er Heinrich.

Heinrich Tarnow kam aus einfachen sozialen Verhältnissen. Sein Vater, Johann Joachim Peter Tarnow, war ein Parchimer Arbeiter oder Arbeitsmann, wie man damals sagte. Am 25. September 1837 ist Heinrich Tarnow in Parchim geboren worden. Nach der Schulzeit kam er in die Lehre als Schuh- und Pantoffelmacher. Dann arbeitete er etwa zehn Jahre lang als Schustergeselle in seiner Vaterstadt. Eine Zeit, die er gut genutzt hat, um sein Handwerk noch besser zu beherrschen. Er versäumte allerdings auch nicht, sich unter den Mädchen der Eldestadt umzusehen. Seine Wahl fiel auf die sieben Jahre jüngere, am 21. Januar 1844 in Parchim geborene Dorothea Friederica Pingel, Tochter des Arbeitsmannes Christian Pingel. Bevor sie den Bund fürs Leben schlossen, wollte Heinrich Tarnow unbedingt die gewerbliche Selbständigkeit erreichen. Der Meisterbrief sollte sein

Geschenk zu ihrer Hochzeit sein.
Seine ganze freie Zeit und die Feierabende gehörten von nun an der Vorbereitung auf die Prüfung und den Vorarbeiten fürs Meisterstück. Anfang Januar 1866 wandte er sich mit seiner Absicht, die Meisterprüfung abzulegen, an den Vorstand des einheimischen Schusteramtes. Das Parchimer Schusteramt gab auf seiner Vorstandssitzung am 16. Januar 1866 zu Protokoll: „Der Geselle Tarnow meldete sich zur Meisterprüfung unter Vorlegung der Niederlassungszusicherung des hiesigen Magistrats. Zum Prüfungsmeister wurde Besendahl und zum Stückmeister H. Rohde gewählt. An Gebühren sind 10 Taler bezahlt."
Schon auf der nächstfolgenden Vorstandssitzung des Schusteramtes am 10. Februar 1866 wurde ins Protokoll geschrieben: „In heutiger Vorstandsversammlung legte der zur Meisterprüfung gemeldete Geselle Tarnow sein Meisterstück vor. Dasselbe wurde für genügend befunden, und ist der p. Tarnow, nachdem er auch die mündliche Prüfung bestanden hatte, zum Meister auf- und angenommen."
Den wichtigsten Schritt in seinem beruflichen Leben hatte Heinrich Tarnow damit getan. Nun sollte es ihm möglich sein, eine Frau und eine Familie zu ernähren. Der Eheschließung stand nichts mehr im Wege. Heinrich Tarnow und Dorothea Pingel heirateten am 27. April 1866.
Ihnen wurde am 25. Februar 1867 ihr erstes Kind geboren. Es war der gewünschte Sohn. Sie nannten ihn Rudolf.
Der nun selbständig tätige Schuhmachermeister Heinrich Tarnow versuchte alles, seine Kunden, die anfangs noch nicht so zahlreich den Weg zu ihm fanden, zufriedenzustellen. Er ließ sich nicht entmutigen. Seine fleißige und gute Arbeit sprach sich herum. Immer mehr Parchimer und Bewohner vom Lande kamen in seine Werkstatt in der etwas abseits gelegenen Alten Mauerstraße. Er arbeitete allein. Und in der Stadt gab es außer ihm noch 132 Berufskollegen, die ihr Fach verstanden. Doch das junge Familienglück, das ihm seine Frau und Sohn Rudolf bedeuteten, verlieh seinen Kräften Flügel. Die brauchte er auch. Denn es warteten auf ihn noch die vielen landwirtschaftlichen Verrichtungen, die ihm Sorgfalt und Mühen abverlangten, wollte er, daß seine Felder Früchte trugen. Einen Landarbeiter oder zeitweiligen Gehilfen konnte er sich nicht halten. Heinrich Tarnow war seinen Aufgaben gewachsen und hatte Erfolg.

Das Familienglück aber blieb nicht ungetrübt. Ihr am 26. Februar 1869 geborener zweiter Sohn, Friedrich, erkrankte an Gehirnhautentzündung und starb am 16. Juni 1870.

Rudolf entwickelte sich gut. Mit Freude beobachteten die Eltern alle Fortschritte seines kindlichen Werdens. Für einen Dreijährigen war er schon recht weit in seiner Entwicklung. Plötzlich war auch sein Leben bedroht. Große Aufregung und Ratlosigkeit herrschten in der Familie Tarnow und bei den Nachbarn. Unbemerkt hatte der kleine Rudolf das Haus verlassen, auch die Spielplätze und die Straße und war nirgends zu finden.

„Dat wier an einen Sünndagsmorgen, un mien Oellern wiern tau Kirch west und harrn Kirchgang hollen. Mien Großvadder süll up mi uppassen, oewer ick wier em doch heimlich utknäpen un wier nah'n Baukholt hendüst un wier dor verbiestert. Un denn wier ick in disse Stickdannen ringeraden un wier dor inslapen. Un as mien Oellern von de Kirch trüggkamen sünd, dunn wier de Jung weg – un Holland wier in grote Not. Ganz Parchen kem in Upprägung, mit Stangens un Dingers würden all de Wadertümpels in de Herzogslinden afflscht, de Draguners würden mobil makt, dat ganze Baukholt würd afströpt, oewer in de Stickdannen hett mi keiner funden. Un in unsen Hus' wier grot Jammer un Sorgen, un mien Mudder wrüng de Händen. Spät abends is mien Vadder noch einmal in't Baukholt gahn, ahn Hapen, mi tau finden – un dunn hett he von wieden wat garren un quieken hürt, as wenn dor ein Vagel in Aengsten seet, un he is den Ton nahgahn, ümmer wieder in de Stickdannen rin – un dunn harr he mi. Uns' Vadder hett uns oft vertellt, bös harr ick utseihn, hinnen un vörn vullsoelt, oewer he harr mi up sien Arm nahmen un harr mi drückt, un as he tau Hus ankamen wier, dunn wier ick indrust west. Un mien Mudder sall sick ganz dull freut hemm un hett de ganze Nacht vör Freuden weint.“ So beschrieb Rudolf Tarnow im Alter ein Kindheitserlebnis, von dem er nur aus den wehmütigen Erinnerungen seiner Eltern wußte.

Unweit ihrer Wohnung, ein paar Schritte in die Straße Auf dem Sassenhagen hinein, wurde ein neues Haus gebaut. Das Jahr 1873 neigte sich seinem Ende entgegen. Am Jahreswechsel hielten Heinrich und Dorothea Tarnow Rückschau auf das alte Jahr, auf Geleistetes und Erreichtes, aber auch offen gebliebene Wünsche. Sie schmiedeten Pläne. Sie könnten gut eine größere Wohnung gebrauchen. Die Familie zählte doch bereits sechs Köpfe. Vor zweieinhalb Jahren, am 23. Juli 1871, war ihr Sohn Heinrich zur Welt gekommen und nun, vor wenigen Wochen erst, am 29. Oktober 1873, ihre Zwillinge, die Mädchen Ida und Minna. Auch ein passenderer, vor allem hellerer Raum für die Schuhmacherei wäre nicht schlecht. Sie waren entschlossen.

Wann die Familie Tarnow in dieses neue Haus Auf dem Sassenhagen 52 (heute die Hausnumner 51) eingezogen war, ließ sich nicht mit Bestimmtheit feststellen. Wahrscheinlich schon im Laufe des Jahres 1874.

Das neue Wohn- und Werkstattgebäude des Schusters Heinrich Tarnow ist ein kleines, zweigeschossiges Bürgerhaus. Es reiht sich unauffällig ein in die Häuserzeile dieser Altstadtstraße. Die der Straße zugewandte Seite ist schmal und schlicht in ihrer Gestaltung. Eine Kassettenhaustür, ein vielfach gegliedertes Oberlicht und fünf relativ große Sprossenfenster mit um-

RUDOLF TARNOWS ELTERNHAUS
IN PARCHIM
AUF DEM SASSENHAGEN 51.
HIER WOHNTE RUDOLF TARNOW
VON 1874 BIS 1885.

GEDENKTAFEL AN
RUDOLF TARNOWS ELTERNHAUS
IN PARCHIM.
ANGEBRACHT 1989

laufenden, aus dem Putz plastisch hervorgehobenen Profilleisten zieren die Fassade und verleihen ihr ein freundliches, einladendes Aussehen.

Dem etwa sechsjährigen Rudolf war der Abschied von der alten Wohnung nicht schwergefallen. Es ging doch nur um die Ecke. Die vertrauten Spielstätten, wie Fleegenpool und gräune Pump, waren ihm ja geblieben und auch die Kinder der Nachbarn, seine Spielfreunde.

Als Klabater in Parchims Straßen

Wo sich die Straße Auf dem Sassenhagen und die Alte Mauerstraße im spitzen Winkel zur Straße Am Wallhotel vereinigen, bildeten sie eine platzartige Verbreiterung mit dem Fleegenpool in der Mitte. Der Fleegenpool, ein flaches, ungefährliches Wasserloch, war auch im Sommer vor dem gänzlichen Austrocknen bewahrt, weil ihm aus der dichtbei stehenden Pumpe – der gräunen Pump, wie sie der Volksmund nannte – stets neues Wasser zugeführt wurde. Die gräune Pump spendete Trinkwasser für alle, die hier wohnten, und gab dem Fleegenpool das Leben, zur Freude der Kinder, die hier gern spielten. Am Fleegenpool begann und endete die kindliche Vorstellungswelt Rudolf Tarnows, wenn ihn seine Träume über die Grenzen elterlichen Behütetseins hinausführten.

Bald aber drang er weiter ein in die Wirklichkeit seiner Umwelt, wagte sich bis ans Kreuztor vor, gelegentlich auch auf die nahegelegenen Wallanlagen hinaus. Dort fühlte er sich unbeschwert und wohl, war er ausgelassen und voller Tatendrang beim Durchstreifen unbekannten Geländes.

In einer kleinen, noch unveröffentlichten Geschichte mit dem Titel „Von de Parchenschen Wallanlagen" schreibt Tarnow später: *„So hett ok Parchen sien Murn un sien Stadtdure hatt, un an de Städen, wo de Urt nich dörch de Eld un dörch Sump un Wischen deckt wier, dor flööt ein Wallgraben, un de wier hoch vull Wader. Mit de Johren is disse Graben versackt un städenwies tauwussen. Dat Wader löp nich mihr af, dat blew stahn un stünk, un de ganze Anlag wier so bilütten blot noch ein Rebeit för Müggen un Poggen worden. De Murn güng dat ok nich väl bäder, se würden bröcklig un fölen üm un wieren nich mihr säker, un de Stadtdure würden nah un nah afbraken, se stünden blot noch in'n Wäg'. In dissen Taustand ungefihr wieren de Wallanlagen in mien Kinnertied. As Jungs müchten wi dor tau giern ümher toben un Verstäk un Räuber un Soldat spälen. Blot dor müßt'n sick vörseihn, dat einer nich in de Pütten ringeraden ded, de wieren man einmal deep un murrig, un ick weit nich, wat nich Parchen grad dorüm den schönen Oekelnamen ‚Pütt' krägen hett."*

Angesichts der altersgebeugten Häuser des Wohnviertels, insbesondere der Alten Mauerstraße, befiel den Knaben Rudolf Tarnow oft Beklommenheit, zuweilen auch Angst. Ob es denn in diesen Häusern wirklich spukte? Wenn er bedachte, wie klein und grau und alt sie schon waren, wie sie sich gegenseitig stützen mußten und keines mehr allein für sich stehen konnte, hätte es nicht das bißchen Halt bei den anderen noch, dann glaubte er, was sich die Leute erzählten: *„Parchen wier tau dunnmalig Tieden för't Späuken grad dat richtig Flag, un in uns' Strat, up'n Fleegenpool, dor wier't am düllsten begängen, dor hett dat ümmer ganz gräsig späukt, dor späukte dat binah in jeden Hus."* So schrieb Tarnow 1932 in seiner Erinnerungsskizze „Von oll Tieden un Späuken".

Merkwürdig und geheimnisvoll mußte ihm wirklich manches erscheinen, das er in seiner Nähe wahrnahm. Am meisten wunderte er sich darüber, daß täglich und ganz selbstverständlich von einem Tor geredet wurde, das es gar nicht mehr gab. Was hatte es auf sich mit diesem Tor, das sie Kreuztor nannten? Erst viel später erfuhr er, daß das Kreuztor – dat Dur, wie man in der Sprache ihres Stadtteils sagte – in den Jahren 1847/1848 abgetragen worden war.

Größer und zu einem richtigen Klabater der Straße geworden, unternahm er oft und gern Streifzüge weiter in die Stadt hinein, immer auf Entdeckungen aus und immer mit neuen Eindrücken und wichtigen Erkenntnissen zurückkehrend: *„Na, ick wier dor un güng dörch dat oll lew Nest, mit sien beiden Kirchtorns, de mi all von wieden tauwinkt harren. Dörch de krummen Straten mit ehr fründlichen Hüser, tausamenwörpelt as Spälgeschirr in 'ne Wihnachtsschachtel, all krüz un quier* *dörcheinanner. Ick glöw, för richtige Slagordnung in de Bugeri hemm uns' ollen Vörfohren nich väl oewer hatt. Un doch kem mi Parchen – wi säden Parchen, as ick lütt wier, nich Parchim – so grot un mächtig vör, wi wieren jo Vörderstadt, wi harren twei Burmeisters un wi harren mal so väl tau seggen as de annern. Wat wier dorgegen Slat un Porsch un ierst Möderitz? Gornich up de Tell! Kem ick mal dörch disse Dörper, denn ded ick mi ollich dick. Wat sünd ji lütt gegen uns! Ji sünd gornix gegen Parchen – un ick bün ut Parchen! Ick gah de Moehlenstrat an de Eld lang, dor, wo ick as Jung so oft angelt harr, ümmer Wietings un Snieders, wat anners beet bi mi nich an. Anner Jungens angelten ümmer Bors un Häkt, oewer ick glöw, se hemm bannig lagen un wullen sick blot upspälen. Ok in mien kindlichen Johren würd bi't Angeln all utverschamt lagen!"*

So erinnert sich Tarnow in seiner Parchimskizze „'n lütten Afstäker in mien Jugendland". In dem anderen, ebenfalls 1932 entstandenen Erinnerungsbericht „Von oll Tieden un Späuken" finden sich Stellen, die liebevoll bezeugen, wie eng die Beziehung zwischen Vater Tarnow und Sohn Rudolf gewesen ist. Noch nach Jahrzehnten wußte Rudolf Tarnow die Begeisterung wieder wachzurufen, die ihn jedesmal erfaßt hatte, wenn er seinen Vater auf dessen Spaziergängen oder bei Feldbesichtigungen begleiten durfte. An der Seite des Vaters hat Rudolf die landschaftlich reizvolle Umgebung Parchims, dessen stattliche Feldflur, die benachbarten Dörfer und die Schönheiten der Natur kennengelernt sowie viel Wissenswertes aus der Geschichte erfahren: *„Mien Vadder künn mi kein grötter Freud maken, as wenn he Sünndags nahmiddag nah'n Feld güng un mi bäten mitnehm. Denn würd uns' Acker beseihn, woans de Rogg' stünn un wat de Tüffel all behüpt warden künnen un wat noch Wader in de Wisch stünn, un denn künn ick fragen, wat ick wull, mien Vadder wüßt oewer alls Bescheid. He hööl denn so'n richtig Schaulstund mit mi af, un ick hew väl von em profentiert.*
He vertellte von Hünengräwer, von Stiern un Steiner, von de Flurnamens up de Feldmark un woher de Namens stammen deden. He wieste mi de Städen, wo sörredem anner Dörper stahn harren, von de hüt nix mihr tau seihn wier, he verklorte mi dat mit den Fangeltorn bi Stralendörp un von de Burg up'n Bleikerbarg, un dat hier in ollen Tieden de Obotriten un de Wenden ehr Dauhn hatt harren un dorbi flickte he dat mit in, dat wi – de Tarnows – ok von de ollen Wenden afstammen süllen. ... Dit so näbenbi! Wi gahn wieder oewer de Feldmark. Wi harren an de Eld bi Slat ok ein Stück Acker un poor Torfwischen, wenn wi de beseihn wullen, denn müßten wi dörch dat Baukholt oewer den Pathenbarg gahn."

Von den Freuden der Schulzeit

Um das Schulwesen war es nicht gut bestellt in Parchim. Seit längerer Zeit schon wurde heftig darüber gestritten,

MITTELSCHULE IN PARCHIM. ERBAUT 1873. RUDOLF TARNOW BESUCHTE DIE MITTELSCHULE VON 1873 BIS 1881.

wie diesem schlechten Zustande abzuhelfen wäre. Bis in die Mitte der sechziger Jahre gingen die zum Teil energisch geführten Diskussionen um Besserung der Parchimer Schulverhältnisse zurück. Man forderte die Einrichtung einer gehobenen Bürgerschule. Endlich fanden Vorstellungen dieser Art, von dem Senator Beyer mehrfach formuliert und vorgetragen, beim Magistrat Gehör.

Am 2. Januar 1871 beschlossen Rat und Bürgerausschuß, ein neues Schulgebäude zur Aufnahme von mindestens zwölf Klassen der zu gründenden Mittelschule erbauen zu lassen. Am 6. Juli 1872 begann das Baugeschehen. Der Kostenanschlag sah 17 591 Taler vor. Am 13. Oktober 1873 wurde die neue Schule Parchims eingeweiht.

Gerade noch rechtzeitig, mochte Vater Heinrich Tarnow gedacht haben, denn das stand für ihn fest, seinem Sohn Rudolf den Besuch der Mittelschule zu ermöglichen. Keinen Augenblick lang wurde er schwankend in seiner Entscheidung, etwa der zu zahlenden Kosten wegen, wie Aufnahmegebühr, vierteljährliches Schulgeld, Tintengebühr und Turngeld. Rudolf hat diese Chance, die ihm Vater und Mutter boten, bei allem, was über seine Schulzeit und seine schulische Entwicklung bekannt geworden ist, gut genutzt.

Rudolf Tarnow war einer von den 164 Jungen, die in diese neue Bildungsanstalt unmittelbar nach ihrer Übergabe am 13. Oktober 1873 aufgenommen worden sind. Die Schule selbst hatte für ihn aber bereits zu Ostern begonnen. Entweder hat er anfangs zu einer der beiden Mittelschulklassen gehört, die man provisorisch in der alten Ratsbude eingerichtet hatte, oder er ist ein paar Wochen lang, wie die meisten der künftigen Mittelschulbesucher, in die Elementarschule gegangen, gleichsam als eine Art Eingewöhnung beziehungsweise Vorübung.

Sechs Lehrer und eine Lehrerin mußten neu verpflichtet werden, um die Mittelschule in Betrieb nehmen zu können. Alle Namen der Lehrkräfte sind überliefert, ein Köster Klickermann war nicht darunter; vielleicht aber jemand, der ein wenig die Art Klickermanns, d.h. Züge seines Wesens und seiner Unterrichtsweise, besaß. Konnte unter der Lehrerschaft Parchims ein Klickermann nicht ausgemacht werden, so waren unter den Schülern und Kindern dieser Stadt alle die bekannten Namen wie Bohn, Besendahl, Moll, Schnoor, Griem und Pingel vertreten. Was nicht heißen kann, daß der Schüler Rudolf Tarnow alle die lustigen Begebenheiten und deftigen Streiche, die der Autor Tarnow später von diesen Kindern erzählte, selber miterlebt hatte. Ganz gewiß nicht in der ausgebreiteten Fülle und Direktheit.

Es gab keine Komplikationen, die die Schulzeit Rudolf Tarnows empfindlich beeinträchtigt hätten. Weder Krankheiten noch Lernschwierigkeiten behinderten ihn, gut voranzukommen. Er durfte mit den erzielten Ergebnissen zufrieden sein. Und er war es auch, denn, wie heißt es in seiner Autobiographie?: *„Ich soll ein guter Schüler gewesen sein, die Lehrer haben es wenigstens in den Zeugnissen bestätigt. In einem Fache haben sie sich aber geirrt, die 1 im Fleiß habe ich nicht verdient, ich bin ziemlich faul gewesen, aber aufgepaßt habe ich in der Klasse wie ein Schießhund, und da ich ein außergewöhnlich gutes Gedächtnis hatte, ‚einen behölligen Kopp', so kann ich eigentlich nicht von den Leiden, sondern nur von den Freuden der Schulzeit reden."*

Zu den angenehmen Erinnerungen an die Schulzeit wird auch jene kleine Abhandlung in Naturlehre gehört haben, die er als dreizehnjähriger Schüler der Oberklasse im Frühjahr 1880 geschrieben hat. Sie ist erhalten geblieben und wird zusammen mit anderen ausgewählten Arbeiten von einigen seiner Klassenkameraden im Parchimer Stadtarchiv aufbewahrt. Sie behandelt „Die Metamorphose der Insekten". Angesichts solch spröden Stoffes darf man gespannt sein, wie Rudolf Tarnow die Aufgabe gelöst hat. Ein kleiner Auszug mag zeigen, daß der Dreizehnjährige den Metamorphosen recht unbefangen, locker fast, zu Leibe gerückt war. Streckenweise deutet sich gar an, zu welcher anschaulichen Ausdrucks- und Gestaltungsweise er immerhin schon in der Lage gewesen ist. Es heißt darin: *„Die meisten Insekten verwandeln sich gewöhnlich vier Mal. Sie erscheinen nämlich als Larve, als Raupe, als Puppe und als vollständiges Insekt. Die Larve hat keine Beine, die Raupe hat über 6, aber unter 18 Füße. Hat die Raupe 22 Beine, so nennt man sie Afterraupe. Die Zahl der Eier ist bei den Insekten sehr groß.*

Bei der Seidenraupe beläuft sie sich auf 400, bei den Bienen sogar auf 12 000. Die Zeit der Entwicklung des Tieres, d.h. vom Ei bis zum vollständigen Insekt, ist sehr verschieden. Bei den Bienen dauert sie ungefähr 5 Wochen, bei der Seidenraupe schon 10 bis 12 und beim Maikäfer sogar 3 bis 5 Jahre. Die Verwandlung der Seidenraupe geschieht auf folgende Weise: Die Eier der Seidenraupe sind kaum so groß als der

Kopf einer Stecknadel. Die Sonne brütet die Eier aus und aus jedem entsteht eine kleine schwarze Raupe mit 16 Füßen, welche sogleich auf Nahrung ausgeht. Bald tut sie Tag und Nacht nichts weiter, als daß sie frißt. Nachdem sie etwas größer geworden ist, bleibt sie einige Zeit sitzen, als wäre sie krank. Bald aber zeigt es sich, daß die alte Haut ihr zu eng geworden ist und daß sie zerspringt. Sie häuten sich ungefähr 3 bis 4 Mal. Mit jeder Häutung wird das neue Kleid heller und größer. Nach 5-6 Wochen ist das Tier schon so lang wie ein kleiner Finger. Die Raupe hat am Körper mehrere Drüsen, hauptsächlich vor der Stirn, in welcher sich sogenannter Spinnsaft befindet.

Aus diesem macht sie einen feinen Faden, welchen sie befestigt und um sich dreht. In 7-8 Tagen entsteht so aus diesen Fäden ein länglich runder Ball, den man Kokon nennt. Die äußere Schicht dieses Kokons ist sehr ungeschickt gesponnen, während die Fäden der unteren Schicht sehr fein sind. Inwendig im Kokon ist ein kleiner Raum, in welchem die Raupe als tot liegt. In diesem Zustande wird sie Puppe genannt. Aber schon nach 2 Wochen zerspringt die braune Haut der Puppe und der Schmetterling heraus. Er benetzt das Gewebe mit einigen Tropfen eines Saftes, welchen er bei sich hat. Das Gewebe wird zerfressen, und der Schmetterling fliegt heraus. Ganz anders ist es beim Maikäfer. ...“

Trotz aller Erfolge, die Rudolf Tarnow in der Schule hatte, konnte er es nicht erwarten, ihr und den Lehrern Valet zu sagen und ungeduldig dem Leben entgegenzugehen, ganz so, wie er es in dem Gedicht „Dat Janken“ später ausgedrückt hat:

„Un as ick in de Schaul denn seet
Un mi dat suer warden leet
Un mi den Kopp terbrök,
Dunn güng mien Janken hen un her:
Wenn 'ck blot ierst wedder ruter wier
Un wat ick denn woll mök!“

Rudolf Tarnow ist 1881 als Vierzehnjähriger aus der Oberklasse, der höchsten Stufe, die an der Parchimer Mittelschule zu erreichen war, mit guten Noten und guten Empfehlungen entlassen worden.

Lehrjahre. Erste Liebe

Die Schulzeit war vorbei, vor Rudolf Tarnow stand ein neuer Lebensabschnitt. Noch wußte er nicht, welchen Weg ins berufliche Leben er gehen sollte. Zu einem Handwerker schien ihm die manuelle Geschicklichkeit zu fehlen. Schriftliches lag ihm besser. Lange überlegten sie – Vater, Mutter und Rudolf – , was nun zu tun sei. Am besten wäre eine kaufmännische Ausbildung in einem der größeren Betriebe oder Handelshäuser Parchims. Trotz des landstädtischen Charakters gab es in Parchim eine Reihe nennenswerter Fabriken und Handelsunternehmen. Nächst Rostock waren es die meisten und bedeutendsten in Mecklenburg, z.B. Zichorienfabrik, Gipsmühle, Tuchfabrik, Kornmühle und

Tuchfabrik von Curt Heucke in Parchim, Tarnows Lehr- und Arbeitsstätte als Kaufmann von 1881 bis 1885

ausgedehnte Spirituosen- und Getreidehandlungen.

Rudolf Tarnow erhielt eine Lehrstelle als Kaufmann im Kontor der städtischen Tuchfabrik von Curt Heucke. Seine Ausbildung begann am 1. Oktober 1881.

Die Tuchherstellung besaß lange Traditionen in Parchim und hat das Wirtschaftsleben der Vorderstadt maßgeblich mitbestimmt. Um 1850 waren hier rund 75 Tuchmachermeister ansässig, bei denen zahlreiche Gesellen arbeiteten. Das Tuchmacheramt betrieb eine Tuchfabrik. Diese war mit allen zu der damaligen Zeit modernen Maschinen der Tuchproduktion ausgestattet, z.B. mit Wollmaschinenspinnereien, Pressen, Schermaschinen, einer Walkmühle usw.

Im Kontor der Tuchfabrik hatte der Lehrling Rudolf Tarnow seinen Arbeitsplatz. Hier wurde er vertraut gemacht mit den Grundlagen kaufmännischer Arbeit. Er schrieb Bestellisten, führte Buch über Warenbewegungen und erlernte das kommerzielle Rechnen. Die Ausbildung war gründlich und brauchte ihre Zeit. Keine leichten Jahre für Rudolf Tarnow. Etwa um 1884/85 hatte er seine Lehre erfolgreich abgeschlossen.

Was in Rudolf Tarnows Kindheit der Fleegenpool gewesen ist, war in seinen Jugendjahren die gräune Pump. Natürlich nicht Spielplatz, sondern abendlicher Treffpunkt für ihn und die Jugendlichen dieses Stadtteils. Rudolf wohnte bei den Eltern Auf dem Sassenhagen 51 und gehörte zu den jungen Leuten, die mit den Stätten am Kreuztor verbunden geblieben sind, die hier ihr „Jugendland" hatten und daran festhielten.
Häufig zogen die Mädchen und Jungen des Abends vom Treff „gräune Pump" weiter hinaus ins nahegelegene Buchholz, das wegen seiner Naturschönheiten bei alt und jung beliebt war.

Nach Jahrzehnten, Tarnow war ein Mann mit grauen Haaren, wiederholte er einen solchen Spaziergang ins Buchholz. Was sich seinen Augen zu beiden Seiten des Weges dorthin darbot, rief widersprüchliche Gefühle in ihm hervor, neben Bewunderung auch Enttäuschung: *„Ick gah nah'n Baukholt runner. Wo oft bün ick dissen Weg langströpt! Dunn wier dat aewer noch ein Fautstieg. ... Hier hett sick Parchen mächtig rutmakt! Tau beiden Sieden stahn staatsche Hüser, ut den Fautweg is 'ne breide Allee worden, de Grabens sünd tausmäten. Dat schient, as wenn ok de Kauhhiert hier nich mihr langtreckt, sünß müßt de Weg woll düller vullklackert sien. Ja, Parchen hett sick rutmakt! Sünß stünden de Gordens bet an't Baukholt ran in'n Frühjohr vull Grundwader, – dat Wader is weg, de Gordens sünd weg, ok de Ilenpool is weg, den hemm s' tausmäten. Dunn säden de Lüd, de Pool seet stief vull Ilen, de sögen dat Blaut ut. Mien Mudder aewer säd, dor seet de Wadermöhm in, ick süll nich tau dicht rangahn. Ick hew kein Ilen un kein Wadermöhm seihn, aewer väl Poggen hew ick nachts quarken hürt, un murrig wier de Pool man einmal."*

Im Buchholz selbst fand er dann alles unverändert vor, und erinnerungstrunken gab er sich Bildern hin, die ihm von der Jugendzeit her vertraut waren: *„Dat Baukholt liggt vör mi ..., un hier find ick dat all so wedder, as 't in mien Kinnertied wier. Ick hür wedder dat Weihden in de Bläderkronen, ick seih de Böm un de Büscher un Strüker un dat Moß up den Weg un an de Bomstämm, un seih Gras un Krut un de sülwigen Blaumen un Hasenbrahm, de all vör föftig Johr dor stünden, de stahn hüt all noch dor, un dat rückt noch grad so leiwlich as se dunn deden. Un mi ward ganz eigen tau Sinn, un ick kiek mi schu üm – dröm ick? Harr ick de föftig Johr verslapen? – Bildte ick mi dat blot in? – Ick harr doch so oft all up anner Städen ok so'n Böm un Büscher un Blaumen seihn un dor wier mi doch nich so west, wier dit denn wat anners? – Ja, dit wier ganz wat anners! Dit Gras, dit Gräuns un disse Blaumen, diss' alltausamen stünden noch ut mien Kinnertied. In'n Harwst wiern se utgahn, aewer in't neegste Frühjohr wiern se all wedder utslagen, up de sülwig Städ, ut de sülwig Wörteln, se wiern ümmer wedder jung worden. Blot ick wier olt worden un stünd hüt mit mien griesen Hoor dortwischen un künn mi gornich satt seihn, dit wier jo äben mien Heimat, mien Jugendland. Grad dissen Weg bün ick so oft rungahn."*

Er wird ihn gegangen sein an der Seite des Mädchens, das er liebte, seiner Jugendfreundin Friederike Kluth. Friederike war die Tochter des in Stadt und Land angesehenen Uhrmachers Martin Kluth, der in der Langen Straße ein gut renommiertes Uhrengeschäft besaß. Wann immer es Friederike gelang, an Abenden oder an Wochenenden unbemerkt aus dem elterlichen Hause sich zu entfernen, traf sie sich mit Rudolf Tarnow. Tiefe Zuneigung verband die beiden, und sie erlebten das Glück einer zarten Jugendliebe. Doch aus ihrer Liebe konnte keine feste Verbindung entstehen, weil der Vater Friederikes diese Beziehung seiner Tochter nicht duldete. Rudolf Tarnow war ihm zu jung und als Sohn eines Schusters zu unbemittelt. Auch schien er ihm keine rechten Aussichten für die Zukunft zu besitzen.

Eine einfühlsam gestaltete Erinnerung an seine Jugendliebe, an Stunden, die ihnen allein gehörten, leuchtet womöglich in jenem poesievollen Text auf, den Tarnow seinen Lesern, vor allem seinen Parchimer Freunden und Verehrern zum Jahreswechsel 1932, wenige Monate vor seinem Tode, übergab: *„Un so bün ick den ganzen Dag dörch't Baukholt trocken un hew söcht un hew funden. Un as dat Tied würd, för hüt ein End'n tau maken, un ick ut dat Holt wedder rutbögen wull, dunn hew ick doch noch einen Ogenblick anhollen. Dor in de Eck von't Holt, wo einer Parchen in de Grund liggen seihn künn, dor stünd dunnmals ein Pavillan von Barkenholt. Un in dissen Pavillan hew ick mal mit 'ne lütte säute Diern säten, un wi wiern beid noch so jung. 't wier noch Kinneri un wier doch schön west. Lütt Diern, läwst du noch? Weitst du 't noch? Un mit mien Taschenmetz hew ick uns' beid Namens in dat Holt inkarwt un ein Hart dorümsnäden. – De Pavillan steiht hüt nich mihr dor, den hemm s' woll afräten odder he is tausamenbraken, – schad, in dissen Pavillan harr ick hüt giern noch einmal säten, aewer dat geiht nu mal nich – un de lütt Diern is jo ok nich mihr dor!"*

Die Garnisonstadt Parchim und der junge Rudolf Tarnow

Seit Jahrhunderten schon war Parchim Vorderstadt. Seine Bürgermeister vertraten auf den mecklenburgischen Landtagen die Interessen Parchims und der umliegenden Landstädte. Die Vorderstadtfunktion, im Dienste der anderen Städte als Geschäftswalter und Wortführer zu wirken, hatte Parchim Einfluß, Ansehen und Vorrang eingetragen und bei seinen Bürgern zu größerer Aufgeschlossenheit in Sachen mecklenburgischer Landespolitik geführt. Der Parchimer Bürger diskutierte nicht nur darüber, ob die übelriechenden Stadtgräben eingeebnet und der Ilenpool zugeschüttet werden sollten, sondern er ereiferte sich auch über die oft unpopulären Debatten und Beschlüsse der Landtage, auf denen die Gutsherren das Sagen hatten. Redete man sich also über die kommunalen und landeseigenen Unzulänglichkeiten die Sorgen von der Seele, gelegentlich gar die Köpfe heiß, alles, was außerhalb der mecklenburgischen Landesgrenze geschah, fand kaum ein Echo in Parchims Mauern. Das änderte sich schlagartig mit den Jahren 1870 und 1871. Denn aus Parchim kam jener Mann, der als „Schlachtenlenker" den „Erfolg deutscher Waffen" über Frankreich errungen hatte: Helmut von Moltke. Zum Idol und Sinnbild „deutscher Unbesiegbarkeit" erhoben, geriet er vielerorts auf die Wogen ungezügelter nationalistischer Emotionen, auch in

PARCHIM. MOLTKE-PLATZ.
POSTKARTE, UM 1900

MOLTKE-DENKMAL IN PARCHIM AM MOLTKEPLATZ. DENKMALSENTHÜLLUNG AM 2.10.1876. HELMUTH VON MOLTKE WURDE AM 26.10.1800 IN PARCHIM GEBOREN.

Mecklenburg, auch und vor allem in seiner Geburtsstadt Parchim.

Rudolf Tarnow war 1870/71, zur Zeit des Deutsch-Französischen Krieges, ein Kind von etwa vier Jahren. Den Siegestaumel, von dem Parchim wie keine andere Stadt Mecklenburgs erfaßt wurde, erlebte er zwar mit, doch konnte er ihn nicht verstehen. Er hörte den Jubel, der allerorts auf die deutsche Kaiserkrönung am 18. Januar 1871 ausgebracht wurde und auch in den Straßen und Häusern Parchims erschallte, doch wie könnte er den Sinn erfassen. An der Hand des Vaters wohnte er den überschwenglichen Friedensfeiern vom Frühjahr 1871 auf Parchims Plätzen bei, ohne dem hurrapatriotischen Getöse abfühlen zu können, wer nun wen besiegt habe und auf Dauer militärisch niederhalten wolle. Auf jährlich wiederkehrenden Sedanveranstaltungen erlebte er das Gedenken an die Gefallenen und den Siegesrausch derer, die am Krieg nicht teilgenommen hatten. Die Reiterparaden der Parchimer Dragoner ließ er sich nicht entgehen. Auf die Reden seiner Lehrer hingegen achtete er kaum. Mit Sätzen oder parolenartigen Satzverkürzungen wie „Leistungsfähigkeit des deutschen Heeres“ oder „mit deutschem Opfermut dem Feind entgegen“ oder „das Feldherrengenie Moltkes steuerte den Siegesflug des preußischen Adlers“ wußte er nichts, noch nichts anzufangen.

War nun all das, was Rudolf Tarnow an Kindheitseindrücken aus der bewegten Zeit um 1870/71 und danach in sich aufnahm, völlig unbewußt an ihm vorübergegangen und gänzlich ohne Nachwirkungen auf seine Haltung geblieben? Oder waren durch solche frühen Einflüsse nicht doch gewisse Muster für den Verlauf seiner Entwicklung, Keimformen für konservatives Denken vorgebildet worden?

Die unklaren Vorstellungen, die Rudolf Tarnow als Kind und als Schuljunge von den pathetischen Siegesgedenkfeiern und den militärisch ausgerichteten Zeremonien hat, wandelten sich bald zu bewußten Einsichten. Dabei spielte eine wesentliche Rolle, daß Rudolf Tarnow in einer Stadt aufwuchs, die seit 1867, dem Jahr seiner Geburt, Garnisonstadt war.

Durch großherzoglichen Erlaß vom 8. August 1867 war das Zweite Mecklenburgische Dragonerregiment Nr. 18 ins Leben gerufen worden. Es setzte sich aus abgezweigten Teilen des in Ludwigslust stationierten Dragonerregimentes Nr. 17 zusammen. Seine Stärke umfaßte ca. 500 Mann. Nach Überwindung anfänglichen Widerstandes seitens des Magistrats und der Bevölkerung erhielt es seinen Standort in der Vorderstadt Parchim. Am 15. Oktober 1867, mittags ein Uhr, rückte das Regiment in Parchim ein.

Es war nicht leicht für die Stadt, Soldaten und Pferde in diesen Größenordnungen aufzunehmen und unterzubringen. 309 Mannschaftsquartiere – das größte mit 18, das kleinste mit einem Mann – verteilten sich über ganz Parchim. Die dritte Eskadron des Regiments hatte ihre Quartiere im Bereich der Straße Auf dem Sassenhagen. Auch die Pferde mußten überwiegend in Privatstallungen untergebracht werden. Die Soldaten hatten nicht nur private Quartiere, sie wurden auch dort bei den Quartierswirten oder in privaten Speisegaststätten verpflegt.

Die Stadt hatte durch die Aufnahme des Regiments gewaltige Lasten zu tragen. Um die Belastungen für die Bevölkerung in erträglichen Grenzen zu halten, war die Stadt gezwungen, den Quartiergebern jährlich pro Soldat acht Taler und für ein eingestalltes Dragonerpferd vier Taler zu zahlen. Das Verhältnis zwischen Stadt und Regiment war noch lange nicht von allen Schwierigkeiten frei. Erst allmählich bewegte es sich auf ein auskömmliches Miteinander zu. Der Parchimer Bevölkerung war es nicht leicht geworden, das Regiment als „einen Teil des Stadtwesens" anzusehen.

Das Bild Parchims wurde durch die Anwesenheit der Dragoner weitgehend mitbestimmt. Das äußerte sich nicht allein in den Schauparaden auf dem Platz Am Wallhotel, sondern vor allem in den vielfältigen militärdienstlichen Verflechtungen zwischen Reiterregiment und Stadtbevölkerung.

Rudolf Tarnow lebte von früher Kindheit an in enger Berührung mit den Soldaten. Mit einem Dragoner besonders nah, denn der hatte sein Quartier Auf dem Sassenhagen 51, im Haus von Tarnows Eltern. Es war der Sergeant L. Christian. Aus dem ständigen Kontakt Rudolf Tarnows zu den Soldaten des Dragonerregiments und zum soldatischen Treiben in der Stadt entwickelten sich innere Bindungen, die von langer Dauer waren. Daran änderten auch gelegentliche Enttäuschungen nichts, die ihm ausgerechnet in dem Moment zugefügt wurden, als es um die Ehrung des bedeutendsten Militärs ging, den Parchim hervorgebracht hatte, als sich Tausende Parchimer – darunter alle Schulklassen der Stadt – versammelt hatten, um der Enthüllung des Moltke-Denkmals am 2. Oktober 1876 beizuwohnen. Selbst in seinen späteren Erinnerungen hat Rudolf Tarnow die unguten Gefühle nicht vergessen. Er schreibt in der Skizze *„'n lütten Afstäker in mien Jugendland" 1932: „Dat sünd woll an fifunföftig Johr her un hüt is Inwiehung von 't Moltkedenkmal. Väl Minschen stahn dor up'n Hupen, ok Friedrich Franz is kamen. Üm dat Denkmal rüm stahn de Schaulen, de Gören in ehren besten Sünndagsantog, un ick dor middenmang. Un Friedrich Franz geiht de Reigen af un glupt de Jungs an un räd't mal mit den einen un fröggt mal den annern, un ick denk mi in'n Stillen: Wat mag he blot weiten willen? Vör den Goßherzog harr ick einen Heidenrespekt, he wier jo ganz wat Hoges; de harr noch mihr tau seggen as Stadtdeiner Jenß, un he kem woll gliek nah'n Leewen Gott! Un Friedrich Franz geiht wieder un kümmt in mien Neeg un bliwt warraftig vör mi stahn. Ick harr em woll so'n bäten narrsch ankäken. ‚Wer bin ich, mein Sohn?' – Süh so, wat nu? Instrukschon: ‚In besonderen Nöten' harrn wi von'n Lihrer nich krägen. Ick kiek up sienen roden Vullbort, up sien Mondierung, up sienen blanken Säwel un segg denn bäten toegerig: ‚Suldat!' Friedrich Franz lacht lud up, un sien Bilöpers lachen ok mit, un ick schäm mi un krieg 'n ganz roden Kopp. Aewer an'n annern Dag, as Friedrich Franz tau Pierd bi 'n Wallhotel vörbi rieden ded, dunn hew ick 't em gäben. Ick keek gradut, nehm mien Mütz nich af un* *güng em snöd vörbi. Sühso, dat wier dorför!"*

Der bei dem jungen Rudolf Tarnow zu beobachtende Hang, allem Soldatischen mit Sympathie und Vorliebe zu begegnen, wurde während seiner Schulzeit nun keineswegs abgebaut. Im Gegenteil, in der Schule lernte er, daß Deutschland militärisch mächtig sein müsse, um solche Siege wie den über Frankreich von 1870/71 jederzeit wiederholen zu können. Es lohne sich doch, das Aufblühen der deutschen Wirtschaft beweise es hinlänglich. Solcherart Auswirkungen ließen sich in den sogenannten Gründerjahren auch in Parchim nachweisen: 1880 erhielt die Stadt Bahnverbindung durch Anschluß an die Strecke Berlin – Hamburg, 1885 wurde die Bahnlinie Parchim – Güstrow eröffnet. Hauptnutznießer aber bei der Aufteilung der aus Frankreich erpreßten fünf Milliarden Goldfranken war das Parchimer Dragonerregiment. Seine Garnisonverhältnisse wurden durch enorme staatliche Finanzzuwendungen erheblich aufgebessert. Allein der zwischen 1876 und 1879 fertiggestellte Kasernenbau kostete rund eine Million Mark. Weitere kostenaufwendige Bauten kamen in dieser Zeit hinzu, z.B. Schießstand, Pferdestall, Speisenanstalt und Kommandeurshaus.

Von seinen Lehrern erfuhr Rudolf Tarnow, daß dieser wirtschaftliche Aufschwung nur dem deutschen Kaiserreich und dessen militärischer Stärke zu danken sei. Dergestalt unterrichtet, folgte er ihren Anschauungen und ließ sich, wenngleich nicht ohne gelegentliche Vorbehalte beziehungsweise Zweifel, zu Gehorsam und Dienstbarkeit gegenüber der Obrigkeit erziehen. So wurde er zum Verehrer des mecklenburgischen Großherzogs und des deutschen Kaisers sowie zum Anhänger einer Denkweise, die konservativ geprägt war und in nationalen Fragen vornehmlich auf militärische Machtentfaltung setzte.

Stets empfand es Rudolf Tarnow als angenehm, und er war nicht wenig stolz darauf, in der Geburtsstadt Helmut von Moltkes das Licht der Welt erblickt zu haben. Bei seinen schon früh erkennbaren Neigungen zu allem Militärischen verwunderte es schließlich nicht, wenn aus seinem dereinstigen Wehrdienst mehr wurde als nur eine kurzzeitige Pflichtableistung, nämlich eine Laufbahn als Militärbeamter, die sich über fast zwei Jahrzehnte erstrecken sollte.

Nach Beendigung der Lehrzeit verblieb Rudolf Tarnow noch ein halbes Jahr als kaufmännischer Angestellter in der Parchimer Tuchfabrik von Curt Heucke, ehe er für kurze Zeit als Buchhalter in Melsungen an der Fulda tätig wurde, einem kleinen Städtchen in Hessen-Nassau, etwa 30 Kilometer südlich von Kassel gelegen.

Bald kehrte Rudolf Tarnow in den Norden zurück, in den brandenburgisch-mecklenburgischen Grenzraum der Prignitz. In Wittstock fand er für die Zeit vom 1. Oktober 1886 bis zum

Rudolf Tarnow (vierter von rechts) im Radfahrerverein Wittstock, 1887

1. November 1887 eine Anstellung als Korrespondent in der Buckskinfabrik von F. Paul. Er versah den Briefverkehr der Firma, den diese zwecks Herstellung und Verkauf ihrer Woll- und einseitig geschorenen Streichgarnstoffe mit zahlreichen Kunden und Partnern zu führen hatte. Die Arbeit ging ihm gut von der Hand; sie machte ihm Spaß und gab ihm die Bestätigung, seinen Beruf ordentlich gelernt zu haben, von der Sache was zu verstehen. Auch sonst befand er sich wohl in der anheimelnden Stadt an der Dosse. Unter den jungen Leuten Wittstocks gewann er schnell Freunde. In dem ortsansässigen Radfahrerverein war er ein wohlgelittenes Mitglied. Gern wäre er noch in Wittstock geblieben, doch der ihm von mecklenburgischen Behörden angekündigte Wehrdienst zwang ihn, seine Brotstelle beim Stofffabrikanten F. Paul zum 1. November 1887 zu lösen und ins Parchimer Elternhaus zurückzukehren. Der ihm gewährte Urlaub wurde zu einer Zeit des Wartens auf die Einberufung.

Als Militärbeamter in mecklenburgischen Regimentern

Rudolf Tarnow nutzte die letzten Tage des Urlaubs, um sich mit seinen Parchimer Freunden zu treffen und Ausflüge in die Umgebung der Vaterstadt zu unternehmen. Eine gewisse Unruhe konnte er trotz der angenehmen Abwechslungen im Umgang mit den Freunden nicht verbergen. Früher als sonst verließ er sie und das Buchholz und eilte dem Elternhaus zu. Seit Tagen wurde unter den jungen Männern Parchims davon gesprochen, daß die Einberufungen zum Militär unmittelbar bevorstünden. Mutter hatte schon auf ihn gewartet. Wortlos hielt sie ihm

RUDOLF TARNOW, 1887
AM 27. MÄRZ 1930 SCHRIEB ER AUF DIE RÜCKSEITE DES PHOTOS:
„AS ICK SO LEET, WIER ICK JUNG,
HÜT IS DAT BLOT NOCH 'NE ERINNERUNG.
BLOT EIN DEIL BLEW, WAT ICK OK DOH,
DAT HART IS HÜT NOCH ÄBENSO."

den Brief entgegen. Obwohl sie ahnte, welche Botschaft er brachte, konnte sie es kaum erwarten, daß Rudolf ihn öffnete. Nicht so sehr die Sache selbst machte sie ungeduldig, sondern vor allem der noch unbekannte Termin, zu dem der Sohn das Elternhaus verlassen mußte.

Es war der 3. November 1887. Rudolf Tarnow hatte sich beim Zweiten Mecklenburgischen Dragoner-Regiment Nr. 18 in Parchim einzufinden. Tröstlich für die Eltern, daß er – wenigstens fürs erste – in seiner Vaterstadt verbleiben durfte.

In der Leibkompanie des Großherzogs

Die Einberufung zum Wehrdienst war für Rudolf Tarnow nicht gerade Anlaß zur Freude, einen sonderlichen Verdruß aber bedeutete sie ihm auch nicht. Den Umgang mit Soldaten, in gewisser Weise sogar das Zusammenleben mit ihnen, kannte er schließlich seit seiner Kindheit. Der im Elternhaus bis 1879 mitwohnende Sergeant Christian hatte durch seine umgängliche Art und so manche vergnügliche Geschichte aus dem Parchimer Soldatenalltag in Rudolf so etwas wie Vertrautheit mit dem Soldatenleben entstehen lassen und Neugierde geweckt. Rudolf Tarnow hatte keine Probleme mit den Anforderungen, die er während der militärischen Ausbildungszeit bewältigen mußte. Er war gewillt, gut abzuschneiden. Diese geistige Bereitschaft und seine körperliche Gewandt-

RUDOLF TARNOW ALS GEFREITER DER LEIBKOMPANIE DES GROSSHERZOGS IN SCHWERIN, 1889

heit bildeten die Grundlage dafür, daß er die Rekrutenzeit unbeschadet überstand. Schikanen und Drangsalierungen brauchte er nicht zu erdulden.

Durch gute militärsportliche Leistungen – seine stattliche Figur und die respektable Körpergröße von 1,85 Meter taten ein übriges – hatte er sich nicht nur die Gewogenheit seiner Ausbilder erworben, er hatte auch die wohlmeinende Aufmerksamkeit der aus der Schweriner Kommandantur anwesenden Inspektionsoffiziere auf sich gelenkt. Da man außerdem noch eine „treue vaterländische Gesinnung“ bei ihm beobachtete, wurde er für würdig befunden, in der Leibkompanie des Großherzogs dienen zu dürfen.

Wohl schon im Laufe des Jahres 1888 holte man ihn nach Schwerin in die Leibkompanie, die Teil des Großherzoglich-Mecklenburgischen Grenadierregimentes Nr. 89 war. Als Mitglied dieser großherzoglichen Repräsentiergarde und Ehrenmannschaft erlebte er bald seine ersten Beförderungen. 1888 rückte er zum Gefreiten auf, ein Jahr später avancierte er bereits zum Unteroffizier.

Über die Aufgaben und besonderen Dienste der Leibkompanie, wie Paraden und Ehrenwachen im Schloß, schreibt der mecklenburgische Militärhistoriker Ernst Zipfel in seinem 1932 erschienenen Buch „Geschichte des Großherzoglich-Mecklenburgischen Grenadierregiments Nr. 89“: „Wenn die Leibwache mit den Fahnen anrückte oder unter klingendem Spiel der Ehrenkompanie vor dem fürstlichen Gast präsentierte, fand sie immer vollste Bewunderung aller und Anerkennung der fremden Mititärs. Einer dieser Repräsentierdienste war besonders beliebt, die Galawache. Bei ganz besonders feierlichen Gelegenheiten stand sie im Innern des Schlosses und auf den Treppen; in Stärke eines Zuges, mit altem Lederzeug, hohen Bärenmützen, alten Griffen, bot sie ein Bild, das selbst den an die Repräsentation großer Höfe Gewohnten auffiel. Zog die Galawache auf, dann war die Schloßwache, so lange die Herrschaften im Schweriner Schlosse weilten, ständig. Der Grenadier, der zum er-

DIE UNTEROFFIZIERE DER LEIBKOMPANIE DES GROSSHERZOGS, UM 1890.
RUDOLF TARNOW IN DER SITZREIHE, ZWEITER VON LINKS

stenmal bei ihr als Posten vor Gewehr stand, hatte wohl etwas Sorge, ob er sich auch richtig benehmen würde; aber auf Schloßwache war auch immer viel Leben, immer etwas los. Für den Lieutnant hatte die Schloßwache ihre zwei Seiten, wehe ihm, wenn etwas verpaßt wurde. Meist wurde man zur Tafel befohlen, auch in kleinem Kreis. War nur Marschalltafel, dann ging es da recht fidel zu. Man durfte sogar ins Theater gehen, und abends war in der Offiziersstube viel Besuch. Zwei große Schüsseln Butterbrote kamen aus der Messe; das immer vom Großherzog gespendete Fäßchen Bier lag bereit, und so trafen sich in dem kleinen Raum Kameraden, Freunde, Herren des Hofdienstes. Manchmal endete es früh, manchmal spät. Das kleine Turmzimmerchen kann von manchem lustigen Scherz, manchem geleerten Humpen, manchem ernsten Wort erzählen. ... Fester Grundsatz war: Geselligkeit ist Dienst und mit Recht.“

Es ist, als lieferte hier der Geschichtsschreiber den historischen Hintergrund für so viele der heiteren „Burrkäwers“- Gedichte wie „De rod Domino“ und „Hannes Snur up Posten“, die thematisch in diesem soldatischen Umfeld angesiedelt sind. Nur, daß er sich zügelte und es in seiner Darstellung bei zaghaften Andeutungen be-

Schloss Schwerin, Dienstort Tarnows, wenn die Leibkompanie des Grossherzogs zur Ehrenwache eingesetzt war

ließ, wo Tarnow das Komische an Personen und Situationen vergnüglich aufspürt, lebensnah darstellt und gezielt auf eine zumeist kräftige Pointe hin erzählt.

Aus der Zeit seines Schweriner Soldatenlebens gibt es ein hochinteressantes Dokument, eine Art Diensttagebuch, dem Rudolf Tarnow nicht nur seinen Lebenslauf in Kurzfassung anvertraut, sondern in das er auch Meldungen über militärdienstliche Vorkommnisse, über Wach- und Patrouillenzwischenfälle eingetragen sowie Stimmungsbilder aus Schwerin und Erinnerungen an Manöver und Manövermärsche hineingeschrieben hat. Was Tarnow über Schwerin zu Buche gebracht hat, ist eine Liebeserklärung an diese Stadt, ist Ausdruck seiner Zuneigung zur Residenz und den sie umgebenden Naturschönheiten. *„Was die Lage betrifft"*, heißt es in seinen Aufzeichnungen, *„so muß man dieselbe als eine herrliche bezeichnen; wohl keine zweite Stadt Norddeutschlands kann sich in Rücksicht hierauf mit Schwerin messen. Im Osten liegt es an dem malerisch gelegenen Schweriner See, dessen Ausläufer wie der Burgsee und der Beutel sich tief in die Stadt hineinschieben. Prächtige Baumgruppen und wohlgepflegte Anlagen befinden sich an den Ufern. … Im Schweriner See selbst liegen einige Inseln, wie der Kaninchenwerder und*

Kaserne des Grossherzoglichen Grenadieregiments Nr. 89.
In dieser Kaserne waren auch die Mitglieder der Leibkompanie,
zu der Rudolf Tarnow von 1888 bis 1892 gehörte, untergebracht.

der Ziegelwerder, beide Plätze bilden im Sommer die beliebtesten Ausflugspunkte der Schweriner.“

In dem Bericht „Der Ausmarsch ins Manöver“ schreibt Tarnow, wie die Mannschaften den Manövertag herbeisehnen, um das „ewige Einerlei des Garnisondienstes“ hinter sich zu lassen. Es ist morgens vier Uhr. Der Weckruf erschallt. Der Sammelplatz füllt sich. Erwartungsfroh erfolgt der Ausmarsch aus den Kasernentoren, dem unbekannten Ziel, einem Städtchen im Schweriner Umfeld, entgegen, wo biedere Handwerksmeister und deren „rotwangige Töchter“ sich auf die Einquartierung freuen. Lesenswert vor allem sind jene Teile, in denen Tarnow die Natur beschreibt sowie die Stimmungen und Befindlichkeiten der Soldaten wiedergibt, für die sich bald herausstellt, daß Manövermärsche alles andere als erholsame Spaziergänge sind. Noch verläuft der Marsch unbeschwert und gibt Gelegenheit zur Naturbeobachtung:

„Es ist ein schöner, frischer Augustmorgen. Die Sonne steht erst wenig über dem Horizont. Kein Wölkchen trübt den Himmel, und die Mannschaften atmen die reine, gesunde Luft in vollen Zügen. Die befiederten Sänger sind auch schon erwacht und heben durch ihr fröhliches Gezwitscher die Stimmung der Leute. Ein fröhlicher Humor herscht

in der Kolonne. Die Pfeifen sind in Brand gesetzt: hier werden Witze gemacht, dort schildert wohl gar einer den Abschied von seiner Geliebten in der Garnison ..., Marsch- und Kriegslieder erschallen überall.“

Stimmung und Kondition der Marschierenden lassen nach, je weiter der Tag vorankommt:

„Ununterbrochen bewegt sich die lange Kolonne auf der Chaussee dahin, aber auch die Sonne steigt höher, der Staub wirbelt auf, und die Feldflasche hat schon wiederholt die trockenen Lippen erfrischen müssen. Der fröhliche Humor verstummt mehr und mehr, nur hin und wieder versucht noch ein unverbesserlicher Witzbold die Mannschaften zu unterhalten. Der Gang wird schleppender, die Natur macht ihre Rechte geltend.“

Diese Texte, die Rudolf Tarnow 1889 als Zweiundzwanzigjähriger geschrieben hat, lassen ahnen, daß sich hier eine Schreibbegabung, wenn auch ungeübt, artikuliert.

Zahlmeisteraspirant - ein Beruf für zwölf Jahre

Rudolf Tarnow war inzwischen Mitte zwanzig, befand sich bereits in der Reserve der Leibkompanie, mußte also jeden Augenblick damit rechnen, aus dieser Repräsentier-Elite des großherzoglichen Hauses ausgemustert zu werden. Es war der Zeitpunkt gekommen, an dem er immer häufiger darüber nachzudenken gezwungen war, in welche Richtung er sein Lebensschiff steuern sollte. Beim Abwägen der beruflichen Möglichkeiten im Rahmen seiner kaufmännischen Ausbildung wollten sich ihm keine günstigen Perspektiven auftun. Wieder und wieder überlegte er. Es ging ihm bald die Idee nicht mehr aus dem Sinn, den Soldatenrock noch nicht auszuziehen, sondern zu versuchen, als Militärbeamter weiterzudienen. In dieser Situation mochte sich zugetragen haben, was er in seinem autobiographischen Abriß beschreibt: „Man überredete mich, beim Kommiß zu bleiben und die Zahlmeisterlaufbahn einzuschlagen.“ Ob allerdings große Überredungskünste vonnöten gewesen sind,

TARNOW ALS JUNGER ZAHLMEISTERASPIRANT, UM 1893

Fräulein Erna Bruns
(1875-1958) aus Parchim

diesen Schritt zu gehen, sei dahingestellt. Es darf wohl bezweifelt werden.

Seinen Plan, den Dienst beim mecklenburgischen Militär mit der Karriere eines Zahlmeisters fortzusetzen, konnte Rudolf Tarnow nur zu einem Teil verwirklichen. Wer nämlich Zahlmeister werden wollte, hatte eine Kaution zu hinterlegen, die nicht unerheblich war. Einen solchen Vermögensnachweis zu führen, war Rudolf Tarnow nicht in der Lage. So blieb ihm nur die Möglichkeit, das untergeordnetere Amt eines Zahlmeisteraspiranten zu übernehmen.

Im Range eines Sergeanten (Unteroffiziers) ging er dorthin zurück, wo seine Soldatenzeit begonnen hatte, nach Parchim. Im Dragonerregiment seiner Vaterstadt wurde er als Zahlmeisteraspirant tätig. Wann er den Dienst antrat, ist nicht genau bekannt, wahrscheinlich schon gegen Ende des Jahres 1892.

Eine schöne, wenn auch nur kurze Zeit begann für ihn. Er hatte die Eltern und die alten Freunde wieder. Er war zu Hause, in seinem geliebten „Pütt“, wie alle Parchimer liebevoll ihre Vaterstadt nennen.

Eines Tages lernte er ein Mädchen kennen. Es war die erst achtzehnjährige Erna Bruns. Sie war die Tochter eines Schuhmachermeisters. Ihr Vater, Wilhelm Bruns, lebte nicht mehr. Vor fünf Jahren, Erna war gerade dreizehn Jahre alt, war er am 24. Juni 1888 gestorben.

Erna Bruns, eine echte Parchimerin, hier am 11. März 1875 geboren, verliebte sich in den Sergeanten Rudolf Tarnow, dessen tiefe Zuneigung sie gewann. Sie genossen das Glück ihrer Liebe. Gelegentliche Abkommandierungen Rudolf Tarnows in die militärische Verwaltungsdienststelle der 17. Division nach Schwerin, wie die Mecklenburgische Zeitung vom 7. November 1893 eine solche meldet, störten ihre Beziehungen wohl, doch ernsthaft belasten konnten sie sie nicht. Rudolf und Erna verlobten sich am Heiligabend 1893. In der Rubrik „Familien-Nachrichten“ der Parchimer Zeitung „Norddeutsche Post“ ist

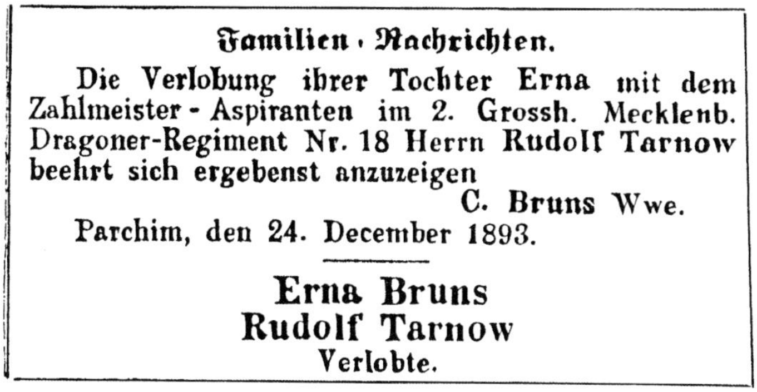

Familien • Nachrichten.

Die Verlobung ihrer Tochter Erna mit dem Zahlmeister - Aspiranten im 2. Grossh. Mecklenb. Dragoner-Regiment Nr. 18 Herrn Rudolf Tarnow beehrt sich ergebenst anzuzeigen

C. Bruns Wwe.

Parchim, den 24. December 1893.

Erna Bruns
Rudolf Tarnow
Verlobte.

VERLOBUNGSANZEIGE VON RUDOLF TARNOW UND ERNA BRUNS. IN: NORDDEUTSCHE POST PARCHIM, VOM 24.12.1893

RUDOLF TARNOW UND ERNA BRUNS ALS VERLOBTE, 1893

zu lesen: „Die Verlobung ihrer Tochter Erna mit dem Zahlmeister-Aspiranten im 2. Großherzoglich-Mecklenburgischen Dragoner-Regiment Nr. 18 Herrn Rudolf Tarnow beehrt sich ergebenst anzuzeigen: C. Bruns, Wwe. – Parchim, den 24. Dezember 1893. – Erna Bruns. Rudolf Tarnow, Verlobte."

In den nun folgenden zweieinhalb Jahren ihres Brautstandes festigte sich die Überzeugung, daß sie zusammengehörten. Nichts konnte ihren Glauben an ein gemeinsames Leben erschüttern. Erst recht auch dann nicht, als sich eine Versetzung Rudolf Tarnows ankündigte.

Es gab Überlegungen, ihn ins Dragonerregiment Nr. 17 nach Ludwigslust zu holen. Bevor die Entscheidung spruchreif wurde, schlossen Rudolf Tarnow und Erna Bruns den Bund der Ehe. Sie heirateten am 7. April 1896. Zwei Monate später wurde Tarnow nach Ludwigslust abkommandiert, um dort ebenfalls die Stelle als Zahlmeisteraspirant zu bekleiden. Er trat seinen Dienst am neuen Wirkungsort Anfang Juni 1896 an. Da er in Ludwigslust unverzüglich eine Wohnung bekam, und zwar in dem einfachen, doch idyllisch schönen Fachwerkhaus am Kirchenplatz 1, konnte seine Frau sogleich auch mit übersiedeln. Hier wurde ihr erstes Kind, der Sohn Walter, am 18. Februar 1897 geboren. Dann zog die Familie um. Ihre neue Wohnung haben sie in der nahegelegenen Louisenstraße 8

Tarnows Wohnung in Ludwigslust, Kirchenplatz 1, von 1896 bis 1897

Rudolf und Erna Tarnow mit den Kindern Walter und Elsbeth, um 1899

im Hause des Dachdeckermeisters Fr. Düvert, wo auch ihre anderen Kinder zur Welt kamen, und zwar Elsbeth am 21. Juni 1898 und Rudi am 1. März 1901. In diesem Gebäude der Louisenstraße 8, das im Zweiten Weltkrieg zerstört worden ist, wohnte die Familie Tarnow bis zu ihrer Übersiedlung nach Schwerin im Jahre 1906. Insgesamt zehn Jahre lang lebten die Tarnows in Ludwigslust, versah Rudolf hier seinen Dienst als Zahlmeisteraspirant. Dann endlich ging seine Militärzeit, die sich über fast zwei Jahrzehnte erstreckte, zu Ende.

Am 3. November 1887 hatte sie begonnen, nun lief sie aus, am 15. April 1906 wurde Rudolf Tarnow aus dem Militärdienst entlassen. Für treue Pflichterfüllung gegenüber dem Großherzog und dessen Hause waren ihm die „Silberne Medaille", gestiftet von Friedrich Franz III., das „Militärdienstkreuz in Silber", gestiftet von Paul Friedrich, und das königlich-preußische „Allgemeine Ehrenkreuz" verliehen worden.

Die nahezu zwanzigjährige berufsmilitärische Laufbahn hatte Rudolf Tarnow nicht nur zu einem versierten Beamten im Uniformrock gemacht, sie war auch Schmiede seiner politischen Ansichten. Diese waren entschieden von seinem Treueverhältnis zum Landesherrn Friedrich Franz und zum deutschen Kaiser Wilhelm I. geprägt.

Zeilen wie:
„Herrgott in Häwenglanz, holl oewer Friedrich Franz gnädig Dien Hand! ... Mag Wind un Wäder gahn, moegen de Bülgen slahn, tau unsen Herzog stahn fast wi un tru!“ oder *„Hett einer sorgt för Fräden, denn hett't uns' Kaiser dahn! ... Mien hartleew Kaiser Du! Tau Di mit Liew un Läben steiht Dütschland fast un tru!“* stehen nicht für schnell oder leichthin Formuliertes. Sie waren ihm Bekenntnis, für das er einstand.

Tarnows Weltanschauung war konservativ, konnte sich unter dem Einfluß der langen Militärbeamtenlauf-

SOHN WALTER TARNOW, UM 1901

DIE KINDER WALTER, RUDI UND ELSBETH TARNOW, UM 1904

Rudolf Tarnow, kurz vor Beendigung seines Militärdienstes im Jahre 1906

bahn kaum anders ausprägen. Sie beruhte auf Positionen, die die bestehenden, ihm allseits als vernünftig erscheinenden Verhältnisse im deutschen Kaiserreich und in Mecklenburg bis 1918 guthießen und nirgendwo in Frage stellten. Inwiefern Rudolf Tarnow auch die globalen, d.h. kolonialen Absichten des kaiserlichen Deutschland bejahte und zu fördern bereit war, mag ein Dokument belegen, das er als Vorstand des Ludwigsluster Unteroffizier-Gesangvereins verfaßt und unterschrieben hat. Das Schriftstück ist unter dem 17. 12. 1904 datiert und stellt den Nachweis über 140 Mark dar, die bei einer Wohltätigkeitsveranstaltung der Unteroffiziere „zum Besten der in Afrika kämpfenden Kameraden erzielt worden" sind. Rudolf Tarnow als Unterzeichner „gestattet sich hierbei den Wunsch zu äußern, daß bei Verwendung des Geldes die ehemaligen Angehörigen des Dragoner-Regiments Nr. 17 mitberücksichtigt würden."

Die vielen Jahre als Soldat und Militärbeamter haben Rudolf Tarnow zu einem Verfechter der beim Militär geltenden Normen wie Zucht, Ordnung, Gehorsam und Treue werden lassen. Prinzipien wie Festhalten am Alten und Schutz des Bestehenden möchte er auch im zivilen Leben verwirklicht sehen. Sie bedeuteten ihm wichtige Verhaltenstugenden für Familie und Allgemeinheit. Demokratisches Aufbegehren, politische Opposition, sozialer Widerstand beunruhigten ihn, erregten seinen Argwohn. Seine Einsichten in gesellschaftspolitische Zusammenhänge erwiesen sich als Produkte einer Denkweise, die den Einfluß der zwanzig Militärjahre nicht verleugnen konnte. Darum nimmt es nicht wunder, wenn er zu den demokratischen Aktivitäten, wie sie sich in Deutschland zwischen 1918 und 1933 entwickelt hatten, keinen Zugang fand, mit ihnen nichts anzufangen wußte und sie schroff ablehnte.

Betriebsinspektor auf dem Sachsenberg

Probezeit. Feste Anstellung. Arbeitsbedingungen auf dem Sachsenberg

Wie im Fluge waren die Jahre dahingegangen; das vierte Lebensjahrzehnt Rudolf Tarnows neigte sich seinem Ende zu. Was er zu Beginn seiner Militärzeit spielend bewältigt hatte, fiel ihm jetzt schwer. Mit Mühe nur erfüllte er jene Aufgaben, die ihm außerhalb seiner Zahlmeisterei abverlangt wurden. Auch wenn er nicht täglich im operativen militärischen Außendienst stand, allein die gelegentlichen Übungen und Manöver, von denen er nicht entbunden werden konnte, bereiteten ihm Schwierigkeiten genug. Sie überforderten seine Kräfte und seine Gesundheit. Seit längerem spürte er, daß sein körperliches Leistungsvermögen den Strapazen bei Felddiensthandlungen nicht mehr gewachsen war. Hinzu kamen ernste gesundheitliche Behinderungen. Unbekannt ist, welcher Art sie waren. Immerhin aber haben sie zu einer Teilinvalidisierung geführt. In Schriftstücken der Militärbehörden war des öfteren vom Invaliden Rudolf Tarnow die Rede und davon, daß er eine Invalidenpension erhalte. Der Gedanke an eine Tätigkeit im zivilen Leben rückte immer näher. Aufmerksam verfolgte Rudolf Tarnow die in den mecklenburgischen Zeitungen veröffentlichten Stellenangebote. Doch eine mittlere oder gar gehobene Beamtenposition entdeckte er nicht darunter. Im Interesse seiner Familie mußte er darauf bedacht sein, eine Arbeit zu finden, die ihm ungefähr die gleichen Einkünfte einbrachte, wie er sie bisher hatte. Dann hörte er zu Beginn des Jahres 1906 von den spektakulären Vorgängen an der Nervenheilanstalt Sachsenberg bei Schwerin, in deren Gefolge der Wirtschaftsleiter der Anstalt entlassen werden mußte.

Rudolf Tarnow war gehalten, schnell zu handeln. Sich lange zu besinnen und seine Entscheidung bedächtig abzuwägen, fehlte die Zeit. An diesem wichtigen Verwaltungsposten würden gewiß viele interessiert sein. Seine Informationen, die er eilig einholen konnte, waren knapp. Doch sie sagten ihm, welche Aufgaben mit dieser Tätigkeit verknüpft waren. Noch war die Stelle des Betriebsinspektors auf dem Sachsenberg vakant. Rudolf Tarnow bewarb sich um sie Mitte Februar 1906.

Das Großherzogliche Kuratorium der Landes-Irren-Anstalten Mecklenburgs traf unter dem 10. März 1906 folgende Vorentscheidung: „Der Zahlmeisteraspirant Tarnow vom Großherzoglichen Dragoner-Regiment Nr. 17 ist mit der Verwaltung der Geschäfte des Betriebsinspektors beauftragt. Wenn er sich in einer Probezeit bewährt, ist es in Aussicht genommen, ihm die durch das Ausscheiden des Betriebsinspektors Schultze vakant gewordene Stelle zu verleihen. Er wird den Probedienst am 15.d.M. antreten. Er bezieht während dieser Zeit eine monatliche Vergütung von 250 Mark (Zweihun-

Blick auf Schwerin. Lichtbild, um 1905. Rudolf Tarnow kehrte am 15. April 1906 nach Schwerin zurück, um seine Stelle als Betriebsinspektor auf dem Sachsenberg anzutreten.

dertfünfzig Mark), zahlbar am Schluß jedes Monats."

In den Amtsstuben des Mecklenburgischen Ministeriums für Medizinalangelegenheiten, insbesondere beim Kuratorium für die Heilanstalten des Landes, benötigte man nur kurze Zeit, um sich von den außergewöhnlichen Verwaltungsfähigkeiten und der korrekten Arbeitsweise Rudolf Tarnows zu überzeugen. Seine Anstellung auf Probe erstreckte sich nicht, wie es offensichtlich in Aussicht genommen war, über mehrere Monate. Binnen Monatsfrist war sie beendet. Am 15. März 1906 hatte sie begonnen, und schon am 14. April 1906 unterzeichnete der mecklenburgische Staatsrat und Vorsteher des Ministeriums für Finanzen, Adolf von Pressentin, die offizielle Amtseinsetzungsurkunde für Rudolf Tarnow. Sie lautet: „Wir Friedrich Franz von Gottes Gnaden, Großherzog von Mecklenburg ... tun hiermit kund, daß Wir den Zahlmeisteraspiranten Rudolf Tarnow von Unserem ersten Dragonerregiment Nr. 17 zum Betriebsinspektor an der Irrenanstalt Sachsenberg dergestalt ernannt und bestellt haben, daß er sein Amt dem von ihm zu leistenden Diensteide entsprechend gewissenhaft und ordnungsgemäß zu verwalten hat, während er bei guter und getreuer Amtsführung Unserer Gnade allerwege versichert sein soll. Dagegen haben Wir ihm einen Jahresgehalt von 3 000 M (Dreitausend Mark), zahlbar im voraus in vierteljährlichen Raten aus der Kasse der Anstalt Sachsenberg, bewilligt. Für den Fall, daß Wir seiner Dienste entsagen würden, wollen Wir ihm dies unter Angabe der Gründe ein halbes Jahr vorher kund tun lassen, gleich wie Wir, wenn er Uns weiter zu dienen nicht gewillt sein sollte, seine Anzeige hiervon ein halbes Jahr vor seinem Abgange gewärtigen. Urkundlich unter Unserer eigenhändigen Unterschrift und beigedrucktem Großherzoglichen Insiegel. Gegeben durch Unser Ministerium Abteilung für Medizinalangelegenheiten. Schwerin, den

Hauptgebäude der Nervenheilanstalt Sachsenberg bei Schwerin, um 1910

14. April 1906 Friedrich Franz Gezeichnet von Pressentin."
Das Großherzogliche Kuratorium der Landesirrenanstalten Mecklenburgs wandte sich daraufhin am 19. April 1906 mit einem Schreiben an Rudolf Tarnow und informierte ihn über die offizielle Einsetzung in sein Amt: „Das unterzeichnete Kuratorium setzt Sie davon in Kenntnis, daß Seine Königliche Hoheit der Großherzog geruht haben, Sie zum 15.d.Mts. zum Betriebsinspektor an der Irrenanstalt Sachsenberg unter Gewährung eines Gehaltes von jährlich 3 000 Mark zu ernennen. Die Direktion der Irrenanstalt Sachsenberg ist beauftragt, Sie bei Übergabe der für Sie ausgefertigten Bestallung in Ihr neues Amt einzuführen, zu beeidigen und an Ihren Dienst zu weisen."

Als Rudolf Tarnow am Morgen des 15. April 1906 auf den Sachsenberg kam, wurde er vom stellvertretenden Direktor der Anstalt, Sanitätsrat Dr. Rust, begrüßt und anläßlich der „allerhöchsten Ernennung" zum Betriebsinspektor beglückwünscht. Schnell verständigten sie sich über einen Termin, an dem die vom Kuratorium geforderte Amtseinführung Tarnows erfolgen konnte. Sie vereinbarten den 26. April 1906, vormittags 10 Uhr. Das Kuratorium erwartete von der Anstaltsdirektion nicht nur eine „beeilte Äußerung", sondern einen ausführlichen Bericht darüber, ob und wie die Einsetzung Tarnows in sein neues Aufgabengebiet vonstatten gegangen war. Zahlreiche Anstaltsärzte, Wirtschaftsbeamte und Vertreter des oberen Pflegepersonals waren zum an-

Verwaltungsgebäude des Sachsenberges (erbaut 1883), worin Tarnow sein Geschäftszimmer als Betriebsinspektor hatte

beraumten Zeitpunkt im großen Fremdenzimmer der Anstalt erschienen, um dem feierlichen Akt der Amtseinführung Tarnows beizuwohnen. Über Ausführung und Verlauf dieses Zeremoniells wurde dem Kuratorium noch am selben Tage auftragsgemäß gemeldet: „(Es) wurde der Betriebsinspektor Tarnow heute ... in das ihm verliehene Amt unter körperlicher Ablegung des anliegenden und von ihm vollzogenen Eides eingeführt und an seinen Dienst gewiesen. ... Bei der Einführung wurde dem Betriebsinspektor Tarnow die Verpflichtung auferlegt, seine Wohnung in dem nördlichen Teil der Stadt Schwerin, tunlichst nahe der Irrenanstalt Sachsenberg, zu nehmen."

Die Hand zum Schwur erhoben, stand Rudolf Tarnow vor dem zu seiner Amtseinführung versammelten Gremium und sprach den Diensteid: „Ich gelobe und schwöre zu Gott dem Allmächtigen, Seiner Königlichen Hoheit dem Großherzog treu, hold und gewärtig zu sein, die mir in meinem Amte eines Betriebsinspektors obliegenden Pflichten in Gemäßheit der geltenden Vorschriften treulich und mit Fleiß zu erfüllen und mich überhaupt in dem mir anvertrauten Amte so betragen zu wollen, wie ich es vor Gott, Seiner Königlichen Hoheit und den mir vorgesetzten Behörden zu verantworten mir getraue. So wahr mir Gott helfe und sein heiliges Wort."

Die Bedingungen, unter denen Rudolf Tarnow seine Tätigkeit auf dem Sachsenberg begann, waren denkbar ungünstig. Die Heilanstalt hatte an Ansehen verloren. Sie war ins Gerede gekommen. Vor allem ihre Verwaltung war in Mißkredit geraten, verursacht durch das unredliche Verhalten ihres bisherigen Inspektors Schultze. Er stand einem Komplott von Händlern, Handwerkern, Kaufleuten und Sachsenbergbeamten vor, das sich erheblicher Unterschlagungen zum Nachteil der Anstalt schuldig gemacht hatte. Wegen seiner schwerwiegenden Vergehen war Schultze sofort seines Amtes enthoben worden. Ihm wurde eine Strafe von vier Jahren Zuchthaus und 3 000 Mark Geldbuße auferlegt. Die gerichtlichen Untersuchungen hatten zur Folge, daß die Wirtschaftsführung des Sachsenberges neu geordnet werden mußte.

Zunächst waren es nur provisorische Dienstanweisungen, nach denen sich Rudolf Tarnow richten konnte. Am 6. Februar 1907, Tarnow war bereits zehn Monate auf dem Sachsenberg tätig, verfügte das großherzogliche Kuratorium eine aus 23 Paragraphen bestehende Instruktion, die die Arbeit Tarnows regeln sollte. Im Paragraph 1 heißt es: „Dem Betriebsinspektor liegt unter der Aufsicht des Direktors und Chefarztes die Verwaltung der gesamten Anstaltswirtschaft ob. Seinem Verwaltungsbereich gehören deshalb namentlich an: das Verpflegungswesen, das Bekleidungswesen, das Heizungs- und Beleuchtungswesen, das Wasserversorgungswesen, das Beerdigungswesen, das landwirtschaftliche Betriebswesen mit Einschluß der Viehwirtschaft und der Gärtnerei, das Bauwesen soweit es nicht Sache der Baubehörde ist, der Werkstättenbetrieb, das Verkehrswesen und das Abfuhrwesen der Anstalt. In seinem Verwaltungsbereich führt er auch die Kontrolle über das Beamten- und Dienstpersonal und die Aufsicht über die Betriebseinrichtungen, namentlich also über die Küche, die Wäscherei, die Werkstätten, die Stallungen, die Magazine und die maschinellen Anlagen."

Paragraph 2 legt fest: „Der Betriebsinspektor hat den Verordnungen und Anweisungen des Amtsdirektors Folge zu leisten. Er ist denselben auch dann Gehorsam schuldig, wenn er meint, daß sie mit seiner Dienstinstruktion im Widerspruch stehen oder dem Interesse der Anstalt schädlich sind. Jedoch hat er in diesen Fällen das Recht, die Entscheidung des Kuratoriums der Landesirrenanstalten nachzusuchen."

Im Paragraphen 3 wird vom Betriebsinspektor verlangt: „Strenge Sittlichkeit, pflichtgemäßer Gehorsam gegen die vorgesetzten Behörden, Treue und Eifer in der Erfüllung seiner Amtspflichten und in der Wahrnehmung und Vertretung der Interessen der Anstalt, Verträglichkeit in seinen Beziehungen zu den übrigen Beamten, Leutseligkeit und Festigkeit gegen seine Untergebenen und freundliches Benehmen gegen die Kranken der Anstalt."

Die Schlußbestimmung dieser Handlungs- und Verhaltensanweisung lautet: „Dem Betriebsinspektor ist die persönliche Aufsicht in allen Zweigen seines umfassenden und komplizierten Geschäftskreises zur Hauptpflicht gemacht. Es ist deshalb erforderlich, daß er seine ganze Arbeitskraft in den Dienst der Anstalt stellt und ohne an bestimmte Dienststunden gebunden zu sein, jederzeit zur Ausführung seiner Dienstgeschäfte bereit sein muß. Er hat sich den Dienst tunlich so einzurichten, daß er sich von 10 bis 12 Uhr vormittags und 4 bis 5 Uhr nachmittags zur Besprechung und Erledigung der an ihn gestellten Anfragen, Anträge usw. in seinem Geschäftszimmer aufhält."

Rudolf Tarnow war sehr darauf bedacht, nach Maßgabe der schriftlichen Anweisungen zu handeln, sie buchstabengetreu zu erfüllen. Die Anforderungen der Behörden und seiner direkten Vorgesetzten zu befolgen und in die Tat umzusetzen, fiel ihm nicht schwer. So war es selbstverständlich, daß die Wohnung, die Tarnow für sich und seine Familie ausfindig gemacht hatte, im „nördlichen Teil" Schwerins lag. Denn die Wismarsche Straße, wo Tarnows in dem Haus Nr. 173 für die Jahre 1906 und 1907 zur Miete wohnten, führte direkt in Richtung Sachsenberg. Auch die zweite Wohnung, die sie von 1908 bis 1912 innehatten, war nur um ein geringes Stück weiter stadteinwärts gelegen, nämlich in der Molkereistraße 2/Ecke Wismarsche Straße.

Rudolf Tarnow ging mit Entschlossenheit und kühlem Kopf daran, die schwierigen Aufgaben zu lösen, die auf ihn in seinem großen Zuständigkeitsbereich warteten. Immerhin umfaßte die Gesamtgröße der Heilanstalt eine Fläche von 65 Hektar. Darunter befanden sich 26 ha Ackerland, 21,5 ha Parkanlagen, 9 ha Obst- und Gemüsegärten, 6 ha Straßen und Gebäude und 2,5 ha Wiesen. Nur fünf Mitarbeiter standen ihm zur Seite: drei Obersekretäre, ein Rentmeister und ein Kanzlist. Doch als gelernter Kaufmann und verwaltungserfahrener Militärbeamter brachte Tarnow wertvolle Voraussetzungen mit, die ihm bei der Bewältigung der neuen Aufgaben sehr zugute kamen.

Es dauerte nicht lange, und Rudolf Tarnow beherrschte die wirtschaftliche Leitung des Sachsenberges. Niemand konnte ihm ein X für ein U machen. Auch seine Vorgesetzten bemerkten, wie beflissen und souverän er die Geschäfte führte. Man hörte auf ihn. Er war Respektsperson und Fachmann. Stets mitdenkend, wie die Verwaltungsarbeit weiter verbessert werden könnte, meldete er sich oft zu Wort und brachte seine Ansichten zu Papier. So nahm er sich das Recht, auch an der für ihn geltenden Dienstanweisung Kritik zu üben, weil sie ihm unvollkommen erschien und oft mit der Praxis im Widerspruch stand.

Am 14. Juli 1908 überreichte Rudolf Tarnow im Einverständnis mit seiner Direktion dem Großherzoglichen Kuratorium der Landesirrenanstalten einen Bericht, in dem er unmißverständlich ansprach, was ihn in seiner Arbeit behinderte und was er geändert wissen möchte: „Unter den Verwaltungsbeamten der Anstalt hat der Betriebsinspektor den schwersten und verantwortungsvollsten Dienst. Zur gewissenhaften Erfüllung seiner Aufgaben ist seine ganze Arbeitskraft erforderlich. Sein Dienst läßt sich nicht innerhalb bestimmter Dienststunden regeln. Die Größe der Anstalt und die Vielseitigkeit der Betriebe bedingen es, daß Anlaß und Gelegenheit zum Einschreiten und Handeln für ihn zu jeder Zeit vorhanden sein werden. Er ist aus diesem Grunde auch ständig im Dienst, sobald und solange er sich auf dem Anstaltsgebiet befindet. Hieraus ergibt sich aber auch die Notwendigkeit, daß der Betriebsinspektor auf der Anstalt wohnen muß... Die alte Dienstinstruktion ging von der Voraussetzung aus, daß der Betriebsinspektor auf der Anstalt wohnte; nur hierdurch war es ihm möglich, die ihm in der Instruktion auferlegten Pflichten zu erfüllen. Soll dagegen der Betriebsinspektor, wie bisher, auch künftig in der Stadt wohnen bleiben, so können ihm diese Pflichten und mithin auch die Verantwortung nur im beschränkten Umfange auferlegt werden. Es ist oberster Grundsatz in jeder Verwaltung, daß die wirtschaftliche Leitung in *einer* Hand liegt. Von einer Einheitlichkeit in den Verwaltungsgeschäften wird jedoch auf der Anstalt Sachsenberg keine Rede sein, solange nicht der Betriebsinspektor selbst dort wohnt. Ich bin fortgesetzt bestrebt gewesen, die Verwaltung da, wo sie rückständig war, vorwärts zu bringen, wo Mißstände vorlagen, diese zu beseitigen... Allen diesen Mißständen, die nicht vorauszusehen waren und sich erst in der Praxis ergeben haben, kann nur dadurch vorgebeugt werden, daß für den Betriebsinspektor eine Dienstwohnung – am zweckmäßigsten am Eingange auf das Anstaltsgebiet – geschaffen wird. Die Notwendigkeit einer solchen wird gleichfalls durch den Umstand bewiesen, daß wohl ausnahmslos an allen ähnlichen Anstalten Deutschlands der 1. Betriebsbeamte auf seiner Anstalt wohnt. Jedenfalls habe ich auf meine Erkundigungen hin keinen zweiten Fall ermitteln können, daß der 1. Betriebsbeamte gezwungen war, zur Erreichung seiner Arbeitsstätte täglich insgesamt ca. 15 km Entfernung zurücklegen zu müssen. Sobald der Betriebsinspektor auf der Anstalt wohnt, ist er auch außerhalb der offiziellen Bureaustunden leicht und schnell zu erreichen. Der Hauptvorteil wird aber der sein, daß die wirtschaftliche Leitung alsdann in *einer* Hand liegt. Ich benutze deshalb die Gelegenheit, nochmals meine gehorsamste Bitte auszusprechen, die Schaffung einer Dienstwohnung baldigst in die Wege leiten zu wollen, zum Nutzen und Vorteil der Anstalt und mir zur Erleichterung meines ohnehin schweren Dienstes."

Ganz entschieden wandte sich Rudolf Tarnow in seiner Stellungnahme vom 14. Juli 1908 – seine Dienstanweisung betreffend – gegen die inhaltliche Fassung des Paragraphen 2, der ihm blinden Gehorsam gegenüber dem Anstaltsdirektor abverlangte. Tarnow erhob Einspruch und forderte, daß Anordnungen des Anstaltsdirektors, die im Widerspruch zur Dienstinstruktion stehen und der Anstalt schädlich sind, nicht erlassen werden dürfen.

Unbekannt ist, ob Rudolf Tarnow mit seinen teilweise energisch vorgetragenen Einwänden und anders lautenden Vorschlägen auch Veränderungen bewirkt hat. Wie einsichtig und vernünftig seine Argumente auch waren, hinsichtlich der Dienstwohnung auf dem Sachsenberg mußte er sich einstweilen noch in Geduld fassen.

Alles in allem aber besaß Rudolf Tarnow ein gutes und einvernehmliches Verhältnis sowohl zum Anstaltsdirektor als auch zu den anderen vorgesetzten Behörden, insbesondere den Beamten des großherzoglichen Kuratoriums. Seine Personalakte, aufbewahrt im Archiv der Nervenklinik Schwerin, liefert die Belege: Rudolf Tarnow erhielt die Umzugskosten von Ludwigslust nach Schwerin in Höhe von 102 Mark ersetzt. Eine dreimonatige Miete von 75 Mark, die er für seine unbenutzte Wohnung in Ludwigslust (Louisenstraße 8) zu bezahlen hatte, wurde ihm zurückerstattet. Außerdem war ihm, solange er in der Stadt Schwerin wohnen mußte, „mit ministerieller Ermächtigung" vom 1. Mai des Jahres 1906 ab eine Fuhrentschädigung von 200 Mark für das Jahr bewilligt worden. Seit dem 1. Juli 1908 erhielt er als „Entschädigung für die fehlende Dienstwohnung" einen Ausgleich von 200 Mark jährlich. Und schon ab 1. April 1909 erhöhte sich sein Jahresgehalt von 3 000 auf 3 400 Mark.

Rudolf Tarnow rechtfertigte die ihm gewährten Vergünstigungen und materiellen Aufbesserungen durch viel Fleiß und Umsicht und Erfolge in seiner Arbeit als verantwortlicher Wirtschaftsverwalter der Anstalt. Allein wie er die anstaltseigene Landwirtschaft organisierte, nötigte Anerkennung ab. Die 26 Hektar umfassende Ackerfläche wurde in 12 Schlägen nach feststehender Fruchtfolge bearbeitet. Die Erträge kamen der Anstalt zugute. Mit sechs Pferden wurde die gesamte Feldarbeit verrichtet, die tägliche Post befördert, der Warenzugang transportiert und Asche abgefahren. In der Viehwirtschaft galt es, mit täglich 300 Litern Milch von 23 Kühen die Kranken und die Haushalte der Anstalt zu versorgen. Von den Abfällen der Küche wurde eine eigene Schweinehaltung mit achtzig Tieren betrieben. Auf die Bewirtschaftung der ausgedehnten Gartenkulturen legte Tarnow besonderen Wert. Zwei Gärtner und drei Hilfskolonnen sorgten für den Bedarf an Gemüse, Obst und Blumen, der in der Nervenheilanstalt benötigt wurde.

Unbefugte Entnahme von Gartenerzeugnissen

Ausgerechnet bei der Verwaltung und Nutzung der zur Anstalt des Sachsenberges gehörenden Gärten wurde Rudolf Tarnow in Umstände verwickelt, die ihm viel Unangenehmes und Verdrießliches brachten. Es war sein großer Wunsch, über einen Dienstgarten privat verfügen zu dürfen. Was anderen Beamten, die auf der Anstalt wohnten, längst gewährt war, blieb ihm trotz häufiger Anträge versagt. Er hielt mit seinem Anliegen nicht hinterm Berg, versuchte es immer wieder mit „gehorsamsten Bitten" an das großherzogliche Kuratorium, ihm einen Garten zuzuweisen als Platz der Erholung und des Zusammenseins mit der Familie, die noch immer nicht auf dem Sachsenberg wohnte.

Endlich glaubte er sich dem Ziel nahe, als ihm für den Sommer 1912 die Dienstwohnung und der dazugehörige Garten versprochen wurden. Tarnow ließ daraufhin einen kleinen Teil der Gartenfläche auf seine Kosten bestellen und dünkte sich im Recht, nämlich das, was er gesät hatte, auch ernten zu dürfen. Allerdings war er in die Dienstwohnung, deren Fertigstellung sich verzögert hatte, noch nicht eingezogen. Ein Untergebener Tarnows, der Rendant Till, meldete eilfertig dem großherzoglichen Kuratorium „unbefugte Entnahme von Gartenerzeugnissen aus Anstaltsgärten seitens des Betriebsinspektors Tarnow". Rendant Till erhärtete seine Anschuldigungen, indem er darlegte, was er beobachtet hatte: „Am Montag, den 15. d. Monats (Juli), abends, sah ich, wie Herr Tarnow mit einem Besuch von ca. 12 Personen mit dem Anstaltsboot zur Stadt fuhr. Er kam mit seinem Besuch aus dem alten Inspektorgarten, und da die Gartentüren verschlossen waren, durch die Gartenhecke. In das Boot wurden mehrere Körbe und ein Eimer (anscheinend mit Gartenerzeugnissen versehen) gestellt. Der Eimer muß Himbeeren und Johannisbeeren enthalten haben, denn am anderen Morgen meldete der Obstgärtner Resinger, im alten Inspektorgarten seien keine Himbeeren mehr. ... Somit hat doch Herr Tarnow am 15. Juli Gartenerzeugnisse für sich geerntet."

Rudolf Tarnow hatte langwierige Rechtfertigungsverhandlungen durchzustehen. Er sah sich Vorwürfen ausgesetzt, die offensichtlich aus Neid geboren waren und nichts als kleinliche Verdächtigungen darstellten.

Bei aller Verärgerung, die ihn packte, blieb Tarnow in seiner Verteidigung sachlich, vertraute dem gesunden Menschenverstand und entgegnete: „Ich habe Mitte Juli einigen bei mir zu Besuch weilenden Familienangehörigen mein künftiges Wohnhaus und auch den Dienstgarten gezeigt. Dabei bemerkte ich, daß einige Früchte auf für meine Rechnung bestellten Beeten gepflückt werden mußten, da sie überreif waren. Nun bin ich des guten Glaubens gewesen, wo die Aussaat auf meine Kosten erfolgt war, daß ich Anspruch auf die Ernte hätte, auch wenn ich die Aberntung kurze Zeit vor meiner Übersiedlung vornehmen mußte. Die Beete waren für mein Geld bestellt; ich konnte nicht annehmen, daß aus dem Grunde, daß die Fertigstellung des Hauses sich ohne mein Verschulden verzögerte, nunmehr der Ertrag meiner Beete der Anstalt zufiele. Ich habe deshalb, ohne mir etwas dabei zu denken, Kleinigkeiten von den Beeten gepflückt, habe auch gar kein Hehl daraus gemacht, sondern bin frei

Rudolf Tarnows Dienstwohnung im Einfamilienhaus auf dem Sachsenberg von 1912 bis 1933

und offen mit meinen Sachen ins Boot gestiegen."

Tarnows Erwartung: „Die Großherzogliche Direktion wird meine bisherige Dienstführung am besten beurteilen können, und glaube ich zuversichtlich, daß sie mich nicht für fähig hält, daß ich mich an einigen Köpfen Salat usw. auf Anstaltskosten wissentlich bereichere", ging leider so nicht in Erfüllung. Kuratorium und Anstaltsdirektion bestätigten dem Rendant Till, daß er sich korrekt verhalten habe, als er „die Unregelmäßigkeiten, welche im Garten des Betriebsinspektors geschehen waren, amtlich zur Sprache" gebracht hatte. Und Tarnow mußte zur Kenntnis nehmen, daß er „unkorrekt gehandelt" habe und daß sein Verhalten von der Direktion gemißbilligt werde.

Rudolf Tarnow war enttäuscht, daß ihm wegen der belanglosen Vorkommnisse so ernsthaft und förmlich von seiten seiner Vorgesetzten ins Gewissen geredet worden war. Gelernt aber hat er aus diesem für ihn peinlichen Vorfall, künftig noch strenger zwischen Anstaltsangelegenheiten und Privatverhältnissen zu scheiden, um mit seinem Tun und Verhalten niemals auch nur den Schein einer Eigennützigkeit zu erwecken.

Wohnung auf dem Sachsenberg

Zum 1. Oktober 1912 war es dann soweit. Rudolf Tarnow konnte in das neu erbaute Einfamilienhaus einziehen, das im Zuge ausgedehnter Baumaßnahmen zwischen 1910 und 1913 als erstes einer ganzen Gruppe von zehn Gebäuden fertig geworden war. Es handelte sich um die sogenannte Personalsiedlung. Sie war dem Anstaltsgelände in Richtung Stadt ein wenig vorgelagert und befand sich dort, wo heute das große Krankenhaus steht. 1974 hatten die Einfamilienhäuser dem Baugeschehen für das neue Krankenhaus weichen müssen.

Das Haus, in dem die Familie Tarnow von 1912 bis 1933 wohnte, war eingeschossig und besaß Ausbauten im Dachbereich. Neben zwei Giebelstuben gab es in dem an der Hausrückseite befindlichen Frontspieß noch ein weiteres Dachzimmer. Der Frontspieß verlief in der Mitte der Rückseite, bündig mit der Außenwand. Er stieg bis zur Firsthöhe des Hauses empor und war durch Quaderputzleisten, die dem Gebäude auch sonst an seinen Stirnseiten und Außenkanten Zierrat verliehen, betont.
Rudolf Tarnow und Familie fühlten sich wohl in dem neuen Heim. Es war gemütlich, bot ihnen ausreichenden Wohnraum und einen herrlichen Blick über den Ziegelsee auf die Stadt Schwerin. Etwa von der Höhe seines Hauses an ließ Tarnow im Jahre 1912 eine Baumallee, die zum Anstaltsgebiet führte, anlegen. Schlanke Pyramideneichen säumten den Weg, den Tarnow mehrmals am Tag zwischen Wohnung und Heilanstalt zurücklegte. Die Eichen gediehen gut. Tarnow hat sein Leben lang an diesen dendrologischen Kostbarkeiten seine Freude gehabt. Der Bau des neuen Krankenhauses erforderte, daß auch sie entfernt werden mußten.

Mit dem Haus zugleich war Tarnow auch der Dienstgarten zugewiesen worden. In ihm konnte er nun schalten und walten, wie es ihm beliebte. Für beides – Haus und Garten – hatte er als Miete 10 Prozent seines inzwischen auf 3 800 Mark gestiegenen Jahresgehaltes zu zahlen, also immerhin 380 Mark. Nicht gerade ein geringer Betrag.

Mit dem Moment, da Rudolf Tarnow in die Sachsenberger Dienstwohnung einzog, fühlte er sich erst so recht als leitender Wirtschaftsbeamter der Anstalt. Nun wohnte er dort, wo er Verantwortung zu tragen hatte. Jetzt konnte er die Forderung erfüllen, ständig im Dienst zu sein. Ihn beruhigte sehr, daß die Verwaltung der Anstalt nun wirklich allein in einer, in seiner Hand lag. Schnell und leicht war er eben auch außerhalb seiner Bürostunden erreichbar. Dennoch, die Hauptarbeit leistete er selbstverständlich am Tage. Dann war sein Geschäftszimmer, das sich im Wirtschaftsgebäude der Anstalt befand, eine Dienstzentrale mit regem Treiben. Von hier aus leitete er das gesamte Wirtschaftsleben der Anstalt. Seine Entscheidungen und Maßnahmen waren stets darauf gerichtet, das Los der Kranken zu mildern und die Arbeit der Angestellten wie des Pflegepersonals zu erleichtern.

„Randewuh“ in Stavenhagen

In den Jahren um 1910 sah man Rudolf Tarnow häufig in Stavenhagen.

DER MARKT VON STAVENHAGEN, SÜDWESTECKE. POSTKARTE, UM 1900

DAS RATHAUS VON STAVENHAGEN MIT REUTER-DENKMAL. IM RATHAUS WURDE FRITZ REUTER AM 7. NOVEMBER 1810 GEBOREN. POSTKARTE, UM 1911

Mehrmals im Jahr kam er hierher, nicht nur übers Wochenende. Mit der Friedrich-Franz-Eisenbahn hatte er die 125 km lange Strecke von Schwerin über Güstrow nach Stavenhagen bald zurückgelegt. Die für damalige Verhältnisse günstige Verbindung zwischen der Landeshauptstadt und Stavenhagen veranlaßte Tarnow, seine Stavenhagenbesuche mitunter kurz entschlossen anzutreten, immer dann, wenn er auf dem Sachsenberg abkömmlich war und er den Drang verspürte, wieder für ein paar Tage in der Geburtsstadt Fritz Reuters zu weilen.

Den gut zwanzigminütigen, wenig Abwechslung und noch weniger Sehenswertes bietenden Fußweg vom Stavenhagener Bahnhof zum Markt brauchte er zunächst nur bis zur Hälfte zurückzulegen. In der Schultetusstraße Nr. 18 wurde er erwartet. Dort wohnte seine Schwester Ida. Bei ihr war er zu Gast.

Ida war mit dem aus Parchim stammenden Schuhmachersohn Ludwig Jahncke verheiratet. Als sie am 17. April 1900 in ihrer Vaterstadt Parchim die Ehe schlossen, leistete auch

Rudolf Tarnow in der Heiratsurkunde seine Unterschrift. Ihn hatten sie sich zum Trauzeugen gewählt.

Ludwig Jahncke war in seiner Beamtenkarriere schnell vorangekommen. In Stavenhagen bekleidete er seit dem 17. Juli 1899 das Amt des Stadtsekretärs. Nach dem Bürgermeister gehörte er zu den einflußreichsten Persönlichkeiten im Stavenhagener Rathaus.

Reuter-Denkmal gediehen waren. Als die Grundsteinlegung des Denkmals erfolgte, war er selbstverständlich dabei. Und er war nicht mit leeren Händen gekommen. Den Stadtvätern übergab er das Manuskript einer „Festdichtung zur Grundsteinlegung des Fritz-Reuter-Denkmals". Es fand ihren ungeteilten Beifall, und sie regten seine Veröffentlichung an. Den Auftrag dazu erhielt die im April 1873

ENTHÜLLUNGSFEIER DES REUTER-DENKMALS AM 12. JULI 1911 IN STAVENHAGEN, AN DER AUCH RUDOLF TARNOW TEILGENOMMEN HAT

Aus dem berufenen Munde seines Schwagers Jahncke hörte Rudolf Tarnow von den vielen Würdigungen, die Stavenhagen für seinen größten Sohn Fritz Reuter zu dessen 100. Geburtstag im Jahre 1910 vorbereitete. Am meisten beeindruckte ihn, mit wieviel Hingabe und Begeisterung die Stavenhagener für das geplante Reuter-Denkmal wirkten. Da er selbst ein großer Verehrer Fritz Reuters war, nutzte er jeden seiner Stavenhagenaufenthalte dazu, sich umzusehen und zu informieren, wie weit die Arbeiten am

gegründete Beholtzsche Buchdruckerei Stavenhagen, die seit 1874 in dem Backsteinhaus Nr. 16 am Markt (heute Reuter-Apotheke) ihren Sitz hatte. Nur wenige Bücher und Broschüren waren bislang bei Theodor Beholtz erschienen. Die Hauptkraft des kleinen Verlages wurde auf die Herausgabe des dienstags, donnerstags und sonnabends erscheinenden „Mecklenburgischen Wochenblattes" gerichtet. Diese Lokalzeitung verstand sich als „Amtlicher Anzeiger für den Stadt-, Amts- und Amtsgerichtsbezirk Stavenhagen".

Zusammen mit zwei weiteren Huldigungsgedichten auf Fritz Reuter, einem plattdeutschen von Clara Förster aus Dömitz und einem hochdeutschen von Richard Dillau, das ist Gustav Ritter aus Grabow, wurde Tarnows Text „Ein Randewuh im Rathaus zu Stavenhagen“ als Festgabe des „Mecklenburgischen Wochenblattes“ am 7. November 1910, dem 100. Geburtstag Reuters, gedruckt.

Die Grundsteinlegung fürs Reuter-Denkmal fand am 7. November 1910, mittags gegen 13 Uhr, statt. Die auf Pergament geschriebene Urkunde trug die Unterschriften der anwesenden Vertreter der Familie Reuter: Frau Bade, Fräulein Ida Reuter und Pastor August Reuter, dann noch die des großherzoglichen Ministerialrats Dr. Lübcke aus Schwerin, der Mitglieder des Denkmalausschusses und des ausführenden Künstlers Professor Wilhelm Wandschneider.

Der Text der Urkunde lautet wörtlich: „Am 7. November des Jahres 1910, der hundertsten Wiederkehr des Tages, an dem Fritz Reuter, der berühmte Sohn des derzeitigen Bürgermeisters Johann Georg Reuter, im Rathause zu Stavenhagen das Licht der Welt erblickte, ist dieser Grundstein zu dem Fritz-Reuter-Denkmal gelegt worden, das, gestiftet von Freunden und Verehrern, am 12. Juli 1911 enthüllt werden soll. Das Denkmal wird gefertigt von dem Professor Wilhelm Wandschneider zu Charlottenburg, gebürtig aus Plau i. Meckl. – Stavenhagen, den 7. November 1910.“

Ein verschließbares zylinderartiges Metallgefäß nahm die Urkunde und weitere Beigaben auf. Darunter die letzte Nummer des Stavenhagener „Wochenblattes“, die gedruckten Texte der Festdichtungen, auch das „Randewuh“ von Rudolf Tarnow, wichtige Unterlagen in Sachen des 100. Geburtstages von Fritz Reuter sowie eine bronzene, von Wandschneider modellierte Erinnerungsmedaille an den Jubilar.

Viele hundert Menschen aus nah und fern hatten sich auf dem Markt um die Baugrube versammelt, in der sich das Fundament und der Grundstein für das Denkmal befanden. Nach der feierlichen Ansprache des Bürgermeisters Dr. Wunderlich legte dieser die Metallkapsel mit Urkunde und Beigaben in eine entsprechende Öffnung des Grundsteins. Zwei Männer schlossen die Öffnung. Auf der Steinplatte, die sie dabei verwenden, steht das Datum 7. November 1910 .

Auf die im Denkmalsfundament vermauerte Metallbüchse und deren Inhalt spielte Rudolf Tarnow an, als er eine Buchwidmung für Clara Förster in origineller Weise wie folgt formulierte: *„Fru Clara Förster, Daems, to'n Andenken an den gemeinsamen Upentholt in de Bleckbüß ünner Fritz Reuter sin Denkmol in Stavenhagen.“*

Tarnows Reuterverehrung war nicht erst um 1910 erwacht. Seit langem schon stand er den Werken Reuters nahe. Er kannte sie genau und fühlte

1810 1910

Ein Randewuh
im Rathaus zu Stavenhagen.

Festdichtung
zur Grundsteinlegung des Fritz Reuter-Denkmals
in Stavenhagen am 7. November 1910

von

R. Tarnow in Schwerin.

Beholtz'sche Buchdruckerei, Stavenhagen.

EIN EXEMPLAR DIESER FESTDICHTUNG WURDE AM 7. NOVEMBER 1910 IM FUNDAMENT DES REUTER-DENKMALS VERMAUERT.

sich mit den Personen der von Reuter erzählten Geschichten verbunden. So handelte denn auch sein Festgedicht auf Reuter aus Anlaß der Grundsteinlegung zum Denkmal, sein „Randewuh im Rathaus zu Stavenhagen“, von den literarischen Figuren, wie sie uns in den „Läuschen“, in der „Franzosentid“ und „Stromtid“ sowie im „Hanne Nüte“ und „Dörchläuchting“ begegnen.

Zur mitternächtlichen Stunde, „twölf is de Klock – tau End de Dag“, geben sich im hell erleuchteten Rathaussaal zu Stavenhagen ein ungewöhnliches Stelldichein: Mamsell Westphalen, Fiken Besserdich, Fritz Sahlmann, Köster Suhr, Korl Hawermann, Jochen Nüßler, Bäcker Swenn, Möller Voß, Dürten Holzen, Dörchläuchting und – als Hauptperson – Unkel Bräsig und alle die anderen. Da tritt Fritz Reuter in ihre Mitte. Bräsig ergreift das Wort und wendet sich an den „geliebten Jubelgreis und Gönner“:

„So stehn wir hier denn, Mann für Mann,
Un ich as Auter baben an,
Un gratulieren insgemein,
Dieweil wir Deine Kinder sein.
Du hast Dich rädlich abstrapziert,
Hast immer hin und her lawiert
Un all Dein bischen Grips un Läben
Im Dasein uns mit reingegeben.
Fritz! Das hättst woll Dein Dag' nicht dacht
Vor hunnert Johr in disse Nacht
Un auch woll nich as lütt Klabater,
Vor allem aber nich Dein Vater,
As Du noch auf der Festung saßest
As Demagog' un Attentäter
Un saperlotscher Hochverräter
Un trocken Brot un Wasser aßest,
Daß da, wo Du im Rönnstein spieltest
Un oftmals auf der Nase fieltest,
Un wo Fritz Sahlmann Dich verhaute,
Man Dich noch eins 'n Denkmal baute.
Was is das für 'nen snakschen Kram!
Ierst machen sie Dich solchen Blam
Un lassen Dich sieben Johr lang brummen,

Un nu woll'n sie Dich auffidummen
Un stell'n Dich auf ein Postament,
Als ob Dich das was kratzen könnt'!
Wo unbeständig von Natur
Is doch die menschlich Kreatur,
Auf nirgens was is noch Verlaat!
Doch, Fritz, das Denkmal wird ein Staat!
Das ganze Dings steckt voller Läben,
Man weiß die Sache Schick zu gäben;
Damit, daß Du nich so allein,
Flickt man uns allesamts mit 'rein:
Du sitzt da auf so'n steinern Ding,
Un um Dich rummer so in'n Krink,
So in die Lähnung sitzen wir
Un machen Dich Mafäukens für."

Verse von einfacher Gestalt, meist paarig gereimt, in ergötzlichem, an Reuter geschultem Missingsch, unbekümmert um Sprachverstöße, wie sie für diese eigentümliche hochdeutsch-niederdeutsche Mischsprache nun mal typisch sind. Bilder und Inhalte mit schlichten Aussagen, komisch oft gebrochen, doch basierend auf einem naiv ehrlichen Grundgefühl.

Mit dem Preisgedicht auf Fritz Reuter „Ein Randewuh im Rathaus zu Stavenhagen" hatte sich Tarnow Gehör verschafft in der plattdeutschen Literatur Mecklenburgs. Zuvörderst wollte es eine Verneigung vor dem niederdeutschen Klassiker Reuter sein, eine Dankesabstattung an ihn, an das über alle Maßen geschätzte, doch nie erreichte Vorbild aus Stavenhagen.

Das „Randewuh" erschien in voller Textlänge in der Festausgabe des „Mecklenburgischen Wochenblattes", der Tageszeitung Stavenhagens, am 7. November 1910. Auch als Sonderdruck in Heftform zum gleichen Zeitpunkt, versehen mit dem Zusatz, gleichsam als erläuternder Untertitel: „Festdichtung zur Grundsteinlegung des Fritz-Reuter-Denkmals in Stavenhagen am 7. November 1910." Ein drittes Mal dann ein Jahr später als Eingangsgedicht im ersten Band der „Burrkäwers". In allen drei Fällen gedruckt und herausgegeben von der kleinen Stavenhagener Buchdruckerei Beholtz.

Bei späteren Abdrucken des „Randewuh" im Rahmen des ersten „Burrkäwers"-Bandes, der ja zahlreiche Auflagen erlebte, hat Tarnow gelegentliche Textänderungen, meist in Form von Wort- oder Satzeinschüben, vorgenommen. Dadurch ergaben sich zwar Abweichungen zum Urtext, doch die Eingriffe waren nicht so gravierend, daß eine andere Gesamtaussage zustande gekommen wäre.

Rudolf Tarnow erwies dem niederdeutschen Klassiker aus Stavenhagen noch des öfteren seine Reverenz. Zwei weitere, ebenfalls recht umfängliche plattdeutsche Gedichte, in Art und Gestaltung dem ersten ähnlich, folgten schnell. Sie machten deutlich, wie groß die Ehrerbietung war, die Tarnow dem Dichter der „Läuschen un Rimels" immer und immer wieder entgegenbrachte und aussprach. Ihre etwas umständlich formulierten Titel heißen: „Fritz Reuter tau de Denk-

RUDOLF TARNOW VOR DEM FRITZ-REUTER-DENKMAL IN STAVENHAGEN AM TAG DER DENKMALSENTHÜLLUNG AM 12. JULI 1911

mals-Enthüllung in Stavenhagen an'n 12. Juli 1911" und „Fritz Reuters Dank. 'n lütten Nahklapp tau de Enthüllungsfier in Stemhagen an'n 12. Juli 1911."

Worin Tarnow die Vorbildwirkung Reuters für sich erkannte, worin er den Grund sah, Reuter nachzustreben und ihm Dank zu zollen, das mögen einige Zeilen aus dem mittleren der drei genannten Huldigungsgedichte zum Ausdruck bringen:

„Denn wat Du sädst, is kein Gedroehn,
Un wat Du schrewst, is kein Gekloehn,
Un sünd 't ok oft verdreihte Saken,
Se sünd doch ut 'n Harten spraken.
De Minschen in dat slichte Kleid,
In Iernst un Spaß un Trurigkeit,
Dat sünd Dien Landslüd, tru un wohr,
All, wat Du schräwen,
Würdst Du erläben
De langen, bangen Leidensjohr.
Un sühst Du hüt Dien Vaderstadt
Un hürst, wat von Di spraken ward,
Denn, Fritzing, glöw Du sicherlich:
Vergäbens wiern Dien Leiden nich;
Du bröchst tau stand'n
'ne grote Sak,
Ut Druck un Band'n
Hest Du in'n ganzen dütschen Land'n
Tau Anseihn bröcht de plattdütsch
Sprak."

Ein Augen- und Ohrenzeuge von damals, der bei den Einweihungsfeierlichkeiten des Reuter-Denkmals in Stavenhagen dabei gewesen ist, hat miterlebt, was Rudolf Tarnow zu Gehör brachte und wie er seine Verse vortrug. Er erinnerte sich und übergab seine Eindrücke der Öffentlichkeit. Anläßlich des 60. Geburtstages von Rudolf Tarnow 1927 schrieb er in einer mecklenburgischen Tageszeitung den Satz: „Schon damals ging ein Ahnen durch die kleine Gemeinde, die seinen Worten lauschte, daß hier einer zu ihnen sprach, der wohl berufen schien, eine große Tradition fortzusetzen."

Un nu burrt los un dauht jug' Dingen!

In seiner kleinen Selbstdarstellung, die Rudolf Tarnow aus Anlaß seines 60. Geburtstages 1927 verfaßt hatte, heißt es mit Blick auf seinen literarischen Werdegang: *„Ick kreg mit 'n Mal so'n Jiepe, tau fantesieren un tau riemen, un schrew allerhand Kram, un wenn 'ck dat vörläsen ded, denn lachten de Lüd, un dat hett mi kettelt, un ick schrew ümmer mihr, un dunn würd't ein Bauk, un de Lüd köfften dat, un ick hew mi dacht: Na, denn man tau!"* Man sieht geradezu das Augenzwinkern, mit dem Tarnow diese Sätze begleitete; der Schalk hatte sie ihm in die Feder diktiert. So ganz ernst also waren diese Äußerungen nicht zu nehmen. Wollte er jedoch damit andeuten, daß er von einer besonderen poetischen Ader nichts gespürt hätte und vom Erwachen ihm innewohnender künstlerischer Kräfte nichts gewahr geworden wäre, dann möchte man ihm glauben. Doch so unkompliziert, wie er sein literarisches Debütieren darstellte, konnte es nicht vonstatten gegangen sein. Wenn er, bewußt vereinfachend, seine Schreibambitionen herabsetzte, dann war ihm darum zu tun, weder als Dichter angesehen noch als solcher gefeiert zu werden. Er glaubte abwehren zu müssen, was ihm nicht zustehe, nämlich Platz innerhalb der schreibenden Zunft seiner Zeit und Rang in der niederdeutschen Literatur. Seine Art zu schreiben und plattdeutsche Rimel zu formen, hielt er für nicht bedeutend genug, solchem Anspruch gerecht zu werden.

Ick hürte denn so nipp tau

Zu fragen ist, seit wann Tarnow denn schreibt. Die Äußerung: „Ick kreg mit'n Mal so'n Jieper tau fantesieren", ist verschwommen und deutet auf keine bestimmte Zeit hin, in der er mit literarischen Arbeiten oder den Übungen dazu begonnen hätte. Schrieb er bereits während seiner Militärzeit? Begann er damit, als er 1906 ins zivile Leben zurückkehrte? Fragen, auf die Antworten lange Zeit schwer fielen. Inzwischen ist bekannt, daß Rudolf Tarnow bereits um die Jahrhundertwende niederdeutsche Gedichte verfaßt hat. Aufschluß brachte der von den Nachfahren des Autors verwahrte Nachlaß. Große Teile der handschriftlichen Hinterlassenschaft Tarnows befinden sich im Besitz des Enkels Uwe Tarnow in Alfter-Impekoven bei Bonn. Sie enthalten jene frühen Arbeiten, denen der Autor das Jahr ihrer Entstehung beigefügt hat. Es sind die läuschenartigen, etwas breit angelegten Reimschwänke „De Nijohrsreis' " 1899, „De afgeblitzte Verlawung" 1900 und „Papagei-Knäp" 1902. Etwa zur gleichen Zeit sind zwei plattdeutsche Gedichte Rudolf Tarnows auch gedruckt erschienen. Das „Ludwigsluster Tageblatt" veröffentlichte am 9. April 1901 den Hymnus „Unsern Herzog-Regenten Johann Albrecht", und in der Monatsschrift för plattdütsch Sprak un Ort „De Eekbom“ findet sich in der Nummer 4, vom 15. Februar 1902, das stimmungsvolle Naturgedicht „Heidland“. Die beiden gedruckten Texte sind allerdings keine Beispiele für Rudolf Tarnows später so erfolgreichen „Burrkäwers“.

In den meisten seiner „Burrkäwers“-Gedichte gestaltete Rudolf Tarnow Vorgänge, die er selbst erlebt hatte oder die ihm vom Hörensagen über Geschehnisse seiner Zeit bekannt geworden waren. Bei anderen wiederum spielten alte mecklenburgische Erzählüberlieferungen eine Rolle. Geschichten, die schon vor Generationen zum erzählerischen Allgemeingut des Volkes gehörten, wurden immer noch und kaum gewandelt zum besten gegeben. Auch Tarnow hatte Teil daran. Als er Kind war, hörte er sie aus dem Munde der Älteren.

Tief und fest prägten sie sich ihm ein. Erzählend und – später dann – schreibend trug er sie weiter.

Die Volkserzähltraditionen der Heimat wurden zu unerschöpflichen Quellen seiner Dichtungen. Seine Geschichten flossen zurück in den Schatz mündlichen volkstümlichen Erzählens, wo immer es in Mecklenburg gepflegt wurde. Daß das Festhalten an alten Erzählstoffen und das aktive Erzählen überlieferter Geschichten auch in Tarnows Elternhaus üblich war, dafür gab er selbst in seiner Erinnerungsskizze „Von oll Tieden un Späuken“ einen anschaulichen Beleg:
„As ick noch so'n lütten Jung wier, dunn mücht ick tau giern dor mit bi sien, wenn 's abends in de Schummerstund'n de Ollen in uns' lütt Stuw üm den Disch seeten, un einer vertellte denn von Späuken. Un dat verstünn keiner bäder as uns' Vadder. Ick hürte denn so nipp tau un let em gor nich ut de Ogen un hew dat ok all fast glöwt. Denn wat uns' Vadder vertellen ded, dat wier för mi so wohr, as Amen in de Kirch... Uns' Vadder hett in sienen ganzen Läben nich an Späuken glöwt, aewer so bäten dorvon vertellen, dat leeg em, dat mücht he tau giern. Uns' Mudder wier nich so sadelfast, de würd bi't Vertellen still un ümmer stiller, halte mal hoch Luft, wenn 't tau leeg kem, un säd denn: ‚Huch!‘ un grugte sick. ‚Jä!‘ schüddköppte se denn, ‚dat könn'n liekers all nich weiten!‘ un denn mök se sick still dünn un kramte in de Koek rüm.“

Wie beliebt die Spuk- und Gespenstersagen in Mecklenburg auch waren, das Geschichtenerzählen umfaßte mehr, oft die ganze Fülle an Stoffen und Motiven, die dem Leben und den Erfahrungen der Väter entnommen waren. Das war zu Reuters Zeiten so, und das ist in Tarnows Tagen nicht anders. Wie schrieb doch Ludwig Reinhard, der Freund Reuters und aufrechte Demokrat Mecklenburgs, angesichts der gerade erschienenen „Läuschen un Rimels“: „Es lebt nämlich im Lande Mecklenburg und geht von Mund zu Mund eine hübsche Anzahl von lustigen, eingebornen Geschichten. Dieselben sind bekannt von Dan bis Bersaba, d.h. Ribnitz bis Dö-

Ludwig Davids (1858-1920) beim Kegeln auf der Alexandrinenhöhe am 22. August 1903. Von 1912 bis 1920 verlegte Davids Rudolf Tarnows „Burrkäwers", Bände 1 bis 6.

geln ließ? Ein Buch landesweit vertreiben zu müssen, fehlten ihm womöglich die notwendigen Erfahrungen. Außerdem war mit einem ortsansässigen Verleger wie Davids in Schwerin ein viel besseres und bequemeres Verhandeln möglich als mit dem fernab wohnenden Beholtz in Stavenhagen.

Ludwig Davids lebte von 1858 bis 1920. Er war ein bekannter und geschätzter Schweriner Buchhändler. Um 1885 hatte er seine Buchhandlung gegründet. Das Geschäft befand sich im Demmlerhaus und zeigte mit seinem großen Schaufenster zum Pfaffenteich. Die günstige Lage und die buchhändlerische Tüchtigkeit Davids' waren das Unterpfand dafür, daß das Geschäft gedieh. Die Buchhandlung mauserte sich zu einer Verlagsbuchhandlung. Davids ging daran, Bücher zu verlegen, zunächst kleinere Schriften in plattdeutscher Sprache, dann auch Bücher von beträchtlichem Umfang, wie die 1913 herausgegebene „Geschichte der Stadt Schwerin" von Wilhelm Jesse. Eine besonders enge und erfolgreiche Zusammenarbeit entwickelte sich zwischen Davids und Rudolf Tarnow. Ihre geschäftliche Beziehung begann im Jahre 1912. Allzu schnell ging sie zu Ende. Ludwig Davids starb am 7. August 1920.

Rudolf Tarnow schrieb und veröffentlichte seine „Burrkäwers" zwischen 1911 und 1919. Am Ende füllten sie sechs Bände. In ihrem Umfang nicht allzu stark, waren sie mit ihren 130 bis 150 Seiten eher etwas dünnleibig geraten. Ihr Einband war schlicht, grau die Farbe, Pappe das Material. Die Strukturen auf dem Deckel täuschten Leinwand vor.

Von 1912 bis 1920 kamen alle Bücher Tarnows, einschließlich Band eins, bei Ludwig Davids in Schwerin heraus. Die Ausstattung wurde ansprechender. Die Bücher erhielten ein anziehenderes Äußeres. In Anlehnung an Elemente des Jugendstils zeichnete der Berliner Graphiker Willi Siegert 1912 die Entwürfe für die Deckelgestaltung. Sie zeigte ein Bildmotiv, ausgeführt in Schwarz auf gelblich-braunem Untergrund, das in sinnreicher

Beziehung zu den Buchinhalten stand: Zwei Männer sitzen unter einem Baum, offensichtlich mit dem Lesen der „Burrkäwers“ befaßt. Der eine, Buer Witt, gelassen Pfeife rauchend und stillvergnügt, der andere, Buer Swart, gestenreich seinem Ärger über die „Knäp un Gnappen“ der Gedichte Ausdruck verleihend. Also auch mit dem äußeren Gewande seiner Gedichtbücher konnte Tarnow zufrieden sein. So entließ er sie getrost auf den Weg zu den Lesern und begleitete sie mit der Hoffnung: „Un nu burrt los un dauht jug’ Dingen!“

Kritik und Leser waren sich bald einig darin, die „Burrkäwers“ in zwei große Gruppen einzuteilen und deutlich zu unterscheiden zwischen den Bänden eins bis drei und vier bis sechs. Die letzten drei Bücher, die sogenannten Kriegsbände, versanken bald in die verdiente Bedeutungslosigkeit. Schon zu Lebzeiten Tarnows verloren die Kriegsgedichte merklich an Resonanz, stießen sie auf immer weniger Interesse beim Publikum. Sie sind in ihrem säbelrasselnden Hurrapatriotismus durchweg wertlos.

Um so mehr Beifall erhielten die ersten drei Bände der „Burrkäwers“ und

DECKELGESTALTUNG DER „BURRKÄWERS“ VON WILLI SIEGERT, 1912

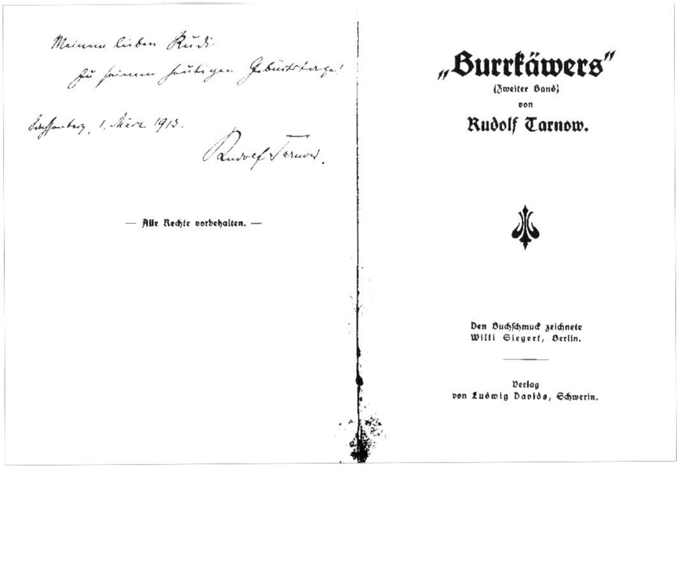
Meinem lieben Rudi
zu seinem heutigen Geburtstage!
1. März 1913.
Rudolf Tarnow.

— Alle Rechte vorbehalten. —

„Burrkäwers“
(Zweiter Band)
von
Rudolf Tarnow.

Den Buchschmuck zeichnete
Willi Siegert, Berlin.

Verlag
von Ludwig Davids, Schwerin.

TITELSEITE DER ERSTAUFLAGE VON „BURRKÄWERS“, BAND 2, 1912. MIT WIDMUNG RUDOLF TARNOWS ZUM GEBURTSTAG SEINES ZWÖLFJÄHRIGEN SOHNES RUDI

dem jungen Volk vor allen Dingen
viel Katechismus beizubringen.
Der Katechismus ist ein Buch,
das liest man lange nicht genug!
Ich möchte sagen, es ist heute
das beste Buch für kleine Leute!
Da lernen sie zur rechten Zeit
Gehorsam gegen Obrigkeit
und hören, daß es hier im Leben
muß Herr'n – und Tagelöhner geben!"

Wissensvermittlung in anderen Fächern, insbesondere in Geographie und Weltgeschichte, hält der Baron für unangebracht und darum überflüssig. Vom Lehrer verlangt er, die Dorfjungen auf ihre künftige Arbeit als Pferdeknechte auf dem Hof vorzubereiten. Er veranlaßt Klickermann, die genannten Disziplinen: Geographie und Weltgeschichte, die er als „Mumpitz" ansieht, aus dem Stundenplan zu streichen. Klickermann geht bereitwillig auf das Ansinnen des Barons ein; aus Dienstbarkeit und weil er selber von der Sache herzlich wenig versteht. Ganz anders schätzt er seine Möglichkeiten auf dem Gebiet der Katechismuslehre ein. Dort hält er sich für „hellisch in beslagen" und will sein Bestes geben. Dafür lobt ihn der Baron mit den Worten:

„Das ist der gute alte Ton
und äußerst wichtig für die Alten,
noch lange daran festzuhalten."

Seinen Dorflehrer hatte der Baron längst botmäßig gemacht. Auf den zur Revision erschienenen Schulrat aber hat er weder Einfluß, noch übt er Gewalt über ihn aus. Der ist also in keiner Weise vom Baron abhängig und entwickelt sich zu dessen unerschrokkenem Kritiker und Widerpart. Als der Schulrat feststellt, daß die Kinder in Geographie ohne die geringste Ahnung sind, geht er der Sache auf den Grund und will den Globus sehen, der das Fundament für jeden ordentlichen Geographieunterricht darstellt. Kleinlaut bekennt Klickermann, daß er einen solchen nicht habe. Er gibt die naive, sein Wissen und seine Lehrmethoden entlarvende Erklärung: „Wir sind, wenn ich dies durchgenommen, aus Mecklenburg nicht rausgekommen!" – Der Schulrat besteht auf der Forderung, daß ein Globus angeschafft werden müsse, wofür der Herr Baron als Schulpatron zuständig sei. Dieser ist empört, wirft dem Schulrat liberale Denkart vor, mit der er die Leute auf dem Lande aufhetze und den Dorfkindern einen schlechten Dienst erweise. Der Baron zeigt sich äußerst gereizt. Seinem Unmut über das widersetzliche Auftreten und die nachdrücklich erhobene Forderung des Schulrevisors macht er kräftig schimpfend Luft:

„Der Schulrat war in diesen Tagen
bei mir da draußen auf dem Lande,
natürlich wußte nichts die Bande,
nun soll'n die Tagelöhnerknaben,
was sagen Sie? 'nen Globus haben!
Es ist ja wirklich unerhört!
So lange wird dran 'rumgelehrt,
bis sie zuletzt von all den Grappen,
von all dem Blödsinn überschnappen!"

Wie überheblich der Baron auch über die Ansprüche an die schulische Ausbildung der Tagelöhnerkinder denkt und spricht, er muß schließlich doch den Globus kaufen. Dabei nun offenbart er drastisch, wie beschränkt und unwissend er ist. Beim Kauf des Globus vertritt er die Auffassung, daß er für die Schulkinder von Grot-Clamohn nicht den Globus von Amerika benötige, sondern:

„Wo wir in Mecklenburg hier sitzen,
da muß ich doch für meine Knaben
den mecklenburgischen Globus haben!"

Der auf seine Schulhoheit pochende „gnädig Herr up Grot-Clamohn" hat sich als Schulpatron blamiert. Tarnow hat ihn der verdienten Lächerlichkeit und Kritik überantwortet.

Mit der Schulwirklichkeit im alten Mecklenburg machen Gedichte vertraut wie „De Schaulpatron", „De schew Globus", „De Kattenswanz", „De Katechismus-Stund'n", „De soeben Sinnen", „Wo heit de Vadder?" und „De Utgliek". In dem Stück „De schew Globus" sind nicht nur die Schüler bei der Frage des Schulrats, wie es komme, daß der Globus, „wie ihr seht, ganz schief nach einer Seite steht", peinlich betroffen und ahnungslos. Auch der Lehrer, Köster Klickermann, zeigt sich überfordert. Als der Schulrat abermals wissen will, warum denn der Globus so schräge stehe, da schaltet sich Klickermann ein, unsicher zwar, doch mit dem Vorsatz, einen eventuellen Verdacht von seinen Schülern und von sich abzuwenden und antwortet:

„ ‚Herr Schulrat', seggt nu Klickermann,
‚wenn ich mal unterbrechen kann,
die Schiefigkeit ist ihr nicht klar;
ich hab ihn schon so viele Jahr,
doch kam er nicht bei mir zunichte,
er war schon schief, als ich ihn kriegte.' "

Spijök un Knäp mit Paster un Burmeister, Gautsbesitter un Offzier

Rudolf Tarnow nahm die Stoffe zu seinen „Burrkäwers"-Schwänken aus vielen Bereichen des Lebens seiner Zeit. Es gab kaum ein Thema, an das er

De Spisung. Illustration von Willi Siegert. Für den zweiten Band der „Burrkäwers" zeichnete der Berliner Willi Siegert 1912 zwölf Illustrationen.

sich nicht heranwagte. Selbst kirchliche Dinge, wie das Umgehen der Kollekte, griff er auf. Auch lebensfremde Moralauffassungen von Pastoren, die strenge Sittenlehren verkündeten, ohne selbst danach zu leben, wurden respektlos aufgespießt und aus der Sicht des Volkes abwehrend bespöttelt.

In dem Versschwank „De Klingelbütel“ wird beschrieben, was Daglöhner Prüß ut Techentin während eines Gottesdienstes in Schwerin widerfuhr. Als ihm an einer langen Stange der Kollektenbeutel gereicht wird, hält er diesen für eine Kopfbedeckung. Da ihm die ganze Zeremonie merkwürdig vorkommt und er sich im Gebet belästigt fühlt, reagiert er mißmutig und abweisend:

„Prüß kickt mit't linke Og so hen
un schürrköppt blot un seggt em denn:
‚Mann, stürn S' mi nich hier mang de Lieder,
mien Mütz is 't ok nich, gahn S' man wieder!‘ “

Eine Abfuhr ganz anderer Art wird Oll Paster Prehn in dem Gedicht „Kein Unnerscheid“ erteilt. Prehn ereifert sich maßlos über das Nacktbaden der Dorfkinder, das in seinen Augen sündhaft ist und darum seinen Zorn hervorruft. Er will die in der Mergelkuhle Badenden überraschen, um ihnen gehörig ins Gewissen zu reden. Doch sein Vorhaben scheitert. Als er sich an die Mergelkuhle heranschleicht, entdecken ihn die Kinder und fliehen. Sie bleiben unerkannt. Nur der gerade auch erst angekommene fünfjährige Heiner Snut bleibt stehen und fällt dem aufgebrachten Pastor als Opfer in die Hände. Von ihm verlangt der Geistliche Antwort auf die Frage, wer die Jungen und Mädchen gewesen seien, die hier badeten. Er müsse sie doch erkannt haben! Doch wie wahr und verständlich die Antwort des verängstigten und weinenden Heiner Snut:

„ ‚Wo kann 'ck se kennen‘, plinst Heiner Snut,
‚Se harrn jo all ehr Tüg all ut!‘ “

Nicht gerade glimpflich verfährt Rudolf Tarnow mit den Grundbesitzern Mecklenburgs. In dem Gedicht „Dat Brüden geiht üm“ wird dem adligen Herrn von Osten, „ein gottlos Mulwark harr de Mann“, übel mitgespielt. Als er sich in seiner provozierenden und streitsüchtigen Art mit dem alten Dorfpastor Smidt anlegt, ahnt er nicht, daß Smidt äußerst schlagfertig ist, ihn in einer Entgegnung als Esel von Osten bloßstellt und durch treffsichere Ironie mundtot macht.

Ähnliches geschieht dem Baron von Langermann in dem Gedicht „Ganz egal“. Der Kutscher Johann nämlich kann keinerlei Verständnis und Mitgefühl aufbringen für seinen Herrn, der angesichts einer etwas unsicheren Wetterlage nicht weiß, ob er eine geschlossene oder offene Kutsche zur Ausfahrt nehmen soll. Um Rat befragt, antwortet Johann gleichgültig, daß ihm das einerlei sei. Auf das Lamentieren des Herrn: „Sitt Du mol poor Stund'n lang in Pladderrägen“, entgegnet der Kutscher gelassen und unmißverständlich:

„ ‚Jä, Herr Baron, dat sünd so'n Saken,
ob apen orrer tau'nen Wagen,
kummt dat Gewitter ruppertagen
un pladdert 't denn von baben dal,
för mi dor vörn is 'tganz egal!‘ “

Der Bürgermeister, der in dem Gedicht „Dat Verhür“ die Gerichtsverhandlung gegen den Tagelöhner Jochen Besendahl zu führen hat, ist nicht wenig überrascht und erschrokken, als der Prozeß eine jähe Wendung nimmt und sich gegen ihn und seine Familie richtet. Besendahl ist des Diebstahls angeklagt. Er gesteht seine Tat ohne Umschweife. Auf die abschließende Frage des Bürgermeisters gibt er unbekümmert, doch nicht unbedacht Auskunft. Er ist von der Wirkung seiner Aussage überzeugt. Er weiß, daß sie die Autorität des Stadtoberhauptes schwer belasten wird. Als der Bürgermeister wissen will, zu wem Besendahl die aus dem Wald entwendeten Weihnachtsbäume denn hinschaffe, muß er hören:

„ ‚Den besten Bom, den ick man finn,
kriggt ümmer – Fru Burmeisterin,
von all mien Kund'n is se de best
un nu – vergneugtes Wihnachtsfest!‘ “

Einen hervorragen Platz unter den „Burrkäwers“-Schwänken nehmen die Gedichte ein, die sich mit dem Leben der Soldaten beschäftigen. Mit Vorliebe gestaltet Tarnow Themen und Begebnisse, die soldatischen Stoffbereichen entnommen sind. Tarnow kennt den militärischen Alltag aus eigenem Erleben und Erleiden. Er kann aus reicher Quelle schöpfen und hat dazu noch den riesigen Vorteil, daß er alles, was hierher gehört, aus erster Hand besitzt. Die Ereignisse, Vorgänge und Episoden, die er aus dem Leben der Soldaten einfängt und literarisch verwertet, behandeln im Grunde alle das Verhältnis der Untergebenen zu ihren Vorgesetzten, der Soldaten zu ihren sie oft genug schikanierenden Ausbildern und überheblichen Offizieren. Tarnow wählt in diesen Gedichten einen Erzählstandpunkt, der ihm gestattet, aus der Sicht der „kleinen Leute“, in diesem Falle der Gemeinen, der noch Dienstgradlosen, zu schreiben. Die in diesen Gedichten entfal tete Komik bewirkt ausnahmslos, wenn auch mit unterschiedlicher Intensität, eine Bloßstellung der höheren Chargen. Das Lachen ist in seiner Tendenz eindeutig von unten nach oben gerichtet und erfolgt auf Kosten der militärischen Vorgesetzten. Schadenfreude und allerlei Vorteile, erreicht durch Tricks, Bauernschläue und naive Schlagfertigkeit, befinden sich immer auf seiten der einfachen Soldaten.

Da wird der Leutnant Karl von Hünerbein von den Soldaten, wenn sie unter sich sind, respektlos Korl Snut genannt. Wegen seiner spirrigen Figur, die einer Bohnenstange gleicht, hat er ohnehin den Spott der Untergebenen zu ertragen. Korl Snut nennen sie ihn deshalb, weil er eine Nase besitzt, die wie eine Wörtel (Mohrrübe) aussieht: „De wier so lang un krumm un knoekrig un as son'n Hawkensnawel hoekrig." Auch der Rekrut Jochen Swank ut Böken sagt unbefangen Korl Snut zu ihm. Als Jochen dann den Zorn des Leutnants Karl von Hünerbein über sich ergehen lassen muß, erklärt er unschuldsvoll:

„ ‚Herr Leutnant, jä! Ich konnt's nich weißen, / sie sagten mich, daß Sie so heißen, / un soans dacht ich – Hünerbein würd blots Ihr Ökelname sein.' "

In dem wohl besten aus dem Soldatenleben erzählenden Schwankgedicht „De rod Domino" gelingt es einer ganzen Wachmannschaft, für eine Weile unerkannt am genießerischen Leben der Hofgesellschaft teilzunehmen. Als der Großherzog zu einem Maskenball einlädt, benutzen die Wachsoldaten einer nach dem anderen das Dominokostüm ihres Leutnants, um der feiernden Gesellschaft unerkannt, wenn auch nicht unbemerkt, beizuwohnen und sich über die Maßen gütlich zu tun an der üppig gedeckten Essentafel. Als die Lakaien Bull und Snur zum wiederholten Male einen roten Domino hereinkommen sehen und beobachten, wie der ohne Umschweife auf das Menübankett zusteuert, ordentlich hinlangt und „sick dat Liw vullsleiht", da befürchten sie: „Bliwt de so bi, du lewer Gott, de frett uns hüt noch pankerott!" Der Hofmarschall wird informiert. Der tritt an den Domino heran und bittet befehlerisch um Namen und um Aufklärung über das ungewöhnliche Eßververhalten. Im Domino steckt in diesem Moment der Wachsoldat Jochen Stofferan, der auch sehen und erleben wollte, wie sich „de Hogen haben täten". Der Hofmarschall ist entsetzt darüber, daß Jochen zur Wachmannschaft gehöre, Sekt wie Wasser saufe, schon zum achten Male hereinkomme, schnurstracks an die Tafel trete und hundertzwanzig Butterbröte gegessen habe. Er nennt Jochens Auftreten und Verhalten skandalös. Ehe er die Bestrafung ausspricht, fragt er neugierig den vermeintlichen Vielesser: „Wo packst Du dies denn all hinein?" Jochens Antwort jedoch verschlägt ihm die Sprache, weil die Soldaten der Wache auf pfiffige Weise sich Zugang verschafft hatten zur höfischen Ballgesellschaft und deren kulinarischer Abendtafel. Es verblüfft und verwirrt den Hofmarschall sehr, als Jochen das Geheimnis lüftet:

„ ‚Herr Exzellenz', seggt Stofferan,
‚das hett ich nich allein getan,
alleinen wär's zuviel for mir,
die ganze Wache war schon hier,
uns' Herr Schersant war eingedöst,
wir hab'n uns immer – abgelöst!' "

Nun gibt es in den ersten drei Bänden der „Burrkäwers" nicht nur, ja nicht einmal überwiegend diese volksnahen, behutsam sozialkritischen Gedichte, sondern auch eine ganze Reihe von Schwänken, die ausschließlich belustigen wollen. Einige von ihnen sind etwas derb, manche sogar zu derb geartet. Unter ihnen sind die am wirkungsvollsten, in denen unter Aufbietung von viel Spaß, Mutterwitz und Komik die Schwächen von sozial Gleichgestellten aufgerechnet und humorvoll dargestellt werden. Hierher gehören Gedichte wie „Dat Tauprosten", „De Hosen", „De Inkop", „De Oewerraschung", „De Schauster un de Snieder" und viele andere.

Daß die „Burrkäwers", vor allem die der Bände eins bis drei, sich anschickten, zu Publikumslieblingen zu werden, blieb Rudolf Tarnow nicht verborgen. Die Buchhändler im Land Mecklenburg bestätigten ihm, daß sie mit dem Verkauf dieser Bücher keine Probleme hatten. Auch Verleger Davids in Schwerin war zufrieden. Wie aber reagierten die Leser wirklich? Was sagte man zu den Geschichten um Köster Klickermann, Korl von Hünerbein und die beiden Vullmatrausen? Noch konnte Tarnow in eigenen Lesungen die Wirkungen seiner Schwänke nicht ausreichend testen. Daß er seine Geschichten hervorragend zu lesen und zu interpretieren verstand, war nur erst wenigen bekannt. So hatte er am Beginn seiner literarischen Karriere nicht häufig Gelegenheit, Proben seines Vorlesetalents zu geben und dabei zu erkunden, ob und wie seine Verse beim Publikum ankamen, welchen Eindruck sie hinterließen. Darum freute er sich um so mehr, wenn Leser ihm schrieben und mitteilten, was sie von den „Burrkäwers" hielten. Stellvertretend für viele Zuschriften soll jene stehen, die

ILLUSTRATION VON WILLI SIEGERT ZU TARNOWS GEDICHT „DE INKOP", 1912

ihm unmittelbar nach Erscheinen des ersten „Burrkäwers"-Bandes ins Haus geschickt wurde, verfaßt und abgesandt von der in Weimar lebenden Mecklenburgerin Hedwig Mie. Weihnachten 1911 kleidete sie ihre freudigen Eindrücke von den „Burrkäwers" in folgende Zeilen: „Ihrgistern is dat Book nu kamen, un hüt kenn ick ehr all bi Namen, de bunten Käwers licht un swer, de üm mi susen hen un her. ... Un hüt ut wide, frömde Fiern, mücht ick den' danken gor tau giern, de siene Käwers Flüchten geew un in de kolle Welt ehr schöw. Un bidden wull 'ck em ok noch sihr: Hett hei vun dese Ort noch mihr, hei sall ehr lustig fleigen laten, de finn' sick trecht up alle Straten."

Un schöben wieder as verdull,
Hier harden se de Näs' von vull.

ILLUSTRATION VON WILLI SIEGERT ZU TARNOWS GEDICHT „DE VERKIEHRTE“, 1912

Von der wachsenden Verbundenheit der Leser mit Rudolf Tarnow sprach, daß ihm oft Motive und Pointen, ja ganze Läuschenrohlinge, übermittelt wurden. Meist war daran die Bitte geknüpft, das Mitgeteilte für ein künftiges „Burrkäwers“-Gedicht zu verwenden. Die vier Schwankentwürfe, die Paul Schell am 15. Juni 1916 per Brief dem Autor zur Verfügung stellte, haben Tarnow allerdings nicht angeregt, sie zu Gedichten auszuformen. Anders verhielt er sich zu der amüsanten Geschichte, die ihm der Rittmeister Stever am 23. Juli 1915 schrieb und von der dieser zu berichten wußte, daß „sie jetzt im Westen passiert ist.“ Es handelte sich um die harmlosen Erlebnisse eines Soldaten, der in seinem französischen Quartier stark dem Rotwein zugesprochen hatte, auf der Straße dem Major begegnete, ihn nicht erkannte und unbekümmert in ein Gespräch verwickelte. Als ihm bewußt wurde, daß er es mit seinem Major zu tun hatte, bat er angstvoll: „Herrjeh, seggt 't blot nich den Feldwebel!“ – Tarnow verarbeitete diesen Stoff im Band fünf der „Burrkäwers“ unter der Überschrift „De Heidenangst“.

Nur wenige Leser werden auf die ernsteren Gedichte, die Tarnow in den „Burrkäwers“-Bänden mit veröffentlicht hat, so reagiert haben wie die in Weimar lebende Mecklenburgerin Hedwig Mie. Immerhin bekannte sie sich zu den ernstgestimmten Liedern, denn, so schrieb sie, „de drewen mi in't Oog de Tran.“ Sie schämte sich ihrer Tränen nicht. Der größte Teil der Leser betrachtete die ernsten Gedichte Tarnows als eine Beigabe, auf die er in den „Burrkäwers“ hätte verzichten können, wohl auch hätte verzichten sollen. Denn abgesehen von den Neigungen des Publikums, sich eindeutig den heiteren Stücken zuzuwenden, war unbestritten, daß diese sogenannte ernste Lyrik wahrlich nicht zu den Stärken Tarnows gehörte. Sie blieb in der Wirkung weit hinter den Schwankgedichten zurück.

Der einflußreiche Literaturkritiker Fritz Specht schrieb 1921 in der angesehenen und in niederdeutschen Kreisen vielgelesenen Zeitschrift „Mitteilungen aus dem Quickborn", Nummer 3, über die „iernsthaften Leeder" Tarnows folgendes: „Die ‚Burrkäwers' ... verdanken ihre ungewöhnliche Beliebtheit ausschließlich den Läuschen, während die ernsten Gedichte kaum irgendwelche Beachtung finden. ... Wir hören Phrasen, die für ihn vielleicht mit edelstem Inhalt gefüllte Gefäße sind, nicht aber auch zwangsweise für uns. Uns wird dieses Bemühen, sich mit unzureichenden Mitteln mitzuteilen, auf die Dauer peinlich. Sie sind zwar laut, aber nicht kräftig, diese ernsten Gedichte."

Dem ist nicht zu widersprechen, außer vielleicht, daß die negative Bewertung in dieser Ausschließlichkeit nicht auf jedes der gemeinten „iernsten Leeder" zutrifft.

Bei der in den Jahren 1990 und 1991 erfolgten kritischen Sichtung des Rudolf-Tarnow-Nachlasses wurden 26 neue Burrkäwers aufgefunden und 1992 in einer kleinen Taschenbuchausgabe des Konrad Reich Verlages Rostock herausgegeben. Der zeitliche Rahmen, in dem die Gedichte entstanden sind, spannt sich von 1899 bis 1932. Wie in Tarnows früheren „Burrkäwers"-Büchern, gemeint sind die zwischen 1911 und 1914 erschienenen, finden sich auch in der 1992er Ausgabe nicht nur „reine" Läuschen. Will heißen, nicht nur jene fürs Niederdeutsche so typischen Reimschwänke, die sich überwiegend als gereimte Wandermotive zu erkennen geben und die, wie Jürgen Grambow in seinem Kikut-Aufsatz „Der Humor entschädigt" 1988 formulierte, die Vorgänge dergestalt darbieten, „daß die Erwartung getäuscht wird und die Handlung überraschend in eine heitere, also befreiende (erlösende) Pointe kippt." Zu diesen sogenannten „klassischen" Läuschentypen gesellen sich auch hier Gedichtformen, die einfach nur heiter oder komisch erzählt sind, ob als Festgedicht, Hochzeitspoem oder gereimte Wanderanekdote.

Mögen die bisher unbekannten, 1992 edierten Burrkäwers-Gedichte Rudolf Tarnows auch den Eindruck des Uneinheitlichen erwecken, weil literarisch Gelungenes schroff neben Schwachem steht, so ist zu bedenken, daß hier der „ganze" Burrkäwers-Autor zu Wort kommt, der Debütant des Jahres 1899 und der nur noch gelegentlich zur Feder greifende, schwer kranke Rudolf Tarnow von 1932, ein Jahr vor seinem Tode.

Viel Unfertiges haftet seinen literarischen Erstlingen an. Sie waren zu lang geraten und umständlich erzählt. Tarnow war sich der sprachlichen Mittel nicht sicher und beherrschte die Technik des Läuschenformens nur ungenügend. Zuweilen führten Mängel im Handwerklichen sogar zu schwer verstehbaren Aussagen, zu Sinnverdunkelungen, wie sie vor allem in dem 1900 geschriebenen Gedicht „De afgeblitzte Verlawung" vorkommen. Tarnow mußte selber gespürt haben, daß ihm seine ersten Läuschenversuche nicht sonderlich gut gelungen waren.

So vermerkte er für die letzten sechs Zeilen der „Nijohrsreis' “: „Muß noch geändert werden! T.“, ohne allerdings den Vorsatz zu verwirklichen. In anderen Fällen wurde deutlich, wie er um die bestmögliche Form- und Textgestaltung gerungen hat. So gibt es für das Gedicht „De Rinnfall“ die Variante „Anföhrt“ und für das Gedicht „De nige Hoot“ die Vorform „Hei deiht't nich“.

Der überwiegende Teil der in der 1992er Ausgabe vereinigten Burrkäwers zeugt von der Gabe Tarnows, komische Situationen des täglichen Lebens aufzuspüren und diese anekdotisch knapp zu erzählen.

Insgesamt gesehen erfreuen sich Rudolf Tarnows „Burrkäwers“ der Bände eins bis drei und der Sammlung aus dem Jahre 1992 unter dem Titel „In't Johr Tweidusend ... “ zu Recht großer Beliebtheit, weil viele von ihnen mit dem Leben der einfachen Menschen verwurzelt und mit deren Anschauungen und Sprache verbunden sind. Die von Tarnow gesehenen und aufgegriffenen Fragestellungen wurden aus der Sicht der „kleinen Leute“ mitfühlsam und mit Sympathien für sie dargestellt. Es herrscht in diesen Gedichten eine Grundstimmung, die sich auf das Empfinden des Lesers überträgt und nahe an die unteren Volksschichten, ihre Freuden, Nöte und Hoffnungen, heranführt. Die Gedichte sind durchdrungen von einem gesunden Menschenverstand, dem Tarnow fest vertraut und der ihm die sicheren Kriterien liefert für alle seine Wertungen. Wo dieser gesunde Menschenverstand in Konflikt gerät mit den Unzulänglichkeiten der Gesellschaft, was an nicht wenigen Stellen der „Burrkäwers“ geschieht, dort gelangt Tarnow zu gültigen, sozial-stimmigen, an der Lebenswirklichkeit orientierten Aussagen über Land und Leute im Mecklenburg seiner Zeit. Was Rudolf Tarnow in vielen dieser Gedichte so klarsichtig einfing und lebensnah darstellte, gibt den Blick frei auf Umstände und Bedingungen, unter denen die Urbilder der Korl Beggerow, Hannes Snur und Jochen Stofferan einmal leben mußten in Altmecklenburg.

Der Erste Weltkrieg und Tarnows „Feldgriese Brümmers“

Alles, was Rudolf Tarnow bislang, das heißt zwischen 1899 und 1914, geschrieben hatte – von den etwas unbeholfen erzählten Reimschwänken „De Nijohrsreis' “ (1899) und „De afgeblitzte Verlawung“ (1900) bis zu den bekannten „Burrkäwers“-Gedichten der Bände eins bis drei – , behandelte Gegenstände und Themen, die ausschließlich seiner mecklenburgischen Erfahrungswelt entnommen waren. Nun aber, nach Ausbruch des Ersten Weltkrieges im August 1914, weitete sich sein Gesichtskreis, änderte sich sein Schreibanliegen. Mit wachem Interesse verfolgte und erfaßte er nationales und europäisches Geschehen, wie es sich auf den Schauplätzen des

Tochter Elsbeth Tarnow als Vierzehnjährige

Tochter Elsbeth Tarnow als Achtzehnjährige

Krieges von 1914 bis 1918 zutrug. Doch seine politische Blickrichtung war eng und eindeutig bestimmt von konservativen und nationalistischen Zügen. Sie gestattete ihm keine differenzierende, schon gar nicht kritische Darstellung der erregenden Ereignisse des Krieges und seiner Auswirkungen auf das Hinterland.
Überraschend kam die hurrapatriotische Haltung Tarnows keineswegs. Die eigene Biographie, in der immerhin fast zwei Jahrzehnte Soldatenlebens zu Buche standen, konnte und wollte er nicht verleugnen. Was er in jungen Jahren, als man ihn als Zwanzigjährigen 1887 zum Militärdienst holte, seinem Großherzog und dem mecklenburgischen Vaterland schwor, nämlich soldatische Zucht und treue Diensterfüllung, wurde ihm zur Lebensmaxime, prägte seine Gesinnung für immer. Soldatsein war ihm stets mehr als die bloße Ableistung einer Pflicht, es bedeutete ihm Hingabe an vaterländischethisches Tun. Er wurde nicht müde, seine Soldatenjahre zu preisen und zuweilen auch in patriotisch strammen Gesängen zu feiern. Oft hielt er Rückschau und verlieh seiner Sehnsucht nach der Zeit im Uniformrock pathetischen Ausdruck, wie in jenem Kompaniefest-Prolog vom 18. März 1926:

„As ick den bunten Rock noch drög
As strammer Grenadier,
Wat dunn dat Hart vull Stolt mi slög,
Dat ick ein Dütscher wier,
Dat dütsche Heer so grot un stark,
Dor tellte ick mit to,
Dat ganze Volk vull Murr un Mark,
Gesund un läbensfroh ...
Ein Schaul för't Läben würd dat sien,
Dor würd nich ei't un strakt,
Wi liehrten dütsche Disziplin
Un würd'n tau'n Minschen makt.
Un in uns' Hart würd rinnerplant't
Dat ilergröttste Gaud:
De Leew för't dütsche Vaderland,
De Tru bet in den Dod."

Es waren aber nicht nur die Retrospektiven, in denen Tarnow wehmütig auf vergangene glanzvolle Militärtage blickte und, bezogen auf die Mitte der zwanziger Jahre, heftig beklagte, wie soldatische Ordnung und Fürstengefolgschaft seitdem geschrumpft, ja geschwunden waren. Die von ihm so hochgeschätzten Soldatentugenden beschwor er wortreich und bekenntnisstark bereits zu Zeiten, als er selber aktiven Fahnendienst leistete. In dem 1901 geschriebenen Hymnus „Unsern Herzog-Regenten Johann Albrecht" begeisterte er sich für die wiedererlangte Stärke Mecklenburgs, für das einigende Band, das fest „üm Fürst un Volk, üm Thron un Land" gelegt wäre. Und als im Juni 1903 der Mecklenburgische Kriegerverband seinen 28. Abgeordnetentag in Stavenhagen abhielt, entbot Tarnow in einem „Festgruß" den versammelten Kriegern die Zuversicht, daß der alte Stamm der Krieger überall in deutschen Landen „wiß un fast" stehe, daß er grüne und in tausend Zweigen gedeihe, was allein das Werk der treu zusammenstehenden Kameraden sei. Tarnow rief ihnen zu: „Drüm hoch tau'n Swur dei Hand! Wi hollen tru tau't Vaderland in Sünnenschien un Not! Tau uns' Fürsten stahn wi fast un folgen ehr Gebot."

Ein reichliches Jahrzehnt später war die Notsituation unerbittliche Wirklichkeit geworden. Für Männer wie Rudolf Tarnow, auch wenn sie bei Ausbruch des Ersten Weltkrieges den Waffenrock nicht mehr trugen, gab es keinen Augenblick des Zweifelns oder Schwankens, sofort ins Glied zu treten und dem Gebot der Fürsten, dem Ruf von Großherzog und Kaiser, zu folgen. Bei Tarnow bedurfte es der geschürten nationalistischen Stimmungen nicht, um in eine Art Kriegspsychose zu verfallen. Im Gegensatz zu so vielen anderen Menschen, die plötzlich, aus den jähen Wendungen der Tagesereignisse heraus, in eine euphorische Begeisterung für den Krieg gerieten, war Tarnow auf dieses Geschehen innerlich vorbereitet. Auch wenn er den Krieg nicht herbeisehnte, so hatte er sich doch auf ihn eingestellt. Schreibend deutete er auf ihn vor, indem er in seinen „vaterländischen" Versen lauttönend verkündete, daß Deutschland und seine Soldaten für einen solchen Konflikt gerüstet wären. Tarnow wußte sich eins mit der großen Mehrheit der Deutschen und begrüßte den ausgebrochenen Krieg als ein Ereignis, das das deutsche Volk als

Schicksalsgemeinschaft zusammenschließe und sich bewähren lasse. Er sah in dem Völkerringen einen dem Vaterland aufgezwungenen schweren Daseinskampf und glaubte fest an die demagogische Parole von der Vaterlandsverteidigung. Die Mobilmachung am 1. August 1914 fand seine volle Zustimmung. Im Schlußgedicht des dritten Bandes der „Burrkäwers" verlieh er ihr Ausdruck:

„Hurra – mobil! De Kaiser röppt!
Ein Blitzstrahl fägt dörch 't dütsche Land,
Un wo he dütsche Harten dröppt,
Dor bluckt dat up in Glaud un Brand.
Mobil! Mien Soehn, dat gelt ok Di! ...
Mien Soehn, haug tau un drap ok gaud!
Stah fast un haug – wer föllt, de föllt,
Du büst blot schuldig e i n e n Dod!"

An diesen wenigen Zeilen aus dem Gedicht, mit dem sich Tarnow zum ersten Mal direkt über den Weltkrieg äußerte, wird sichtbar, mit welchen Grundtendenzen er seine Kriegslyrik ausstattete. Alles Nationale erscheint maßlos überstiegert, ins Nationalistische verbogen. Und für die andere Seite, die des Gegners, gab es weder Mitgefühl noch irgendwie ein Erbarmen oder einen Pardon. Grob im Ausdruck und nicht zimperlich in der Wahl der Bilder: das waren die Mittel und Formen, mit denen er die Gegenseite zeichnete.

Rudolf Tarnow sprach Deutschland in diesem Waffengang von jedweder Schuld frei. Die deutsche Seite habe den Krieg nicht gewollt und niemals provoziert. Aus Neid und Mißgunst über die gewachsene deutsche Wehr und Größe seit 1870/71 wäre das Ausland darangegangen, Deutschland in seinem Erstarken und Aufblühen niederzuringen. Tarnow sah die Deutschen so eindeutig in der Rolle der sich Verteidigenden, der in Existenznot sich Wehrenden, daß er die Verantwortung für den Kriegsausbruch nicht im geringsten der eigenen Seite beimaß, sondern allein der gegnerischen.
Rudolf Tarnow befand sich, wie andere niederdeutsche Autoren auch, zum Beispiel Johann Hinrich Fehrs, Gorch Fock und Augustin Wibbelt, ganz im Einklang mit den Auf- und Weckrufen des Kaisers, mit der Kriegsbegeisterung und Siegeszuversicht und Kampfeswilligkeit der großen Mehrheit der Deutschen.

Den Appell zum parteienübergreifenden Zusammenhalten der Deutschen aus der Thronrede Wilhelms II. vom 4. August 1914: „Ich kenne keine Parteien mehr, ich kenne nur Deutsche", kleidete Tarnow in dem Gedicht „Uns' Kriegsfriwilligen" folgsam in die Reime: „De Landmann leet den Haken stahn, / De Smidd is von den Ambos gahn, / Un wat sick süß tauwedder wier, / Blot Dütsche gew 't un süß nicks mihr."

Wehrhaften Patriotismus und vaterländischen Kampfesmut galt es zu wecken und zu festigen. Tarnow ließ es an entsprechendem Eifer nicht fehlen. Mit dem Gedicht „Krieg“, das bald nach dem 1. August 1914 entstanden war, stellte er sich in den Dienst der offiziellen deutschen Kriegspropaganda. Er übernahm die bekannten Thesen, gab ihnen ein niederdeutsches Gewand und machte sie den Plattdeutschen in der Heimat und in den Schützengräben schmackhaft. Seine Verse lauten:

„Nu is de Weltkrieg kamen,
Nu brennt dat lichterloh!
Von alle Sieden trecken s' ran,
Franzos' un Russ' un Engelsmann.
Nu, Dütsche, holt' tausamen!
Holt' hoch den dütschen Namen,
Un Gott seih gnädig tau!

Nu kümmt 'ne Tied von Isen,
Nu geiht dat Slag üm Slag!
Nu kümmt ein Ringen, hart un swier,
Üm dütsche Macht un dütsche Ihr.
Nu, Dütschland, sast du 't wiesen,
Dat eins de Welt sall priesen,
Wat dütsche Ort vermag.“

Die Klischees aus der politischen Propaganda und die historischen Verdrehungen wurden nicht erträglicher und keineswegs einleuchtender, wenn sie plattdeutsch daherkamen. Nichts konnte die Überzeugung Tarnows erschüttern, daß Deutschland den Sieg davontragen würde. Sein Credo lautete: „O grote Tied, du makst uns fri / dörch Blaud un Dod un Isen! / Wer schugt sick hüt vör welsches Bli? / Jungdütschland stürmt un singt dorbi! ... Dütschland, Dütschland oewer alles!“

Wer so schrieb, der fühlte wirklich so, der war von seinen Texten, die er wie hymnische Bekenntnisse zu formen versuchte, fest überzeugt. Selbst dort, wo Tarnow Töne der Trauer anschlug, kam er dennoch nicht zu der Erkenntnis, daß das blutige Völkerringen bedingungslos zu beenden sei. Er wünschte sich einen Frieden in Ehren, doch nur für Deutschland, und zwar unter der Bedingung, daß es dann „grot un fri“ sei in dem von ihm geforderten Sinne des „Dütschland oewer alles!“ Darum müsse der Kampf weitergehen.

Es quälte ihn, den altgedienten Militär, zu Hause am Schreibtisch „tatenlos“ sitzen zu müssen. Unwiderstehlich zog es ihn trotz seines Alters als Endvierziger hin zum Dienst im Uniformrock. Er würde gebraucht, denn nun war der Ernstfall da. Deutschland befand sich im Krieg. Irgendwie müßte er sich nützlich machen, nicht kämpfend mit der Waffe in der Hand, dennoch zurück ins Soldatenleben.

Da Rudolf Tarnow mit von der Partie sein wollte, reichte er am 16. Februar 1915 ein Gesuch um „Genehmigung zum freiwilligen Eintritt in den Heeresdienst“ an seine vorgesetzte Behörde, die Direktion des Sachsenberges, ein.

Rudolf Tarnows Antrag lautete: „Vom Bezirkskommando erfahre ich, daß seitens der Obermilitärbehörde neuerdings an alle Bezirkskommandos der Auftrag ergangen ist, sämtliche in ihrem Bezirke noch vorhandenen früheren Zahlmeister und Zahlmeisteraspiranten – gleichviel ob landsturmpflichtig oder nicht – namhaft zu machen. ... Die Großherzogliche Direktion bitte ich gehorsamst, mir vom Großherzoglichen Kuratorium die Genehmigung zur freiwilligen Meldung für den Heeresdienst erwirken zu wollen. Ich bemerke hierbei, daß ich beim Militär während ca. 15 Jahren fast ausschließlich in Mobilmachungssachen tätig gewesen bin und daß es mir besonders schmerzlich sein muß, jetzt, wo ganz Deutschland zu den Fahnen eilt und in Waffen steht, abseits stehen und zusehen zu müssen. ... Alles was bislang für die Sicherstellung der Verpflegung für die Anstalt Sachsenberg getan werden konnte, ist getan worden, auch für die Zukunft ist gesorgt."

Vom Großherzoglichen Kuratorium aber erhielt Tarnow einen abschlägigen Bescheid: „Das unterzeichnete Kuratorium hat aus der Eingabe des Betriebsinspektors mit Befriedigung entnommen, daß dieser den Antrag, in den Heeresdienst treten zu dürfen, erst gestellt hat, nachdem er die Überzeugung gewonnen hat, daß er auf der Anstalt während des Krieges abkömmlich sei. Aber er hat es an einer Begründung dieser Ansicht und an einer näheren Darlegung, wie die Geschäfte des Betriebsinspektors in genügender Weise während seiner Abwesenheit verteilt und verwaltet werden können, gänzlich fehlen lassen; und wenn er meint, er räume ein, daß er in den ersten Monaten des Krieges in der Tat nicht habe entbehrt werden können, jetzt aber werde seine Beurlaubung ohne wesentlichen Schaden für die Anstalt sein, so vermißt das Kuratorium hierbei die Berücksichtigung des Umstandes, daß gegenüber den wirtschaftspolizeilichen Maßregeln, die wegen des Mangels an Lebensmitteln usw. im Reich ergriffen werden und anscheinend noch vermehrt werden dürften, die Schwierigkeiten der wirtschaftlichen Verwaltung der Anstalt demnächst wahrscheinlich weit größer sein werden als jetzt. Das Kuratorium überläßt es dem Betriebsinspektor, eine Beseitigung dieser Bedenken zu versuchen. Dem Wohle des Staats dient er auf der Anstalt ebenso gut wie bei der Truppe."

Tarnow konnte die Absage nicht begreifen und die Enttäuschung nur schwerlich verwinden. Hinzu kam das Unbehagen, eben nur „ideologischen Kriegsdienst" verrichten zu dürfen und sich dessen nicht einmal richtig bewußt zu sein. Er fühlte sich abseits stehend und hatte Mühe, in seinem Tun einen der Zeit angemessenen Sinn zu finden. Gelegentlich zog er gar sein Schreiben in Zweifel angesichts der ernsten Lage in und um Deutschland. So fragte er zu Beginn des vierten Bandes der „Burrkäwers", dem ersten der sogenannten Kriegsbände: „Wier 't richtig, dat ick Leeder schrew / In disse harten Tieden, / Wo 't anner Minschen ruter drew, / För 't Vaderland tau striden? / Wier 't richtig, dat ick Läuschen mök, / Wo Krieg an allen End'n?"

So ganz ernst oder gar selbstquälerisch schienen aber die Bedenken nicht gewesen zu sein, mit denen er sein Schreiben begleitete. Stellte er es überhaupt wirklich in Frage? Wenn, dann höchstens für Momente. Denn bald fand er die rechte Motivation wieder, wurden ihm die Schreibantriebe direkt aus den Schützengräben ins Haus geschickt: „Soldaten sülwst hemm mi up bröcht / Un hemm mi dortau dräben; / Se schreben mi so nette Brew, / Se müchten mi giern danken, / Dat ick de Brümmer-Läuschen schrew, / Blot mihr, dat wier ehr Janken."

Wie konnte Rudolf Tarnow da widerstehen? Alle Skrupel, wenn sie ihn denn je geplagt haben, waren vertrieben. Tarnow stürzte sich geradezu in die Arbeit und schrieb seine Brümmers wie auf Bestellung und natürlich zuförderst „för uns' Soldaten". Sein Wunsch, „Ick mücht, mien Leed würd klingen / De dütschen Fronten lang", ging in Erfüllung, denn seine „feldgriesen Brümmers ... sünd in de Schüttengrabens krapen / Un hemm dor ehr plattdütschen Landslüd drapen."

Zusammen übrigens mit seinem Verleger Ludwig Davids aus Schwerin gehörte er fortan zu den Männern der Literatur und Literaturverbreitung, die, wie andere Autoren und renommierte deutsche Verlagshäuser auch, sich auf ein Geschäft mit dem Krieg spezialisierten. Und er war's zufrieden. Literatur für den Schützengraben, lautete die Devise. Tarnow erfüllte sie mit Leben. Es galt, den Soldaten an der Front bei Stimmung zu halten. So wie Reclam die „kleine Feldbücherei" als geistige Futterkiste für „unsere braven Feldgrauen" in großem Stil organisierte, so lieferte Tarnow, fast wie am Fließband, seine „feldgriesen Brümmers" der Bände vier bis sechs, von denen Davids Auflage auf Auflage an die Fronten, in die Schützengräben nach Osten und Westen schickte.

Zu den Gedichten, in denen Tarnow bei Kriegsbeginn den sicheren Sieg für Deutschland voraussagte und triumphierend „Dütschland, Dütschland oewer alles!" sang, gesellten sich schon bald auch solche, in denen dann weit weniger siegesgewiß vom „Dörchhollen bet tau'n letzten Dag! / Dat is uns' Dauhn un Denken!" oder vom notwendig gewordenen „Sporen un Knappen" die Rede ist. Noch immer aber setzte er auf Sieg, wie schlecht auch die Bedingungen im Hinterland und an der Front in Wahrheit waren. Tarnow ließ sich's nicht verdrießen und schrieb 1916: „Un geiht't ok tau Hus mitünner all schrag, / Un ward dat all knapp, un knurrt uns de Mag, / Dat sall uns nix dauhn, uns' Will is tau siegen, / De Hunger sall Dütschland nich runnerkriegen!"

Die Leiden und Schrecknisse des Krieges sowie die rapide schlechter werdenden Lebensverhältnisse führten zu einer allgemeinen Kriegsmüdigkeit der Deutschen, und Tarnow sah sich veranlaßt, eben weil in „Sloß un Katen, Hus un Hütt so männigein in Truer

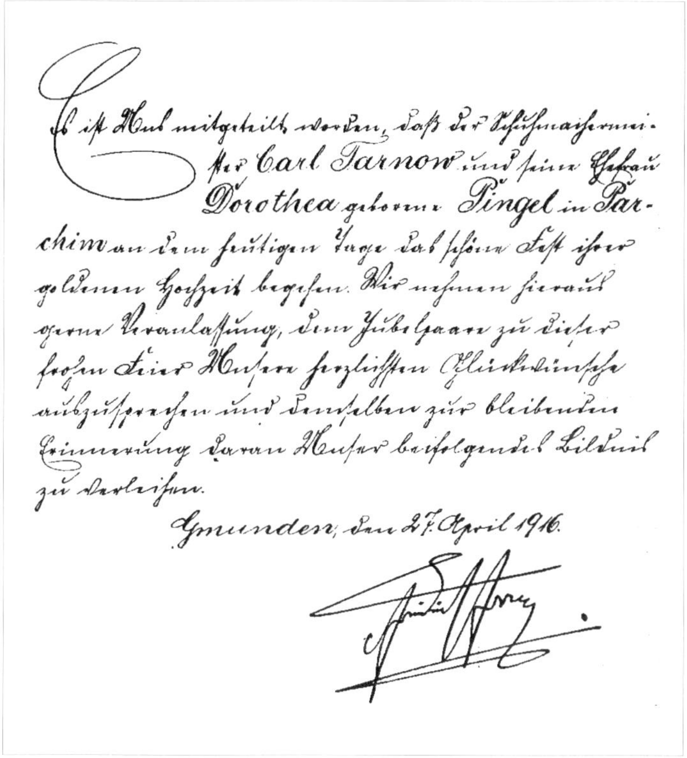

Es ist Mir mitgeteilt worden, daß der Schuhmachermeister Carl Tarnow und seine Ehefrau Dorothea geborene Pingel in Parchim an dem heutigen Tage das schöne Fest ihrer goldenen Hochzeit begehen. Wir nehmen hieraus gern Veranlassung, dem Jubelpaar zu dieser frohen Feier Unsere herzlichsten Glückwünsche auszusprechen und demselben zur bleibenden Erinnerung daran Unser beifolgendes Bildnis zu verleihen.

Gmunden, den 27. April 1916.

Friedrich Franz

GRATULATION DES GROSSHERZOGS FRIEDRICH FRANZ IV. ZUR GOLDENEN HOCHZEIT VON RUDOLF TARNOWS ELTERN

sitt", immer häufiger Volk und Soldaten beschwörend zuzurufen: „Holt tausamen!" oder an Gott gewandt: „Gott in'n Häben, hür uns' Raupen, / Smäd Dien dütsches Volk tauhopen! / Smäd mit Füer uns tausamen, dat wi nich up Abwäg' kamen."
Doch die vielgepriesene und oft beschworene Schicksalsgemeinschaft, in der es „blot Dütsche gew", war längst zerbrochen, und resignierend stellte Tarnow fest:

„Dat Füer, dat dörch de Harten drüng,
De Jubel, de tau'n Häben klüng,
De isern Will, dat Og vull Glaud:
Mien Vaderland, hier hest mien Blaud!
Dat ganze Volk ein Will un Wiehr,
Mi bangt, mi bangt! – Dat is nich mihr!"

Schließlich verlegte Tarnow alle seine Hoffnungen, daß Deutschland doch noch zum Sieg geführt werden könne, auf den sogenannten starken Mann:

„O, kem doch blot de harte Mann,
De voer den Düwel sick nich schugt,
De 't ganze Volk mal roesen kann,
Wo is de Mann? – Wo is de Mann?
Bismarck, stah up!"

An anderer Stelle pries Tarnow den Oberbefehlshaber des deutschen Heeres Paul von Hindenburg als Nibelungenhelden, als deutschen Roland, dem zu folgen, Rettung brächte. Aus Anlaß

von Hindenburgs 70. Geburtstag am 2. Oktober 1917 rief Tarnow aus: „Hanneln willn wi un nich snacken! / Hindenburg, wi folgen Di!“
Doch immer deutlicher zeigte der Verlauf der geschichtlichen Ereignisse, daß dieser furchtbare Krieg von Deutschland nicht zu gewinnen war. Auch Tarnow mußte letztendlich zu dieser Einsicht gelangt sein. Daß er sich aber zu ihr bekannt hätte, dafür gab es in all seinen Kriegsgedichten kaum einen Fingerzeig. Seine Kriegsgedichte machten keine Entwicklung durch. Sie ließen weder ein anderes Konzept noch etwa neue Einsichten des Autors erkennen, die auf eine Wandlung seiner Haltung zu Krieg, Kriegsausbruch oder Kriegsschuld hindeuten würden. Bis zum Schluß trugen die meisten seiner kriegspoetischen Äußerungen unverkennbar nationalistische Züge, blieben sie in Ton, Gebärde und Aussage hoffnungslos hurrapatriotisch. Nichts an ihnen rechtfertigt, sie in den Bestand literarisch geachteter Texte aufzunehmen.

Auch wenn Rudolf Tarnow den Charakter des Krieges als den eines Eroberungsfeldzuges, wie er vor allem von deutscher Seite geführt wurde, nicht erkannte und Deutschland nur in der Rolle des Opfers begriff, das sich verteidigen und vor rabiaten Angreifern schützen müsse, hatte er sich mit seinen Kriegsliedern den nach Weltherrschaft drängenden Kräften in Deutschland wohl oder übel zum Fürsprecher gemacht. Den Feldgriesen in den Schützengräben und den kleinen Leuten im Hinterland hat Rudolf Tarnow mit seiner Kriegsliteratur einen denkbar schlechten Dienst erwiesen.

Narrsche Tieden

Sich mit der Niederlage Deutschlands im Ersten Weltkrieg abzufinden, fiel Rudolf Tarnow mehr als schwer; ganz unmöglich war ihm, die Ursachen dieses Weltenbrandes und die Gründe der deutschen Niederlage zu verstehen. Nur äußerst zögernd rang er sich, nachzulesen im Kapitel „Iernste un narrsche Tieden“ im „Köster Klickermann“, zu der Einsicht durch: „Un Dütschland stünn jo ganz allein / Un Fiende würden ümmer mihr,/ De Last nich mihr tau drägen wier./...Zehn gegen eins, das war zuviel,/ Bloß dadurch ist es ihr geglückt!/ Die Übermacht hat uns erdrückt.“ Die militärische Widersinnigkeit des Krieges, die abenteuerliche Strategie des deutschen Imperialismus sowie dessen Schuld am Krieg, an der Niederlage und den Folgen kamen ihm zu keiner Zeit in den Sinn: Er hielt es mit der Schutzbehauptung der Militärs, mit der offiziell verkündeten Version, daß das Vaterland versagt habe, ja, daß die Linken und die Novemberrevolutionäre von 1918 der Armee den „Dolchstoß“ versetzt hätten. Die ermattete Front habe vergebens versucht, „aus dem versiegenden Quell der heimatlichen Kraft neues Leben zu trinken“, so formulierte Hindenburg die Dolchstoßlegende, und zwar wider besseres Wissen. Tarnow umschrieb die Zersetzung der

Wehrkraft nach außen und der Wehrbereitschaft von innen wie folgt:

„Dat Späuk güng üm, de Hunger kem,
Un böse Kräfte wiern an't Wark,
De freten heimlich an dat Mark,
Un denn up einmal wier dat kamen,
Dat grote Dütschland brök tausamen."

Für Rudolf Tarnow war mit der Niederlage im Ersten Weltkrieg und dem Sturz der Monarchie eine Welt zusammengebrochen. Wehmütig und die wahren Ursachen verkennend, ließ er seine Hauptfigur Klickermann verklärend sagen:

„Durch Hunger und durch Heuchelei
Ging unser Vaterland entzwei!
Das Kaiserreich mit seiner Macht,
Das haben sie zu Fall gebracht,
Was unser Väter Sehnen war,
Das liegt heut auf der Totenbahr,
Und leider, leider! muß ich sagen,
Wir haben selbst zu beigetragen,
Was alle Welt nicht fertig kriegte,
Das machten wir uns selbst zunichte!"

Die Novemberrevolutionäre von 1918 und mit ihnen „vieltausend Deutsche" hätten das kämpfende Heer verraten und das Vaterland ins Verderben geschickt. Für diese Schuld trügen sie die Verantwortung, und dereinst würden sie sich vor Schimpf und Schande krümmen und schämen.

Mit Unverständnis und Ablehnung begegnete Tarnow der Novemberrevolution von 1918 und der Entwicklung, die danach einsetzte. Es erfüllte ihn mit Trauer, als der deutsche Kaiser Wilhelm II. abdanken und am 10. November 1918 ins holländische Exil gehen mußte. Das Schicksal seines Landesherrn, Friedrich Franz IV., der am 14. November 1918 unter dem Druck der Straße und dem Lauf der antimonarchischen Ereignisse auf den Thron in Mecklenburg verzichtete und nach Dänemark floh, erschütterte ihn tief. In einem mystischen Poem „De Roland von Swerin", dem Tarnow den Untertitel „En Mahnraup ut swiere Tieden" gab, erweckt er das nahe dem Schweriner Schloß befindliche Reiterdenkmal, das den alten Großherzog Friedrich Franz II. darstellt, zum Leben und läßt den Reiter in der Geisterstunde nach Mitternacht durch Schwerin reiten. Bestürzt muß er erkennen, daß das Volk sich von dem mecklenburgischen Herrschergeschlecht losgesagt, dessen letzten Vertreter „in de Wieden" gejagt und den alten Thron und die Wendenkrone zerbrochen habe. Dem geharnischten Reiter wird schmerzlich bewußt, daß Treue und Glauben keine Bindeglieder mehr sind zwischen Untergebenen und Herrschenden. Die Welt befinde sich in einem Wahnzustand. Das Volk werde von einem „Geist ut frömden Landen" beherrscht. Darum sei es „ut Rand un Band" geraten, mache nichts als Ungedoeg und lasse das Vaterland „in den Afgrund drieben". Noch ehe die Domuhr eins schlägt, ist der Reiter wieder auf seinen Denkmalssockel zurückgekehrt und wendet sich mit einem Mahnruf an die Mecklenburger:

„Denn so as hüt, so bliwt dat nich,
De ganze Welt is tüderig,
Is krank un liggt in Fewer,
Eins kümmt de Stund'n, denn ward ji fraud:
Wat wiern de ollen Tieden gaud,
De wiern uns ganz Deil lewer!

Ick oewer will as Roland stahn,
De Minschen, de vörbi hier gahn,
Will ropen ick un mahnen:
Mien Volk, bliew dütsch, bliew stolt, bliew fri,
Dien oll Großherzog spreckt tau di!"

Der „Roland von Swerin" war für Rudolf Tarnow eine Art Schlüsseldichtung, zu deren Grundaussagen er immer wieder zurückkehrte, wenn er sich zwischen 1920 und 1933 mit Hilfe von Literatur politisch zu Wort meldete, ob er die allgemeine Situation in Deutschland beschreiben oder sein nach wie vor enges Verhältnis zum großherzoglichen Hause ausdrücken wollte. Rudolf Tarnow hat den „Roland von Swerin" 1919 verfaßt, gelegentlich in den Folgejahren vorgetragen, auch vor Mitgliedern der großherzoglichen Familie, zum Beispiel in Heiligendamm, doch gedruckt wurde der Text zunächst nicht. Die Anregung zu dem Roland-Gedicht hatte Tarnow der Herzogin Elisabeth zu verdanken, einer Tochter von Friedrich Franz II. Anläßlich des Todes von Rudolf Tarnow erinnerte sie in ihrem Kondolenzschreiben vom 21. Mai 1933 an Frau Erna Tarnow an folgende Begebenheit: „Wie kann ich der Kriegsjahre gedenken, ohne zugleich an Ihren Mann denken zu müssen, der in so vielen Stunden den Verwundeten und uns durch seine Dichtungen wohltat. – Mich berührten so manche seiner Gedichte noch besonders, weil sie kleine Erlebnisse und Vorkommnisse behandelten, die mit meinem Vater zusammenhingen. Als dann nach der Revolution mir der Grundgedanke zu einem Gedichte plötzlich kam, wußte ich sogleich, daß nur Ihr Mann imstande sein würde, die rechte Form und die rechten Worte für das zu finden, was ich auszusprechen wissen wollte. So entstand, nach einer Besprechung in der Mooslaube des Raben Steinfelder Gartens am 22. August 1919, der 'Roland von Schwerin', dies tief ergreifende, wunderschöne Gedicht."

Rudolf Tarnow mochte geahnt haben, daß es für den „Roland von Swerin", diese gewitterschwühle, erzkonservative Mahn- und Traumdichtung, noch kein Leserinteresse geben würde. Darum beließ er die handgeschriebenen Blätter einstweilen in der Schublade. Seinem Großherzog Friedrich Franz IV. jedoch, der entmachtet und zurückgezogen in Ludwigslust lebte, wußte er mit dem „Roland von Swerin" eine Freude zu machen. Tarnow hatte ihm am 7. September 1924 eine Abschrift des „Roland" überreicht und dafür unter dem 30. März 1925 ein „huldvolles Schreiben" und ein Bild von Königlicher Hoheit erhalten. In dem großherzoglichen Brief ist zu lesen: „Mein ganz besonderes Interesse hat Ihr mir handschriftlich zugeeignetes Werk ‚De Roland von Swerin‘ gefunden, und ich sage Ihnen daher für diese freundliche Zusendung meinen besten Dank.“

Rudolf Tarnow reagierte auf die deutsche Novemberrevolution von 1918 mit Ablehnung. Er begriff nichts und wollte nichts begreifen von der seither in Deutschland vor sich gehenden Entwicklung. Die Zeiten von 1918/19 bis 1933 waren für ihn „narrsche Tieden“, wie er sie abwertend bezeichnete.

Auf den Untergang der kaiserlichen Monarchie folgte eine Zeit in Deutschland, die zur Weimarer Republik führte und nach dem Verständnis von Rudolf Tarnow gleichzusetzen war mit politischer Verwirrung, Unordnung, sittenbedrohender Demokratie der Straße, mit ökonomischem Niedergang und allgemeinem Gesellschaftsverfall. Die Schuld daran wies Tarnow dem am 28. Juni 1919 im Spiegelsaal des Schlosses zu Versailles abgeschlossenen Vertrag zu, den er als Diktat und als Schandfrieden für Deutschland empfand. Die Gebietsabtretungen im Westen mit Elsaß-Lothringen und dem Saarland und im Osten unter anderem mit Westpreußen und Posen, die Besetzungen deutschen Territoriums, die drastische Abrüstung und die hohen Reparationskosten riefen Tarnows Zorn hervor. Er fühlte sich, wie alle Vertreter rechtskonservativer und deutsch-nationaler Kreise, in seinem Großmachtdenken verletzt. Verantwortlich für den Niedergang Deutschlands seien die demokratischen Parteien der Weimarer Koalition, die diese Schmach über das Vaterland gebracht hätten. 1923 beschreibt Tarnow die Lage in Deutschland so: „Ein düstre Wulk, ein Krallenhand,/ Se liggen hüt swier up’t dütsche Land, / Ein Räuber hett uns an de Görgel tau faten.“ Er verweist auf die Besetzung des Ruhrgebietes: „Dor grinst de Dod, dor läd de Fiend uns’ Bräuder in Käden ... un driwt se mit Kolben un Pietschen un Knut ut Hus un Hof un Heimat rut.“ Als Grund für alles das nennt Tarnow mit Blick auf Versailles: „Den schändlichsten Fräden hemm wi unnerschräben. Wi hemm uns jo sülwst tau Sklaven gäben.“ Aus solcher Not könne uns nur der starke Mann befreien. Tarnow führt das Gedicht, das er am 19. Mai 1923 in der Mecklenburgischen Zeitung veröffentlichte, mit folgenden Zeilen weiter:

„Uns fählt jo de Fust, de uns meistern kann,
Uns fählt jo de Roland, de echtdütsche Mann,
Uns fählt hüt blot einer: de Bismarck von Isen,
De uns den richtigen Weg künn wiesen.
Harr so ein Mann tau Sied uns stahn,
Wier Dütschland nie tau Grund’n gahn.“

Tarnows Haß auf die Feinde Deutschlands war zuerst und besonders ein Haß auf Frankreich, auf den „Franzmann“. Alles Antifranzösische geriet ihm ins Grobe, Verletzende und nicht selten Primitive. Er spricht vom „gottverfluchten Franzosenpack“ oder droht auf brutale und makabre Weise mit Vergeltung: „Denn ward von Frischen nah Frankreich tagen, un süll'n w' ehr mit Knüppels un Füste dodslagen.“ Seine Rachegefühle gegen Frankreich gingen einher mit Forderungen nach Revision des Versailler Vertrages. Dabei setzte Rudolf Tarnow auf den starken Mann. Dem Parlamentarismus mißtraute er gründlich. Das Parteiengezänk führe immer weiter in die nationale Katastrophe. In einem Prolog „Zum Kompaniefest der 1. Kompanie des Infanterie-Regimentes Nr. 6“ schreibt er am 18. März 1926:

„Kiek ick in'n Land'n ümher
Un seih de grote Not,
Dat Hart taun Bräken is mi swier,
Ganz Dütschland schriet nah Brot,
Verarmt, vergritzt, vull Stunk un Stank,
In Käden un in Band'n,
Dat ganze dütsche Volk is krank,
Verkümmt in Schimp un Schand'n.“

Tarnow beließ es auch hier nicht bei der Beschreibung der trostlosen Lage, er prophezeit: „Wi kamen wedder in de Höcht!“ Tarnows Ruf nach dem Rettung und Wiederaufstieg verheißenden starken Mann, nach Stärkung der militärischen Macht und nach Vergeltung wurde immer lauter. Versuchte er anfangs, die in Mutlosigkeit verfallenen Deutschen aufzurichten, indem er sie an Helden und Vorbilder erinnerte, so rief er ihnen bald Kampfparolen wie diese zu: „De Stun'n kümmt einmal aftauräken“ (1923); „Blank is uns' Schild, blank sall he bliewen, dat willn mit Blaud wi ünnerschriewen“ (1924); „Giw uns den Mann, den isern Mann, de ut de Düp uns ruterrit!“ (1925); „Uns fählt de Tied von Isen“ (1927) oder „Mussolini künn'n wi bruken“ (1930/31).

Die meisten der hier angeführten Texte sind Zitate aus Tarnows sogenannten Neujahrsgedichten, die er in den zwanziger und frühen dreißiger Jahren für den Hinstorffschen Voß-un-Haas-Kalender geschrieben hat. Das Verfassen der Neujahrsgedichte war für ihn nicht unbedingt ein Vergnügen. So schrieb er unter dem 2. Juni 1927 dem Verlagsinhaber Fritz Blanck nach Wismar: „Das Neujahrsgedicht ist wiederum ein Nagel zu meinem Sarge gewesen. Dasselbe Motiv nun schon zum 6. Male in anderer Form verarbeiten, das geht über Menschenkraft.“ Und doch boten ihm die Neujahrsgedichte gute Möglichkeiten, sich zu politischen Entwicklungen zu äußern.

Für das Jahr 1933 hat Tarnow zwei Gedichte geschrieben. Aus dem nicht veröffentlichten seien die beiden Schlußstrophen zitiert:

„De Jungen seggen tau de Ollen:
Nu is't nich länger uttauhollen!
Ji sünd all olt, ji gaht bald slapen,
Uns aewer ward't am düllsten drapen,
Wi maken dit nich länger mit!
Fri willn wi sien, un wenn dat ritt!
Wi nähmen sülwst dat in de Hand,
Dat geiht üm't dütsche Vaderland!

Eins wiern wi mächtig, stolt un grot,
Hüt sünd wi dat in't Mulwark blot.
Mit dat oll Schimpen swiegt blot still,
Uns deiht blot Not: De isern Will!
Wi willn, dat uns blot ***einer*** *führt,*
Up dissen ***einen*** *ward blot hürt,*
Un markt jug dat, wi find'n den Mann,
De ut den Sump uns redden kann!"

Hatte sich Rudolf Tarnow mit den politischen Texten, die zwischen 1919 und 1931 entstanden waren, schon sehr in der Nähe nationalsozialistischer Anschauungen befunden, so läßt das Neujahrsgedicht 1933, geschrieben etwa Mitte 1932, keinen Zweifel daran, daß er an die Machtübernahme durch Adolf Hitler und die NSDAP glaubte, sie herbeiwünschte und mit seiner Lyrik erfolgreich mitbewirken wollte. So war für Tarnow der Schritt nicht weit, sich den Nationalsozialisten als Mitglied anzuschließen. Die „Neubrandenburger Zeitung" meldete am 2. Januar 1933: „Schwerin, 2. Januar. Rudolf Tarnow wird Nationalsozialist. Wie von der NSDAP, Gau Mecklenburg-Lübeck amtlich mitgeteilt wird, hat sich der bekannte mecklenburgische Heimatdichter Rudolf Tarnow der nationalsozialistischen Bewegung angeschlossen."

Jetzt, nach dem 30. Januar 1933, hielt Tarnow die Zeit für gekommen, den „Roland von Swerin" wieder hervorzuholen und zum Druck vorzubereiten. Er erschien im Frühjahr 1933 im Richard Hermes Verlag Hamburg, erweitert um sechs Zeilen, die die neue Schlußstrophe bilden. Sie lautet:

„De Roland von Schwerin. Ein Mahnraup ut swiere Tieden" erscheint im Frühjahr 1933.

„Uns' Herrgott hett de Saat utseiht,
Dat Volk wök up – ein Sturm hett weiht,
Un braken sünd de Kaden.
De grote dütsche Mann is dor,
Wonah wi sähnt, dat mök he wohr,
Bröcht Arbeit, Brot – un Fräden!
Heil Hitler!"

Rudolf Tarnows früher Tod am 19. Mai 1933, wenige Monate nach der Machtergreifung durch die Nationalsozialisten, nahm ihm die Möglichkeit, seinen verhängnisvollen Irrtum zu erkennen. – Ob er sie genutzt hätte?

Der „Läuschenkrieg“ in Mecklenburg – eine Pressefehde um die „Burrkäwers“

Bald nach Beendigung des Ersten Weltkrieges, als das niederdeutsche Vereinsleben sich erneut zu entfalten begonnen hatte, kam es überall in Mecklenburg und Vorpommern zu Veranstaltungen und Lesungen, die dem Werk Tarnows gewidmet waren. In sehr vielen Fällen war der Autor mit von der Partie. Einladungen über Einladungen gelangten auf seinen Tisch. Man wollte den Dichter der „Burrkäwers“ persönlich erleben. Außerdem hatte es sich herumgesprochen, daß dieser es ausgezeichnet verstünde, seine launigen Läuschen vorzutragen. Doch dann geschah etwas, was dem beliebten Autor den Weg zu einer immer größer werdenden Leser- und Zuhörergemeinde zu verlegen drohte. Kritiker meldeten sich zu Wort, die nicht nur Tarnows Art zu schreiben bemängelten, sondern auch den Umgang mit seinen Büchern geändert wissen wollten. In seiner Autobiographie merkte Tarnow 1927 hierzu an: „Un wenn mi weck Lüd ok runner makt hemm, un mien Bäuker wiern gornich tau bruken, un ick süll mi blot nich inbilden, dat ick'n plattdütschen Dichter wier, denn heww ick ehr seggt: Ick will jo ok gor keiner sien, un wenn ji mien Bäuker nich läsen willt, denn laat't ji dat blieben, ick dremmel jug kein an, dat makt Hinstorff, un wecken mien Bäuker nich gaud naug schräben sünd, de kann sick jo sülwst hensetten un bäder schrieben.“

Es besser zu machen, ist nun nicht Angelegenheit der Kritiker. Sie glaubten aber zehn Jahre nach Erscheinen der ersten „Burrkäwers“ sagen zu müssen, was nach ihrer Meinung an seinen Dichtungen tadelnswert sei. Den Anstoß für die scharfe Kritik an den „Burrkäwers“ gab möglicherweise die große Wertschätzung, die der Schweriner H.K.A. Krüger im Vorwort des von ihm 1919 herausgegebenen „Läuschenbauks“ dem Läuschenschreiber Rudolf Tarnow und dessen „Burrkäwers“ hatte zuteil werden lassen. Bei Krüger hieß es: „Der beste Läuschendichter neben Reuter und Stillfried ist der Mecklenburger Tarnow. Seine Verse, besonders im zweiten und dritten Band der ‚Burrkäwers‘ zeichnen sich durch anschauliche Darstellung und ungezwungene Komik aus. Die Gestalten sind voller Leben, die Erzählung lebhaft, oft sprudelnd, und mit wenigen Strichen läßt er auch die Umwelt lebendig werden.“

Ein gut geschriebenes Schwankgedicht sollte sich nach Krügers Auffassung an folgende Kriterien halten: „Die ganze Darstellung muß aber von vornherein lebendig sein und in eine heitere Stimmung versetzen, die am Schluß ihren Höhepunkt erreicht. Das ist ein Grundsatz der Technik des Läuschens. Das witzige Läuschen darf sich unterwegs nicht lange aufhalten, sondern muß auf das Ziel losgehen und dieses besonders scharf herausstellen.“ Für

Krüger stand fest, daß Tarnows „Burrkäwers" überwiegend diesen Grundsätzen gerecht wurden. Andere Kritiker konnten sich dem günstigen Urteil über die „Burrkäwers" nicht anschließen. Sie wollten auch nicht gutheißen, daß der Autor, von der Woge des Erfolges und der wachsenden Popularität getragen, als Rezitator durch Mecklenburg und Pommern zog, um seine Texte einem interessiert lauschenden Publikum vorzutragen. Das im Lande umgehende Tarnow-Fieber – eine Begeisterung, die Tausende erfaßt hatte, – sollte eine Abkühlung erhalten.

Die Plattdeutsche Gilde Rostock hatte zu ihrer Januarversammlung am 19.1. 1921 Mitglieder und Gäste in den Rostocker Hof geladen. Die einladende Anzeige kündigte einen Tarnow-Abend an. Kein Wunder also, daß ein zahlreiches Publikum erschienen war. Doch geboten wurde der Vortrag des Oberlehrers Dr. Huhnhäuser zum Thema: „Tarnows Stellung in der plattdeutschen Literatur". In einer wenige Tage später erschienenen Presse mitteilung hieß es: „Dr. Huhnhäuser unterzog in seinem Vortrag ... die Läuschendichtung der ‚Burrkäwers'-Bände einer zwar sachlichen, doch scharfen Prüfung. Das Urteil des Vortragenden über den Wert oder vielmehr Unwert, ja die Schädlichkeit dieser dichterischen Erzeugnisse fand im wesentlichen die volle Zustimmung der Versammlung. Die Hauptgedanken der Ausführungen Dr. Huhnhäusers sollen demnächst im Auftrage der Gilde nach Möglichkeit in plattdeutschen Zeitschriften und der Heimatspresse einer breiteren Öffentlichkeit vorgelegt werden."

Eine derartige Ankündigung beunruhigte nicht nur den Autor, sondern auch seine Freunde von der Schweriner Plattdeutschen Gilde. Wo Tarnow in diesen Januartagen 1921 auftrat, erhielt er Zuspruch und Trost und oft auch die Zusage, ihm bei möglichen Auseinandersetzungen beizustehen. So schrieb ihm am 28. Januar 1921 Walter Schröder, der Vorsitzende des Plattdeutschen Landesverbandes Pommern, aus Stettin: „Min leiw Herr Tarnow, dor bün ick! Ick stah äwerall minen Mann för Sei! Un wat ick Sei mündlich seggt heww, dorbi bliwwt dat: Wat Sei uns hier vördragen hewwen, dat is dat Best, wat wi in uns' plattdütsch Literatur äwerhaupt uptauwisen hewwen. Basta! Wenn Sei irgendwo wat gegen Sei schräwen finnen, schicken S' mi dat tau – ick nehm as Vörsitter von'n Landesverband Pommern dorgegen Stellung. ... Up uns alltauhop känen Sei sick verlaten! Wi warden unsen Mann stahn! Mit schönen Gruß un Handslag! Sei Ehr Walter Schröder."

Noch war in der Presse nichts gegen Tarnow und seine Reimschwänke erschienen. Die Verantwortlichen der Plattdeutschen Gilde Schwerin, deren Mitbegründer Rudolf Tarnow war, erkannten, in welche prekäre Situation der „Burrkäwers"-Autor bei Veröffentlichung der Kritik aus Rostock geraten würde. So versuchten sie, den bevorstehenden Ärger von Rudolf Tarnow abzuwenden. Am 2. Februar 1921 richteten sie folgendes Schreiben an die Plattdeutsche Gilde zu Rostock: „Der Gildenrat der Plattdeutschen Gilde zu Schwerin hat in seiner gestrigen, von 10 Mitgliedern besuchten Sitzung einstimmig nachstehende Entschließung gefaßt. Ohne auf die Frage einzugehen, ob die in der am 19. v.M. stattgehabten Versammlung der Plattdeutschen Gilde zu Rostock an dem dichterischen Schaffen Tarnows geübte Kritik hinreichend sachlich gewesen oder ob sie über den Rahmen einer zulässigen Kritik hinausgegangen ist, halten wir es für unsere Pflicht, vor dem geplanten Pressefeldzug gegen Tarnow eindringlich zu warnen. Diese Maßnahme würde nicht nur einen Schlag ins Wasser bedeuten, sie würde sogar eine gegenteilige Wirkung, wie erhofft, erzielen. Die Veröffentlichung der Leitsätze des Vortragenden würde eine Zeitungspolemik hervorrufen, ja einer größeren Gegenbewegung den Weg bereiten. ... Wir glauben besser als die Herren in Rostock, welche Tarnow einen Schädling der plattdeutschen Sache schalten, dahin unterrichtet zu sein, daß Tarnow nicht nur um unsere Gilde sich große Verdienste erworben, sondern auch sonst für den plattdeutschen Gedanken mit größtem Erfolg geworben hat, ein Wirken, das zur Dankbarkeit verpflichtet. Der unterzeichnete Gildenrat glaubt nach seiner bisherigen Wirksamkeit erwarten zu dürfen, daß seine Warnung vor dem Pressefeldzug, in dem er eine Gefahr für die plattdeutsche Sache erblickt, nicht ungehört verhallen wird."

Den Schwerinern gelang es nicht, die Kritiker aus Rostock von dem Vorhaben abzubringen, den sogenannten „Pressefeldzeug" gegen Rudolf Tarnow vom Zaune zu brechen. Am 9. Februar 1921 erschien in der Nummer 33 des „Rostocker Anzeigers" der von Dr. Huhnhäuser im Auftrag der Plattdeutschen Gilde Rostock verfaßte Feuilletonartikel „Ein Beitrag zur Läuschendichtung".

Dr. Huhnhäuser macht die Läuschendichtung allgemein dafür verantwortlich, daß der irrige Eindruck entstehen konnte, „unsere plattdeutsche Muttersprache eigne sich nicht für ernste Dichtungen, sie sei die Sprache des Humors und tauge nur für Schwankerzählungen". Muß er auch anerkennen, „daß Tarnow mit seinen ‚Burrkäwers' einem Bedürfnis nach solchen Dichtungen in weiteren Schichten des Volkes entgegengekommen ist", so lehnt er den „Tarnowkult" ab. Diesen meint er vor allem darin zu sehen, „daß man ganze Tarnowabende veranstaltet und ihn selber, der ein vorzüglicher Dolmetsch seiner Schwänke sein soll, zu Veranstaltungen kommen läßt". Dr. Huhnhäusers Hauptanliegen ist, Tarnows Stellung „als Dichter in der niederdeutschen Literatur" zu untersuchen. Dabei kommt er zu dem Ergebnis, „daß Tarnow mit seinen Läuschen weit mehr als seine Vorgänger auf grobe Effekthascherei ausgeht und mit seinen zum Teil sehr groben Späßen die Lacher natürlich immer auf seiner Seite hat. ... Beruht doch überhaupt im letzten die Hauptwirkung seiner ‚Burrkäwers' auf der drastischen Komik. Solche Geschichten mit hübschen Pointen werden selbstverständlich immer einschlagen, die Frage ist nur, ob das etwas mit Kunst zu tun hat. Der Reiz aller Tarnowschen Läuschen liegt lediglich in der Situationskomik, für die Tarnow eine gute Begabung besitzt. Er weiß, worüber die Leute lachen müssen. So wimmelt es in seinen Gedichten von drastischen Schnäcken und allerderbsten Späßen, und wesentlich darin beruht ihre Wirkung. Von irgendwelchem tieferen Gehalt kann nirgends die Rede sein. ... Es sind diese ‚Burrkäwers' infolge ihrer überaus starken Vermehrung schon zu einer Burrkäwerplage geworden, durch die fast alle edleren Keime niederdeutscher Dichtung erstickt werden... Darum ist es auch nicht berechtigt, wenn jetzt sogar unsere plattdeutschen Klassiker von den Gedichten Tarnows überwuchert werden und das Volk in seinem Geschmack dadurch verbildet wird. Nicht gegen die Läuschendichtung als Zweig der niederdeutschen Literatur sollen diese Zeilen gerichtet sein, sondern gegen die geschmacklose Verhimmelung eines Mannes, der lediglich dieser Gattung des Niedrigkomischen seine Erfolge verdankt."

Abgesehen von Formulierungen, bei denen sich Dr. Huhnhäuser in Ton und Vokabular vergriffen hat, und einigen extrem-negativen Wertungen, für die er den Beweis schuldig geblieben ist, handelte es sich um eine Kritik an den „Burrkäwers" und ihrem Autor, die in vielem wohl doch berechtigt und in der Sache kaum ernsthaft anzufechten war. Das mochten auch die kühlen Köpfe unter den Schweriner Freunden Tarnows so gesehen haben, allen voran H.K.A. Krüger, der sich als Verfasser der 1913 in der Stillerschen Hofbuchhandlung Schwerin herausgekommenen „Geschichte der niederdeutschen Literatur vom Heliand bis zur Gegenwart" auch in den kleinen Formen der plattdeutschen Dichtung seiner mecklenburgischen Heimat vorzüglich auskannte.

Krüger griff als erster zur Feder und schrieb eine Entgegenung auf die Tarnowkritik Dr. Huhnhäusers. Er gab seinem Beitrag die Überschrift „Tarnow und die Läuschendichtung" und ließ ihn am 12. Februar 1921 in der „Mecklenburgischen Zeitung", Nummer 41, veröffentlichen. In vielem pflichtete er den Argumenten, die Dr. Huhnhäuser gegen Tarnow ins Feld führte, bei. Wohl aber hätte er eine mildere Form der Darbietung für angemessener gehalten. Krüger sprach sich ebenfalls gegen das Überwuchern der Läuschendichtung aus und räumte ein: „Tarnow hat hier und da gemein komische Stellen in seinen Läuschen, hat auch derartige Stoffe bearbeitet. Ich verurteile sie durchaus, für den Vortrag sind sie unpassend. Aber begegnet man solchen Stellen denn wirklich auf Schritt und Tritt? Für eine so schwere Anklage hätte man den Beweis antreten müssen. ... Im übrigen sind Läuschen Schwänke, Anekdoten, nichts anderes, und man soll von ihnen stofflich nichts verlangen, was sie nicht geben wollen und können, keinen tiefen Gehalt. Zur Literatur kann man sie kaum rechnen, und man kann daher einem Läuschendichter auf Grund dieser Gattung auch keine Stellung in der Literatur anweisen, ebensowenig wie man den Dichter von Kasperstücken zu den Dramatikern rechnen kann. In Tarnow steckt trotzdem ein Dichter drin. Das tritt nicht in allen seinen Läuschen zutage, aber in den besten, zu denen ich z.B. den ‚Schewen Globus' rechne. Da ist er Gestalter, da zeichnet er mit wenigen Strichen die Situation und die seelische Empfindung der Kinder. Und mit solchen guten Läuschen mag man ihn getrost neben Reuter und Stillfried stellen."

Mit Krügers Wortmeldung, maßvoll vorgetragen und um Ausgleich bemüht, hätte die Aufregung um die Läuschen und Rudolf Tarnow bereits beigelegt sein können, wenn sich nicht noch einige Heißsporne in die Arena begeben hätten.

Einer von ihnen, der zu den Schweriner Anhängern der „Burrkäwers" und zu den Freunden Tarnows gehörte, war Paul Friedrich Evers, Hauptschriftleiter der „Mecklenburgischen Nachrichten". Evers nannte Huhnhäusers Ausführungen „eine bitterböse von sachlicher Gerechtigkeit weit abschweifende Kritik", die einem „Scherbengericht über Tarnow" gleichkäme. Evers' Erwiderungen waren ungehalten und unbesonnen. Sie wirkten maßlos gereizt. Er behauptete, Dr. Huhnhäuser könne kein Mecklenburger sein, denn „steckte ihm mecklenburgische Wesensart in den Knochen ..., hätte er sich auch bemüht, tiefer in den Geist und den Stimmungsgehalt der Tarnowschen Dichtungen einzudringen." Weil es ihm aber an den Fähigkeiten mangelte, niederdeutsch oder gar mecklenburgisch zu empfinden, sei er als Richter über Tarnows Dichtungen „von vornherein abzulehnen". Unter solchen Vorzeichen war eine sachliche Auseinandersetzung mit der an Tarnow und den „Burrkäwers" geübten Kritik ausgeschlossen.

Noch einmal wandten sich die Offiziellen der Plattdeutschen Gilde Schwerin an die Rostocker Gilde und schrieben am 19. Februar 1921: „Der unterzeichnete Gildenrat bedauert lebhaft, daß die Plattdeutsche Gilde in Rostock seiner Bitte vom 2. Februar, von einem Pressefeldzug gegen ein verdientes Mitglied des Vorstandes abzusehen, nicht entsprochen hat. Ob der plattdeutschen Sache mit solcher Zeitungsfehde gedient ist, möchten wir nach den bisherigen Erfahrungen bezweifeln. Unsere Gilde will daher auch davon absehen, als solche mit einer Gegenerklärung hervorzutreten, ... wiewohl sie die Krügerschen Darlegungen sich voll und ganz zu eigen macht." Auch wenn die Schweriner den Wunsch mit auf den Weg nach

Rostock gaben, „daß die Pressefehde keine weitere Ausdehnung“ gewinnen möge, blieben Beschwichtigungen ungehört, Appelle unberücksichtigt.

Der Pressestreit war entfacht und setzte sich fort. Er erhielt einen noch schärferen Zuschnitt, als der an der Universitätsbibliothek Rostock tätige Literaturwissenschaftler Dr. Gustav Struck in der Nummer 42 der „Rostocker Zeitung“, vom 22. Februar 1921, seinen Kampfartikel „Die Läuschendichtung und Tarnow“ veröffentlichte. Entschieden machte er Front gegen die Läuschen im allgemeinen und Tarnows „Burrkäwers“ im besonderen und bezeichnete sie als Schundliteratur, die „restlos abzulehnen“ ist, als „redseliges Reimgeklingel“, das verschwinden muß, als Effekthascherei und Pointenreimerei. Tarnow bediene „die alten bekannten Witzblatt-Klischees, grob nachgezeichnet“.

Noch mehrfach erhoben die hier genannten Kontrahenten ihre Stimme für oder gegen die „Burrkäwers“. Weitere Kritiker kamen hinzu und stellten sich kampfentschlossen den Streitern für Tarnow an die Seite. So wogten die Wortgefechte hin und her, sechs Monate lang. Über zwanzig Pressebeiträge gingen in Druck, der letzte am 13. August 1921.

Die Schweriner waren durchweg tarnowfreundlich eingestellt. Der in ihren Mauern lebende Dichter war ihnen ein liebenswerter Bekannter und guter Freund. Sie wurden von Emotionen beherrscht, die sie so leidenschaftlich für diesen Mann eintreten ließen, ungeachtet der Gefahr, dabei den objektiven Blick für seine Stärken und Schwächen einzubüßen. Die Rostocker besaßen viel mehr Distanz zu Rudolf Tarnow. Ihnen lag daran, in ihrer kritischen Sicht auf Tarnow nicht nur die Schwachstellen in seiner Dichtkunst zu benennen, sondern den literarischen Wert der „Burrkäwers“ generell in Abrede zu stellen. Die Forderung der Kritiker, daß auch in Mecklenburg wieder ernstere plattdeutsche Literatur geschrieben werde, ist aller Ehren wert. Ebenso rechtschaffen das Verlangen, die literarischen Interessen des Publikums auf die anspruchsvolleren Werke Fritz Reuters, Hermann Boßdorfs oder Fritz Stavenhagens hinzulenken. Doch zu erwarten, daß solche Aufgabe von Tarnows „Burrkäwers“ erfüllt werden könne, ist unbillig. Ob Läuschen überhaupt eine Brücke bilden können zu ernsten Dichtungen, darf bezweifelt werden. Doch deshalb die seit alters besonders in Mecklenburg beliebten Reimschwänke verdammen, sie aus dem Ensemble der literarischen Formen verweisen? Was hätte es anderes bedeutet, als das Kind mit dem Bade auszuschütten. Tritt aber ein Überwuchern der Läuschendichtung auf, sollten ihm Dämme gezogen werden. Wo Huhnhäuser, Krüger und Struck die Zügel des ungestümen Läuschenpegasus straffen wollen, haben sie recht getan. Wo aber Tarnowkritiker, allen voran Dr. Gustav Struck aus Rostock, den Gescholtenen dafür verantwortlich machten, daß die „große neuplattdeutsche Bewegung" durch die harmlosen Witzeleien der „Burrkäwers" auf verheerende Weise beeinträchtigt, ja behindert würde, schossen sie gewaltig übers Ziel hinaus. Wenn Struck den Vorwurf erhob, daß die Bauern bei Tarnow „nur Zielscheibe des Witzes, aber nimmermehr gesunde Repräsentanten mecklenburgischer Art" wären, daß die „Burrkäwers" ein „kräftiges völkisches Schaffen" in Mecklenburgs muttersprachlicher Poesie zum Erliegen gebracht hätten, dann werden die geistigen Grundpositionen sichtbar, auf denen sich dieser Teil der Tarnowkritik bewegte.

Es waren die Ideen der „niederdeutschen Bewegung", denen sich Dr. Struck verpflichtet fühlte, einer Bewegung, die das sogenannte „Eigenvölkische im Stammesbewußtsein" vermutete und daran glaubte, daß „aus den Tiefen des Volksbewußtseins die Sehnsucht nach dem Besten, was einem Volke gegeben werden kann, heraufkomme": die Sehnsucht nach seiner „unverfälschten eigenen Art". Zum Wesen der „niederdeutschen Bewegung" in den zwanziger Jahren gehörte „die Sammlung aller noch unzerstörten Kräfte in Wurzel und Mark". „Sie will", schrieb die Zeitschrift „Muttersprache", Nummer 2, vom Januar 1922, auf Seite 11, „keine Absplitterung von den anderen deutschen Bruderstämmen, sondern sie stellt sich mit Bewußtsein in den Dienst unserer großen völkischen Angelegenheit: durch Pflege heimatlicher Sprache, Sitte und Eigenart zur tiefgefühlten Hingabe an unser deutsches Vaterland." Dabei stützte sie sich auf den bäuerlichen, kernfesten „niederdeutschen Menschen", den sie als Leitfigur „deutscher Wiedergeburt" auch in der plattdeutschen Literatur der Zeit verkörpert sehen wollte.

Mit seinen „Burrkäwers" und den darin unbekümmert schwadronierenden, behaglich auf Streiche sinnenden Figuren Korl Beggerow, Luten Bohn und Heiner Moll erfüllte Tarnow nun keineswegs die vaterländisch völkischen Ansprüche. Nicht zuletzt deshalb die vernichtende Kritik aus dieser Richtung an seinen Schwankgedichten. Dr. Struck sah in den „Burrkäwers" eine unzumutbare Versedrechselei, mit der Tarnow den schon bestehenden Läuschensumpf nur vergrößert hätte. Mit einem Seitenhieb auf das Publikum, das sich mit „Behagen an dieser wurmstichigen Kost" labe, und auf die Verteidiger Tarnows lautete Dr. Strucks abschließendes Urteil: „In der plattdeutschen Bewegung wird aber wertvolle Kraft unnütz damit verzettelt, daß die einen Schutt wegräumen müssen, den die anderen in unverständlicher Pietät konservieren." Rudolf Tarnow hielt sich wohlweislich aus dem heftig geführten Wortwechsel, den sich Anhänger und Gegner seiner „Burrkäwers" auf dem Felde der Pressekritik lieferten, heraus. Daß ihn diese Debatten nicht unberührt ließen, geht aus einem Brief vom 17. März 1921 an Fritz Blanck, den Inhaber der Hinstorffschen Verlagsbuchhandlung in Wismar, hervor: „Mein lieber Herr Blanck! Der Pressefeldzug nimmt immer größere Dimensionen an. Die Rostocker Angriffe heschäftigen sich nunmehr nicht bloß mit meiner Person, sondern es ist inzwischen ein Duell zwischen Huhnhäuser und Struck einerseits und Dr. Neese, Krüger und Evers andererseits geworden, ja, man kann sagen: zwischen Rostock und Schwerin. Den Artikel von Dr. Neese haben Sie m.(eines) W.(issens) von mir erhalten. Nun hat Struck einen klotzigen Artikel gegen mich losgelassen, Evers hat aber die Aufnahme abgelehnt wegen seines beleidigenden Inhalts. Ich sende Ihnen Abschrift von seinem Artikel nebst der Antwort von Evers. Nun wird Struck wieder antworten. Ich erhalte fortwährend Sympathiebezeugungen, ich soll nicht nachlassen und mich nicht über die superklugen und neidgeschwollenen Rostocker Schulmeister ärgern. Das Gemeine ist ja, daß ich den Mund halten und alles über mich ergehen lassen muß. Was sagen Sie nur zu dieser ganzen Hopphei? Wie stellen Sie sich zu der ganzen Sache, läuft Ihnen die Galle nicht bald über? Oder ist es immer noch eine ‚feine' Reklame? In Schweriner Kreisen spricht man ganz offen, Sie hätten ein riesiges Schwein, denn eine derartige Reklame wäre gar nicht mit Geld zu bezahlen. Schreiben Sie mir doch mal einen ausführlichen Brief über Ihre und Herrn Heitmöllers Ansicht.

Ich stehe bislang der ganzen Sache kaltschnäuzig gegenüber, ich hätte es mir nie träumen lassen, daß ich so unvermutet zum Mittelpunkt einer Debatte würde, die ganz Mecklenburg bewegt und beschäftigt. Meine Schweriner Freunde sind Feuer und Fett und wollen nicht eher locker lassen, bis sie gesiegt haben, sie haben noch diverse Trümpfe in Reserve. Und bei diesem aufregenden Kampfspiel soll ich sogar an ‚Köster Klickermann' weiter arbeiten? Es ist beinahe zuviel verlangt, aber ich sage mir: Nun erst recht! Up em!

Ich werde voraussichtlich einige Tage nach Ostern nach Poel fahren, ich reise alsdann schon abends vorher, und dann wollen wir die Sache mal gründlich durchsprechen. Auf Wiedersehen also und herzliche Grüße an Sie und Herrn Heitmöller. Ihr Rudolf Tarnow."

In einem Brief kurz zuvor, am 2. März 1921 an Fritz Blanck gerichtet, hatte Tarnow geschrieben: „Im übrigen wird überall, wohin ich komme, der Rostocker Angriff verurteilt." Das Volk stand auf seiner Seite. Seine Leser, seine Zuhörer hielten fest zu ihm. Des Volkes Meinung hatte viele Stimmen, die sich in einem Gleichklang vereinigten. Der Gärtner Paul Benthin und der Radmaker Fritz Jonas aus Niegen Slagsdörp schrieben Ende Februar 1921 an Tarnow: „Sei warden sick woll bannig wunnern, eenen Brew tau kriegen von Minschen, de Sei gor nich kennen. ... In'n Rostocker Anzeiger hew ick in letzter Tied twei Urdeile öwer Sei läst, dei mi un minen Fründ bannig argert hewwen, von einen

Rudolf Tarnow, 1925.
Atelierphotographie
von A. Kraehmer, Grimmen

Mann namens Häunerhus, äwer täuwen S' mal, heit hei ok so? Ick will gliek mal nahseihn. Nee, Huhnhäuser heit hei. Na, so ähnlich as Häunerstall wier 't ja. Dei Mann is ja borrig klauk. Ick glöw, dat is bi em pure Afgunst. ... Dorüm, Herr Tarnow, laten S' sick von son'n Kirl nich stüren un laten S' Ehr Burrkäwers ruhig wider fleigen, un wi willen uns freuen, wenn uns ein frischer in't Hus burrt."

Otto Mohrmann aus Penzlin schrieb dem Dichter am 21. Februar 1921 im Namen der Penzliner Tarnow-Gemeinde: „Was ich in letzter Zeit in der Zeitung gelesen habe, veranlaßt mich, heute einige Zeilen an Sie zu richten. Sie sind ein von Gott begabter Mann und diese Gaben, wenn sie ein studierter Mann nicht hat, kann dieselben auch mit Kaltwasserumschlägen nicht erhalten. Sie sind im Stande, Ihre Zuhörer zum Weinen zu bringen und, wenn es Ihnen paßt, auch zum Lachen. ... Nun lassen Sie burren, was burren will!"

Aus Plau rief man nach einem Tarnow-Abend dem Autor in Schwerin am 26. Februar 1921 zu: „Weiterhin guten Erfolg und Sieg im Kampf mit Rostock!"

Erna Tarnow geb. Bruns, um 1920

Rudolf Tarnow erlebte in diesen Wochen und Monaten des Jahres 1921 nicht nur Unerfreuliches, verursacht durch die Pressefehde, er empfing auch Freuden und viel Trost, gespendet von seinen Verehrern aus ganz Mecklenburg und Vorpommern. In der Folge tat Rudolf Tarnow des Beste, was er überhaupt tun konnte: er reiste und rezitierte, wohin man ihn einlud, und schrieb fleißig weiter an seiner Landschullehrergeschichte „Köster Klickermann“.

„Köster Klickermann“

Der Besitzer der Hinstorffschen Verlagsbuchhandlung Wismar, Fritz Blanck, seit 1920 auch Verleger der Werke Tarnows, wartete ungeduldig auf den Zeitpunkt, zu dem Tarnow das Manuskript des neuen Werkes, das den Autor von einer anderen als der Läuschenseite zeigen sollte, abgeben würde. In den Wismarer Geschäftsräumen des Verlages herrschte seit Beginn des Jahres 1921 eine erwartungsvolle Gespanntheit. Doch man wußte, jegliches Drängen auf Eile würde den Autor nur stören. Dieser hatte dem Verleger in einem Brief vom 2. März 1921 deutlich zu verstehen gegeben: „An ‚Klickermann‘ arbeite ich fester, aber – nicht treiben! Ich muß mich jetzt doppelt vorsehen, daß ich nicht kägebeine.“ Hier spöttelte Tarnow über die Kritik Dr. Huhnhäusers, der gemeint hatte, die Reime der „Burrkäwers“, wie Jüche/Abwaschküche usw., erinnerten an den seligen Strelitzer Hofpoeten Kägebein, den schon Fritz Reuter in seinem „Dörchläuchting“ karikierte. Tarnow arbeitete an dem Versepos „Köster Klickermann“ vom Jahresanfang bis zum Spätsommer 1921. Jedes der elf Kapitel trägt den handschriftlichen Vermerk Rudolf Tarnows: „Zum Druck! T.“ Vielleicht war dies nur das Zeichen dafür, daß er die Korrektur – der maschinengeschriebene Text weist zahlreiche handgeschriebene Änderungen auf – beendet hatte. Vielleicht aber hat er die Kapitel tatsächlich einzeln in den Verlag geschickt. Bei dem Kapitel „Harwsttied“ ist dem Vermerk: „Zum Druck!“ noch das Datum 25.8.21 zugefügt.

Köster Klickermann. Gemälde von Karl-Heinz Kruse, Barth, 1980

Das Schlußkapitel „Wintertied“ hat Tarnow nur wenige Tage später am 1. September 1921 abgeschlossen.

Der Autor hatte seine Arbeit geleistet. Das gedruckte Buch „Köster Klickermann“ lag zum Weihnachtsgeschäft des Jahres 1921 auf den Verkaufstischen der mecklenburgischen Buchhandlungen.

In der Vorstellung der Mecklenburger und Vorpommern bilden Rudolf Tarnow, die „Burrkäwers“ und „Köster Klickermann“ eine Einheit. Wenn von dem Dichter die Rede ist, wird sogleich auch von den „Burrkäwers“ und von „Klickermann“ gesprochen. Unklar bleibt dabei allerdings, ob der Klickermann aus den bekannten und beliebten Gedichten „De schew Globus“, „De soeben Sinnen“ usw. gemeint ist, oder ob es sich um die Titel- und Hauptgestalt des 1921 veröffentlichten Buches „Köster Klickermann“ handelt. Denn trotz der Namensgleichheit sind die Klickermannfiguren nicht identisch. Da ist der Klickermann der „Burrkäwers“: eine herausragende Schwankfigur, wie sie Tarnow nicht ein zweites Mal geschaffen hat, eine mecklenburgische Lehrergestalt des ausgehenden 19. Jahrhunderts, die über eine faszinierende, fast bräsigsche Komik verfügt, ein Mann, der wie Köster Suhr und Bräsig missingsch spricht, der mit den besonderen Umständen und Widrigkeiten mecklenburgischer Landschulverhältnisse fertig zu werden versucht, ein Dorfschulmeister, der durch mangelndes eigenes Wissen und fehlende Fähigkeiten als Schulmann oft genug in prekäre Situationen gerät und der Lächerlichkeit ausgesetzt wird, ohne allerdings einen nennenswerten Sympathieverlust zu erleiden. Einem Typus gleich, der auf die vertraute Weise reagiert und funktioniert, begegnet er in zahlreichen, sehr wirkungsvoll gestalteten Läuschen der „Burrkäwers“.

Der Köster Klickermann, für den es ein Urbild in Gestalt des Dorfschullehrers Runge in Wittenförden bei Schwerin gegeben haben soll, war zweifellos die literarische Lieblingsfigur Tarnows. Sie bot ihm, wie kaum eine andere Person seines Figurenensembles, die Möglichkeit, einen wichtigen Repräsentanten des mecklenburgischen Mittelstandes in einer größeren epischen Darstellung vorzuführen und zugleich seine eigenen, aus kleinbürgerlich-ländlichem Denken resultierenden Ideale von Arbeit, Liebe, Ehe und Familie sowie überhaupt vom Zusammenleben der Menschen zu gestalten. Diese Absichten und Tugenden literarisch zu verwirklichen, versuchte Tarnow mit dem Versepos „Köster Klickermann“. Es sind elf idyllenartige Bilder, in denen er „ut ein Kösterläben, von Lust un Lew, von Mäuhen un Sträben, von Lüd un Land un allerhand“ in paarweise gereimten Versen erzählt. Die Handlung verläuft wie folgt: Der Webergeselle Heinrich Klickermann, der nach dem frühen Tode seiner Eltern eine freudlose Kindheit und entbehrungsreiche Jugend gehabt hat, kommt auf seiner

Wanderschaft durch Mecklenburg in ein Dorf, das ihm gleich beim ersten Anblick gut gefällt. Die Begegnung mit der dreizehnjährigen Dürten Struck, die ihn trotz ihrer Sorgen um die pflegebedürftige kranke Mutter gastfreundlich ins Haus bittet und bewirtet, verstärkt seine Sympathien für dieses dörfliche Gemeinwesen. Bei einem Besuch im Pfarrhaus gewinnt er die Zuneigung des erfahrenen Dorfgeistlichen und willigt ein in dessen Vorschlag, im Ort zu verbleiben und Küster, d.h. Kirchendiener und Schullehrer, zu werden. Vom Pastor fürs erste unterwiesen und auf die ungewohnte neue Tätigkeit vorbereitet, wird er bald in das Amt als Küster eingeführt. Er bewährt sich durch einen Unterricht, der zur Zufriedenheit aller ausfällt. Nachdem sieben erfolgreiche Dorfschullehrerjahre, in denen Klickermann als Junggeselle bei Mudder Bahlken in Kost ist, hinter ihm liegen, wird die inzwischen zwanzigjährige Dürten Struck seine Braut. Sie heiraten, ziehen glücklich ins Schulhaus ein und wissen sich in den bescheidenen Wohnräumen zufrieden einzurichten. Es geht voran in ihrem Leben. Dürten besorgt umsichtig Wohnung, Haus, Hof und Garten. Klickermann geht seiner fleißigen Frau zur Hand und betreibt neben dem Schul- und Kirchendienst noch Imkerei. Er entwickelt sich zu einem von Kindern und Eltern geachteten Lehrer und zu einem von der Dorfbevölkerung geschätzten Helfer und Ratgeber in allen komplizierten Lebenssituationen. Unter den Bedingungen der Einklassenschule verläuft Klickermanns Unterricht auf die herkömmliche Weise. Er hat etwa vierzig Kinder aller Altersstufen vom sechsten bis vierzehnten Lebensjahr in einem Raum zugleich sinnvoll zu beschäftigen und ihnen Wissen beizubringen. Klickermann versteht seine Sache; er besitzt Überblick, hält Ordnung und praktiziert eine Methode, „dat ok nich einer müßig seet.“ Auch familiär hat er das Glück an seiner Seite. Drei Jahre nach der Geburt des Sohnes Friedrich wird die Tochter Greten geboren, die mit zunehmendem Alter der Mutter in Wesen und Aussehen immer ähnlicher wird. Während sich Greten zu einem liebenswerten Geschöpf in natürlich-dörflicher Umwelt entwikkelt, folgt Sohn Friedrich der vom Vater vorgezeichneten Bahn, nimmt Stunden in Fremdsprachen, besucht höhere Schulen und geht schließlich zum Studium der Theologie nach Rostock. Das Glück wird vollkommem, indem Friedrich das Studium erfolgreich beendet, als Kandidat in der heimatlichen Dorfkirche eine sehr gelungene Predigt hält, in der Nachbarschaft alsbald eine eigene Pfarre und die Pfarrerstochter noch dazu bekommt und indem auch Greten als Frau des Schmiedegesellen Wilhelm Stahl und Mutter zweier Söhne ein Familienleben ganz im Klickermannschen Sinne führt. Dann aber kommt eine kummervolle Zeit. Der inzwischen siebzigjährige Klickermann verliert seine Frau. Sterbend nimmt sie Abschied von ihm und den Kindern und bekennt: „För Di un ehr hew ick blot läwt.“ In diesem Sinne will sie weiter sorgen, und – auf ein Zusammenleben nach dem Tode hoffend – verspricht sie: „Mak baben all Quartier för Di.“ Noch hat Klickermann den Schmerz über den Tod seiner Frau nicht verwunden, da trifft ihn neues Leid: Der Erste Weltkrieg war ausgebrochen und hatte seinen Enkel, Hinnerk Stahl, der freiwillig an die Front gegangen war, als Opfer gefordert. Er tröstet sich und die Eltern damit, daß es Gottes Wille gewesen sei. Gar nicht kann er sich hingegen mit dem negativen Verlauf des Krieges und mit der Entwicklung in Deutschland nach der militärischen Niederlage abfinden. Darum feiert er die in die Heimat zurückkehrenden Krieger als Helden, denn versagt habe nicht der Soldat, sondern der Mann hinter der Front. Er mißbilligt die Ideen und Bewegungen, die von der Novemberrevolution 1918/19 in Deutschland ausgehen, und, wo er kann, legt er selber Hand an, sie im Keime zu erdrücken, wie beispielsweise bei der Unterbindung der ebenso naiven wie zaghaften Schülerratsbestrebungen an seiner Schule. Hochbetagt nimmt Klickermann an seinem 80. Geburtstag Abschied vom Schuldienst. Es fällt ihm schwer, aus einer Arbeit, die er nahezu sechzig Jahre lang rechtschaffen und mit Hingabe versehen hat, zu scheiden. Doch er fühlt auch, daß er müde geworden und sein Ende nahe ist. Er sehnt sich nach Ruhe, die er an der Seite seiner Frau zu finden wünscht.

Das Geschehen um die Zentralfigur Klickermann wird nicht in fortlaufender Handlung geschildert, sondern in Episoden, in idyllenartigen Genrebildern.

Tarnow gestaltete die Szenenfolge in Anlehnung an den Ablauf der vier Jahreszeiten „Frühjohrstied“, „Sommertied“, „Harwsttied“ und „Wintertied“, denen er die Lebensstufen Klickermanns symbolisch als Zeit der Jugend, der Reife, des Alters und des Sterbens zuordnete. Damit war ihm ein Zeitraum von beachtlicher Dimension gegeben. Er nutzte ihn, um das Leben des Helden in allen seinen wichtigen Phasen bis hin zum Tode darstellen zu können. Das literarische Anliegen, das Tarnow zu verwirklichen suchte, brachte er in einem Brief vom 8. Februar 1922 an den mecklenburgischen Großherzog Friedrich Franz IV. wie folgt zum Ausdruck: „Darf ich Eure Königliche Hoheit bitten, als bescheidenes Zeichen meiner Dankbarkeit beifolgendes Exemplar meiner neuesten Dichtung ‚Köster Klickermann‘ entgegennehmen zu wollen? Ich habe mich bemüht, in dem Werk die Schönheiten und Vorzüge unserer alten, guten Zeit in schlichter Weise zu schildern.“

Tarnow erwies sich als treuer Anhänger der guten, alten Zeit. Er war fest von ihrer gesellschaftlichen Notwendigkeit überzeugt und glaubte unerschütterlich an ihre Wiederkehr. Einer Insel gleich, die dem Sturm gesellschaftlicher Neuerungen getrotzt hatte und für menschliche Zwietracht und fremde Kultur keinen Platz bot, erschien ihm das Dorf mit seinen friedvoll-beschaulichen, ungetrübten Lebensformen. In einem solchen Dorf fand Heinrich Klickermann die Voraussetzungen, sich zu entwickeln und sich seinen Idealen gemäß zu verwirklichen.

Den beschwerlichen Weg vom armen Webergesellen zum angesehenen Dorfschullehrer konnte er mit Erfolg zurücklegen, weil er über Eigenschaften verfügte wie Beharrlichkeit und Willenskraft, Mut und Gottvertrauen sowie Güte und Bescheidenheit. In diesen Mikrokosmos einer harmonischen Dorfgemeinschaft, in der weder soziale noch menschlich-moralische Spannungen existieren, fügte sich Klickermann bereitwillig ein. Sie nahm ihn auf und gewährte ihm Hilfe und Entfaltungsmöglichkeiten. Er gab ihr mit seinen Mitteln zurück und trug dazu bei, daß diese kleine Welt heil und stabil blieb, auch dann noch, als Notsituationen und Gefahren von außen eindrangen und Wunden schlugen.
Es war ihm ein Bedürfnis, sein Verhalten stets so einzurichten, wie es den bürgerlichen Moralvorstellungen entsprach. Er arbeitete und lebte vorbildlich: als tüchtiger Lehrer, hilfsbereiter Dorfinsasse, treuer Ehemann und fürsorglicher Familienvater, als Repräsentant des Dorfes mit vaterländisch-deutscher Gesinnungstreue und als hochgeehrter Greis, der auf ein erfülltes Leben zurückblicken konnte. Viele Szenen im „Klickermann" sind anschaulich und in leicht faßlichen Bildern dargestellt. Eine besondere Faszination geht von dem Geschehen um den Helden aus, und zwar immer dort, wo dieser im Alltag des Lebens zu bestehen hat und sich zu bewähren weiß. Doch wirkliche soziale Spannungen gerieten dem Autor nicht ins Visier, so daß sein Held sich keinen gesellschaftlichen Härten ausgesetzt sieht. Das Werk taucht ein in die Romantik einer dörflich-patriarchalischen Idylle, in den Kreislauf der Jahreszeiten und in die Gezeiten des menschlichen Lebens auf dem Lande in Mecklenburg.

Kraftvolle Wirklichkeitsnähe geht von jenen Teilen des „Klickermann" aus, in denen Tarnow zu interessanten, für die Kulturgeschichte Mecklenburgs aufschlußreichen Aussagen gelangt und wo er schildert, wer unter welchen Bedingungen Dorfschullehrer werden konnte, wie das Privatleben eines Kösters verlief, wie er wohnte und womit er seine und seiner Familie Ernährungsgrundlage sicherte, vor allem aber, wie er unter den Bedingungen der mecklenburgischen Einklassenschule den Unterricht gestaltete. Anschauliche Einblicke in den mühevollen Verlauf eines solchen Dorfschulmeisteralltagslebens gewährt Tarnow in dem Abschnitt „Warkeldaag", der zu den besten des Buches gehört, was eine kleine Textprobe belegen soll:

„De Warkeldag bi Klickermann
Füng Sommerdags all tiedig an,
Bet henne fiewen würd blot slapen
Un denn würd ut de Posen krapen, ...
Klock soeben güng Herr Klickermann

Denn in sien Klass', de Schaul füng an.
In einen Rum würd alls dor sitten,
De Groten hinn'n un vörn de Lütten,
Un rechts de Jungs un links de Dierns,
Un woll an vierdig Kinner wiern s'.
Un disse all wat bitaubringen
In Räken, Schrieben, Läsen, Singen
Un ierst in bibelsche Geschicht,
Dat harr sien Knäp, dat wier nich licht.
Ja, wenn s' in einen Öller wieren,
Denn künn he all datsülwig liehren,
So oewer seeten weck dortwischen,
De wiern tau grot all för de Dischen. …
Doch Klickermann, de würd't verstahn,
De Sak würd glatt von Flessen gahn,
Up sowat harr he plietschen Sinn,
He deilte sick den Kram so in
Un wüßte mit sien Klass' Bescheid,
Dat ok nich einer müßig seet.
Wenn he tauierst de Lütten nehm
Un ehr mit Baukstabieren kem
Von wägen a un i un o,
Denn keeken nich de Groten tau
Un künnen sick de Tied verdrieben,
De müßten up de Tafel schrieben.
Un wenn de Groten he verhürte
Un Läsen ehr un Räken liehrte,
Denn wier dat lütte Volk dorbi
Un malte luter e un i.
Sien Ogen güngen hen un her,
Dat ok nich ein sick säker wier.
Bi 't Singen blot wiern s' all tausamen."

Das vorletzte Kapitel des „Klickermann", überschrieben mit „Iernste un narrsche Tieden", enthält zahlreiche zeitgeschichtliche Reflexe, die sich mit Verlauf und Ausgang des Ersten Weltkrieges sowie mit Auswirkungen der deutschen Novemberrevolution von 1918/19 beschäftigen. Den Weltkrieg, der als „Unheil" gekommen war, als „heilige Sache" fortgeführt wurde und als „nationale Schande" beendet worden ist, bezeichnete Tarnow als „iernste Tied". Was danach folgte, also die Novemberereignisse, die Rätebewegung und die Weimarer Republik, nannte er „narrsche Tied", auch „willen Kram", „bösen Hopphei", Wahn, Krankheit und „grausames Spiel". Seine gegen die revolutionären Erhebungen und deren Folgen geltend gemachten Positionen beeinflußten auch jene Szene, in der Tarnow die Auseinandersetzungen zwischen Klickermann und dem an seiner Schule gebildeten Schülerrat gestaltete.

Was war geschehen? – Unruhe hatte auch Klickermanns Schule erfaßt. Speziell die Jungen, allen voran Heiner Moll, Luten Bohn und Korl Beggerow, verweigerten ihrem alten Lehrer plötzlich den Gehorsam. Die ganze Welt machte Revolution, darum hätten auch sie einen Schäulerrat gebildet, dem nicht nur ein angemessenes Mitspracherecht im Interesse der Schüler zustehe, sondern dessen Weisungen, wie maßlos und absurd auch immer, sich Klickermann ab sofort zu unterwerfen habe. Klickermann jedoch behielt kühlen Kopf und schuf mit Hilfe seines Rohrstockes schnell wieder Ordnung. Seinen für einen Moment aufsässigen Schülern erteilte er die Lehre:

„Ich hätt hier einen schönen Schacht,
So lang'n ich den noch rögen kann,
Ist Schülerrat – Herr Klickermann! …

*Süh, soans würde es gemacht,
Vermöge diesen schönen Schacht!“*

Tarnow war zur Gestaltung dieser Schülerratsszene von einem Vorfall angeregt worden, der sich 1918 an der von Dr. Paul Buhle 1911 gegründeten Oberrealschule in der Schweriner Bergstraße ereignet hatte. Schüler dieser Bildungseinrichtung, der Dr. Buhle als Direktor vorstand, hatten sich auf Pressemeldungen, daß in Preußen die Bildung von Schülerräten an den höheren Schulen vorgesehen sei, berufen und in der Theaterklause am „Kleinen Moor“ in Schwerin eine Versammlung durchgeführt, auf der die Gründung eines Schülerrates einmütig beschlossen worden ist. Es wurde eine Resolution erarbeitet, die die Forderungen enthielt: Abschaffung der körperlichen Züchtigung; Mitspracherecht bei Beurteilungs- und Versetzungsfragen; Anrede der Schüler mit Sie; Erlaubnis, in der Öffentlichkeit rauchen und Kavalierstücher tragen zu dürfen usw. Eine Abordnung überbrachte das Papier dem Schweriner Staatsminister Sivkovich, der diesen Forderungen Nachdruck verleihen sollte. Er aber informierte den Dr. Buhle, der am nächsten Tag ein empfindliches Strafgericht abhielt. Es begann mit dem erniedrigenden Auf und Nieder, das er Dutzende Male wiederholen ließ, und die Anführer bei dieser Widersetzlichkeit mußten – vor der Klasse stehend – aus der Bibel den Spruch vortragen: „Torheit steckt dem Knaben im Herzen, aber die Rute der Zucht wird sie fern von ihm treiben.“ Die entsprechende Interpretation des Bibelzitates behielt er sich selbst vor. Sie führte zur augenblicklichen Auflösung des Schülerrates. Rudolf Tarnow hat von den fraglichen Vorgängen vielleicht durch seinen jüngeren Sohn, Rudi, der Schüler dieser Oberrealschule war, erfahren; möglicherweise aber auch durch Dr. Buhle persönlich, mit dem Tarnow befreundet war. Sie gehörten beide 1913 zu den Mitbegründern der Schweriner Plattdeutschen Gilde, deren aktive Mitglieder sie – Buhle als Vorsitzender und Tarnow ab 1927 als Ehrenvorsitzender – geblieben sind. Was Tarnow schließlich in seine Schäulerratsszene aufgenommen hat, war weniger als das ohnehin schon Wenige, was sich zugetragen hatte. Er betrachtete die Geschehnisse zudem ganz aus dem provinziellen Blickwinkel Mecklenburgs, wohin von den revolutionären Ereignissen mit nationaler Tragweite kaum noch ein Wellenschlag gelangt war.

Tarnows Schäulerratsszene enthält trotz einiger fortschrittsabwehrender Akzente keine generelle Stoßrichtung gegen die Novemberrevolution von 1918/19. Seine Darstellung ironisierte lediglich ein Geschehen, das von Kindern als en bäten Revolutschon auf eigene Faust inszeniert worden war. Das Schäulerratskapitel stellt eine vortrefflich gelungene, köstlich geschriebene Satire auf einfältiges Revolutionsgebaren dar, deren Lektüre unterhaltsam und vergnüglich ist, aber auch nachdenklich stimmt. So wenig wie die Schäulerratsbestrebungen die überlieferte Ordnung und den Schulfrieden Köster Klickermanns beeinträchtigten, so wenig wurde die heile, kleine Dorfwelt aus ihren Angeln gehoben, nicht durch Krieg und nicht durch Revolution. Persönliches Leid wurde als etwas Unabwendbares hingenommen, revolutionäre Veränderungen weder wahrgenommen noch akzeptiert. Das Idyll der harmonischen Dorfgemeinschaft sollte erhalten bleiben. Doch wo gab es das noch in der gesellschaftlichen Wirklichkeit des Mecklenburg um 1920? Was Tarnow niederschrieb, entsprang seiner Sehnsucht nach einer Zeit, die ihn die „gute alte" dünkte.

Mit dem Versepos „Köster Klickermann" war Rudolf Tarnow ein Werk gelungen, das sich seinen Weg zu den Lesern zwar nicht so stürmisch bahnte wie vorher die „Burrkäwers", das aber zum dichterischen Ruhm des Autors ganz wesentlich beigetragen hat. Dieses lyrische Buch war weniger geeignet zur Unterhaltung in geselliger Runde, zur Hebung des Frohsinns im Verein oder Gasthaus. Nein, der „Klickermann" sprach mit seinen leisen Tönen und seinen überwiegend gemütvoll-besinnlichen Texten den anspruchsvolleren Leser an, der sich, herausgelöst aus der Runde, solcher Art Literatur gern allein und ungestört widmete. Dieses Epos fand seine Anhänger besonders in den mittleren Schichten der Bevölkerung, und es erhielt Zuspruch auch in den Kreisen der oberen Gesellschaft. So hat Rudolf Tarnow die am 27. Dezember 1921 verfaßte Zuschrift des Grafen Schwerin auf Zettemin bei Stavenhagen sicher mit Befriedigung und Freude entgegengenommen: „Sehr verehrter Herr Tarnow, ich kann nicht anders, ich muß Ihnen danken, daß Sie mir und uns Mecklenburgern allzusammen zum Weihnachtsfest ein so köstliches Buch geschenkt haben: ‚Köster Klickermann'. ... Dies Buch geht einem an die Nieren, läßt einen alles Hohe und Schöne im eigenen Leben und in der Natur miterleben. Woran das liegt, kann ich nicht ergründen; ich weiß nur, daß es so ist. Es ist des Hohe Lied des Lebens ungekünstelt und kindlich rein voll Gottvertrauen, Schaffensfreude, Freude an der Natur und den Menschen und heiligsten Familienglückes. Und alles das in der von mir so geliebten plattdeutschen Sprache, einer Sprache, der keine andere an Innigkeit, Schlichtheit und Humor gleichkommt. Mit großen Erwartungen ging ich an das Buch schon heran, das ich mir zu Weihnachten gewünscht hatte, denn die Gestalt des Köster Klickermann war mir von Ihren ‚Burrkäwers' schon ganz besonders lieb geworden, der Mann, der Plattdeutsch denkt und Hochdeutsch spricht, der Mann, der nach seinem innersten Wesen nur aus Mecklenburg gebürtig sein kann. Und nun wurde es ein so unbeschreiblich reiches, schönes Buch. Doch wem sage ich das alles; Sie kennen Ihr Buch ja noch viel besser. Ich fühle mich etwas in die beschämende Situation des schwärmenden Backfisches versetzt beim Schreiben dieser Zeilen. Bitte nehmen Sie es mir nicht übel! Aber wie ich eingangs schon sagte: ich kann

Tarnows Dienstwohnung im Einfamilienhaus auf dem Sachsenberg von 1912 bis 1933

nicht anders, ich muß Ihnen von ganzem Herzen danken! Möchte das Buch in keinem mecklenburgischen Hause fehlen, reichen Segen wird es stiften, wohin es kommt. Ich werde gleich meine ganze Familie damit noch nachträglich beschenken."

Vielleicht nicht gar so verzückt, aber doch beglückt und bereichert fühlten sich viele Leser und Freunde dieser Tarnowschen Muse.

Begeistert äußerte sich auch der Schweriner F. Havemeister. Er bedankte sich für den vom Autor mit einer Widmung versehenen „Köster Klickermann" und schrieb am 21. Dezember 1923 an Tarnow: „Du weißt, wie sehr ich diese Schöpfung schon nach den wenigen Proben verehrte, die ich früher davon erhielt. Vor Jahresfrist las ich ihn schon mal in einem Zuge, und ich muß bekennen, der erste Eindruck wurde dadurch wesentlich verstärkt. Manches, was im Vortrag überwalzt wird, kommt beim stillen Lesen plastischer heraus. ... Dieser ‚Klickermann' soll künftig einen Vorzugsplatz in meiner Bibliothek haben: zwischen Reuter und Klaus Groth. Bessere und würdigere Nachbarn habe ich aus der plattdeutschen Literatur nicht zu vergeben."

An die literarische Nähe zu Fritz Reuter hatte auch der niederdeutsche Autor und Kritiker Wilhelm Scharrelmann gedacht, als er für das Augustheft der Zeitschrift „Niedersachsen" 1924 über den „Köster Klickermann" schrieb: „Diese Versdichtung hat Reutersches Ausmaß und kann ohne Frage dem Besten des Altmeisters und Vorbildes zur Seite gestellt werden."

„Rüter – Püter" und „Ringelranken"

Was sich in vielen der ernsten Gedichte der „Burrkäwers" bereits in Ansätzen zeigte, im „Köster Klickermann" zum Anliegen der literarischen Gestal-

SILBERHOCHZEIT VON RUDOLF UND ERNA TARNOW, 1921

tung geworden war, bestimmte den Grundtenor auch des 1924 in der Hinstorffschen Verlagsbuchhandlung Wismar erschienenen Kinderbuches „Rüter-Püter“, nämlich Abkehr von einer Welt, die Tarnow nicht verstand, und von einer Wirklichkeit, die nicht seinen Idealen entsprach. Die gesellschaftlichen Gegebenheiten der Weimarer Republik lehnte Tarnow ab. So nahm er Zuflucht zum Reich der Kinder, vergrub sich in die Erinnerung an die eigene Kindheit. Während er sich von seiner Gegenwart als einer „narrschen Tied“ abwandte, baute er sich eine Traumwelt auf, in der er die vielfältigen Beziehungen der Kinder zueinander und zu den Erwachsenen lebensnah und liebevoll ins Bild setzte.

Richtiger ist, daß Rudolf Tarnow seine Texte zum Bild setzte, denn es handelt sich in der Tat um sechzig Gedichte zu Schwarzweißzeichnungen. Rudolf Tarnow bediente sich hier einer Methode, wie sie im Hinstorffschen Kalender für Mecklenburg-Schwerin und Mecklenburg-Strelitz, vom Volksmund „Voß-un-Haas-Kalender“ genannt, ab 1878 praktiziert wurde. Seit diesem Kalenderjahrgang gab es die Rubrik „För de Gören“, ausgestattet mit Bildern und plattdeutschen Gedichten für Kinder. Viele der Illustrationen, die Tarnow als Vorlage gedient haben für seine Gedichte, waren bereits einmal oder öfter im „Voß-un-Haas-Kalender“ der Jahrgänge 1885 bis 1923 abgedruckt. Acht der von Tarnow verwendeten Bilder stammten von der Hand Ludwig Richters und waren dem Gedichtbuch „Voer de Goern“ von Klaus Groth entnommen. Ein weiterer Teil wurde von verschiedenen zeitgenössischen Künstlern, wie H. Bossa, B. Muhlig und E. Bärwinkel, in der Art Ludwig Richters und Otto Speckters gezeichnet. Elf Bildvorlagen sind Arbeiten aus A. Hendschels Büchern „Kunterbunt“ und „Kinder und Käuze“, erschienen bei Julius Hoffmann in Stuttgart.

Das Wörterbuch versteht unter Rüterpüter einen Knaben, den man auf dem Knie reiten läßt. Rudolf Tarnows Deutung widerspricht dem zwar nicht, faßt aber den Sinn dieses Wortpaares Rüter-Püter etwas weiter und erklärt: Steckt ein Kind „vull luter Grappen un hett blot Knäp in’n Sinn, is bang’n

Rüter - Püter.

Wat is dat? Rüter — Püter?

Wat wi mal sülwst eins wiern,
So'n lütten Snappesnüter,
Mal 'n Jung un mal 'ne Diern,
So'n Kroet un so'n Klabater
Von ein bet vierteihn Johr,
Mit Ogen as so'n Tater,
Mit krus' un flassig Hoor,
Mit kirschenrode Backen
Un bannig losen Mund,
Mit Bieters, Noet tau knacken,
Un ümmer karngesund,

EINLEITUNGSGEDICHT ZUM „RÜTER-PÜTER“

ok nich 'n Happen un klüt't de Finstern in“, dann ist es „ein Racker un ein Rüter“. Doch verhält es sich immer „lew un gäuting“ und sitzt gehorsam bei „Mudding up den Schöting un lacht as Sünnenschien“, dann wird es gern „ein Pummel un ein Püter“ genannt. Also, ein Kind, das nur Grappen und Streiche im Schilde führe, sei ein „Racker“, ein anderes, das sich lieb und sittsam verhalte, sei ein „Pummel und ein Püter“.

An wen sich Tarnow wenden und was er mit seinen Kindergedichten ausdrücken möchte, ist ebenfalls dem Eingangsgedicht zu entnehmen, wo es in den beiden letzten Strophen heißt:

„All wat as Görn wi dräben,
Wat an uns' eigen Görn
Wi wedder däglich hürn
Un wat bi uns so rümmer
Tau Kinnertied gescheihn,
Wat giern wi hüt noch ümmer
Mit Kinnerogen seihn,

Dat mücht ick all mien Fründen,
Ob lütt se, ob se grot,
As Struß tausamen binden
Un leggen up ehren Schoot.
De Jungen gahn in't Läben,
De Ollen kieken trügg,
Ick hew för beide schräben,
Hew bugen wullt 'ne Brügg,
Dor sülln se sick up drapen ... "

Mit vielen dieser Gedichte ist es Tarnow gelungen, die Welt der Kinder: ihre Freuden und Kümmernisse, Spiele und Verpflichtungen sowie ihre Wünsche, ihre Wirklichkeit und ihre Erlebnisse zu Hause und in der Schule sehr einfühlsam und wahrhaft darzustellen. Dazu gehören Gedichte wie „Aftellen", „Möppe", „Besäuk", „De Upspäler", „Deilen" und andere. Sie brauchen den Vergleich mit den anerkannt guten Kindergedichten von Klaus Groth, John Brinckman und Alwine Wuthenow nicht zu scheuen.

Die Meinung der zeitgenössischen Kritik über „Rüter-Püter" war nicht ungeteilt. Einen herben Verriß brachte der „Quickborn", die Zeitschrift der „Vereinigung von Freunden der niederdeutschen Sprache und Literatur e.V. in Hamburg", in der Nummer 4, 1925, auf Seite 101. Dort heißt es aus der Feder von Georg Clasen: „Bei Tarnow scheint's die Menge bringen zu sollen. Nicht nur, daß er ein starkes Buch füllt, sondern jede einzelne Bildbeschreibung ist auch reichlicher Wortschwall, inhaltlose, glatte Reimerei ohne Sprachkraft, ohne irgendwelchen kindestümlichen Ausdruck kindlichen Seelenlebens. Man vergleiche nur einmal ein paar Kindergedichte Groths oder Brinckmans ... mit ähnlichen von Tarnow, und man erkennt überall das aufgeblasene Nichts." Rudolf Tarnow war von der berufsmäßigen Literaturkritik seit der Pressefehde von 1921 einiges an negativen Urteilen gewöhnt, ohne daß ihn das sonderlich beunruhigt hätte. Dieses Mal aber wehrte er sich und richtete einen empörten Brief an Paul Wriede, den Herausgeber und verantwortlichen Redakteur des „Quickborn". Wriede nahm den für den „Quickborn" tätigen Kritiker Georg Clasen in Schutz und rechtfertigte dessen Rezension in einem Brief vom 26. August 1925 an Tarnow wie folgt: „Sehr geehrter Herr Tarnow! Ich kann mir wohl vorstellen, daß es nicht jedem Verfasser gegeben ist, die entschiedene Ablehnung eines seiner Bücher ruhig hinzunehmen. Aber ich bedaure doch, daß Sie in Ihrem wahrscheinlich im ersten Ärger hingeschriebenen Brief vom 21. d.M. die ehrliche Absicht eines Georg Clasen so sehr verkennen, daß Sie sie als ‚Gehässigkeiten und Anpöbeleien' bezeichnen. Solche würde ich selbstverständlich nie in das Blatt aufgenommen haben. Ich will gern hoffen, daß bei einigem Abstand von der Lektüre der Besprechung Sie zu einer gerechteren Auffassung kommen und zum Zeichen dessen auch Ihre Austrittserklärung zurücknehmen werden. – Paul Wriede."

Natürlich mußte sich Tarnow auch über den Inhalt dieses Briefes ärgern.

Doch er hat längere Zeit gebraucht, sich seinen Unwillen von der Seele zu schreiben. Er tat es zwei Monate später. Was er Paul Wriede antwortete, erweckt den Eindruck, als befreite er sich von einem unmäßigen Zorn, den er seit Jahren gegen die Kritiker hegte, die ihm oft genug schon übel mitgespielt hatten. Am 28. Oktober 1925 entgegnete er Paul Wriede: „Es war zuerst meine Absicht, auf Ihren Brief vom 26.8.25 überhaupt nicht zu antworten. Um aber zu vermeiden, daß Sie mein Schweigen falsch deuten, sehe ich mich veranlaßt, Ihnen einige Ausführungen zu machen. Ihr Quickborn, resp. Ihre Kritiker haben bislang alle meine Schriften heruntergemacht. ... Aus Ihrem Schreiben erfahre ich, daß Sie sich gewissermaßen als oberschiedsrichterliche Autorität betrachten, an deren Unfehlbarkeit aber nicht zu rütteln ist. Nun gibt es aber eine ganze Menge Leute vom Fach, die nicht so urteilen wie Ihr Quickborn und seine Kritiker. Sie haben meinen ‚Köster Klickermann‘ nach Strich und Faden heruntergerissen. ... Nun hat sich ein Georg Clasen über meinen ‚Rüter-Püter‘ hergemacht. Wer ist überhaupt Georg Clasen? ... Es kann mir absolut gleichgültig sein, was dieser oder jener Ihrer vielen Kritiker gegen mich losläßt. Es hat mir sogar wiederholt diebischen Spaß gemacht. Wissen Sie, was ich mache? Ich habe in jüngster Zeit wiederholt Vorträge aus meinen Sachen gehalten, u.a. auch in den letzten Tagen 3 solcher Vorträge in Hamburg und Umgebung. Da habe ich absichtlich recht viel aus ‚Rüter-Püter‘ vorgetragen, und wenn mir am Schlusse das Publikum zujubelte – ich wiederhole: zujubelte – dann habe ich es mir nicht verkneifen können und habe dem Publikum die famose Kritik des ‚Quickborn‘ von wegen ‚dem aufgeblasenen Nichts‘ vorgelesen. Ich hätte nur gewünscht, Sie hätten die Äußerungen des Publikums über den ‚Quickborn‘ und seinen tüchtigen Kritiker gehört. Und hiermit ist die ganze Angelegenheit für mich erledigt, kritisieren Sie nur lustig weiter. Die weitere Zusendung Ihres ‚Quickborn‘ nebst Zubehör möchte ich mir jedoch nochmals verbeten haben. – Hochachtungsvoll Rudolf Tarnow.“

Seit dem Erscheinen des Kinderbuches „Rüter-Püter“ 1924 waren drei Jahre vergangen. Die Beziehungen zwischen Rudolf Tarnow und Fritz Blanck, dem Inhaber des Wismarer Verlagshauses, waren längst nicht mehr nur von geschäftlichen Interessen geprägt, wie sie notgedrungen zwischen Autor und Verleger bestehen, sie trugen inzwischen auch einen freundschaftlichen Charakter. Darum erlaubten sie sich, zuweilen einen recht offenen Ton anzuschlagen, nicht nur in der mündlichen Unterhaltung, sondern auch im schriftlichen Verkehr. Am 2. Juni 1927 schrieb Tarnow an Blanck: „Klaukschieter! Du kriegst nicht eines fertig! Bei ‚Ringelranken‘ arbeite ich fester.
Aber von wegen baldmöglichst einsenden, ist keine Rede. Ich habe zum 15.8. zugesagt, in den Backofen kann ich

die Sachen doch auch nicht schieben. Übrigens aus Anlaß meines Rundfunkvortrages erhalte ich noch fortwährend begeisterte Zuschriften, namentlich wegen des 1. Teiles, der aus lauter ‚Ringelranken' bestand. Väl tau schad för Di!" Der Verlegerfreund antwortete am 3. Juni 1927: „Daß Du aus Anlaß Deines Rundfunkvortrages noch jetzt immer begeisterte Zuschriften erhältst, freut mich sehr, hoffentlich spornen Dich diese zur intensivsten Arbeit an den Ringelranken an. Wenn man die Sachen in den Backofen schieben könnte, dann würde ich mir selber einen großen bauen! Der 15. August ist aber zur Ablieferung des Manuskriptes der Ringelranken zu spät, glaube mir das. Könntest Du nicht am 1. August abliefern?" Tarnow empfand es als Belästigung, ständig vom Verleger wegen des Termins der Manuskriptabgabe für „Ringelranken" bedrängt zu werden. Das war nicht nur schreibstörend, sondern auch unverschämt, da Blanck mit seinen Verpflichtungen hinsichtlich der Honorarzahlungen an den Autor arg im Verzug war. Tarnow hielt es für angebracht, auf die Zahlungsrückstände freundschaftlich und vorsichtig aufmerksam zu machen. Sein Brief an den Verleger trug das Datum vom 5. Juni 1927: „Du büst mi 'nen schönen Monarchen, ick purr bi Di an, Geld tau schicken för dat 1. Dusend von de niege Uplag, wat dunnmals utmakt is. Du schriwst, Du hest nix. Dorbi kümmt in 4 Wochen de niege Uplag von ‚Klickermann'. Denn hest Du natürlich ok wedder nix. Un denn purrst Du mi an, mi rantauhollen mit ‚Ringelranken'. Wenn ick doch kein Geld krieg, denn kann 'ck mi jo man Tied laten. Stückwies kann ick dat nich schicken; wenn ick alls up'n Hümpel hew, kann ick ierst tausamenstellen. Du wardst den Kram woll kriegen. Up Dienen Verfater is mihr Verlat as up mienen Verlegger. So, dor rük an! Bäter Di! – Gruß Dien Tarnow."

Blanck blieb ungerührt. Er sah sich zu einer Honorarzahlung nicht veranlaßt und schon gar nicht zur Begleichung von Rückständen und erteilte dem Autor eine Absage. Ehe aber Rudolf Tarnow die Arbeit an „Ringelranken" beendete, wollte er die Honorarangelegenheit geklärt wissen und faßte am 15. Juni 1927 energisch nach: „Es widerstrebt mir, immer mit der leidigen Honorarfrage kommen zu müssen, aber es müssen doch mal klare, feste Verhältnisse geschaffen werden. Meine ganze wirtschaftliche Lebensführung ist doch mit diesen Einnahmen verquickt. ... Weiter kommt hinzu, daß ich meine Freiexemplare fast ausschließlich für Programmzwecke verwende, Du aber setzt Deine 9% Rezensionsexemplare in Geld um. Das ist doch nicht der Zweck der Übung! Und dann treibst Du an, ich soll immer intensiver arbeiten. Ich gönne mir keine freie Stunde mehr, sitze bis in die Nächte hinein und habe das ärgerliche Gefühl: Geld kriegst du för 't Irste jo doch nich! Das arbeitet sich ja tausendmal besser und flotter, wenn man weiß: Ich halte mich ran, ich mache Reklame, wo ich kann; habe meine

Arbeit geleistet, dann weiß ich auch, wofür ich gearbeitet habe, mein Verleger tritt dann an! Ich bin doch weiß Gott entgegenkommend stets gewesen, aber so bruddeln wir uns ja direkt fest. Ich habe Dir schon früher einmal erklärt, daß mir das ewige Betteln in der Seele zuwider ist. ... Na, ich will man schließen, ich will heute Abend noch einige Stunden an ‚Ringelranken' arbeiten. Ich mußte mir dies mal von der Seele runterschreiben, da mir selbst das Messer an der Kehle sitzt. Im übrigen aber nach wie vor Dein getreuer Verfasser Rudolf Tarnow, verärgerter plattdeutscher Schriftsteller."

Wie der Streit ausgegangen ist, darüber geben die Quellen keine Auskunft. Doch der Gegenstand und die Art und Weise der Auseinandersetzung erinnern stark an die Querelen, wie sie rund sechzig Jahre früher zwischen Fritz Reuter und dem Begründer des Wismarer Verlagshauses D. C. Hinstorff ausgetragen worden sind. Nur Tarnow war es wohl nicht gelungen, den Grundsatz, der das Verhältnis Reuter/Hinstorff regelte: „Hier die Ware, hier das Geld!" auch in seiner Geschäftsbeziehung zur Hinstorffschen Verlagsbuchhandlung als verbindlich einzuführen. Das Gerangel ums Geld, um Honorarhöhe und Zahlungstermine, zwischen Rudolf Tarnow und Fritz Blanck hatte seinen Anfang genommen. Es sollte sich fortsetzen.

Was den Abgabetermin für das Manuskript „Ringelranken" betraf, einigten sich Autor und Verleger bald. Sie trafen sich fast auf der Hälfte des Weges zwischen dem 1. und 15. August. Der erste Satz des am 10. August 1927 an Blanck gerichteten Tarnowbriefes lautete: „Anbei das Manuskript von ‚Ringelranken'! Nu up em!" Ende August 1927 erhielt Rudolf Tarnow von seinem Verleger die ersten gesetzten Korrekturbögen zu „Ringelranken" zugeschickt, und er konnte ziemlich genau miterleben, wie sein Gedichtband Buchform annahm. Einen Monat später, genau am 29. September 1927, wählte er in einem Brief an den Verleger die vielsagende Anrede: „Mein lieber Freund Blanck!" und führte dann in Vorfreude auf das neue Buch weiter aus: „Von den Umschlagproben gefällt mir am besten das blaue mit Gold, noch lieber würde ich denselben Einband wie ‚K. Klickermann', Grün mit Gold und Umrandung, nehmen, der ist m.W. sehr hübsch. Nimmst Du zum Schluß auch Buchbesprechungen hinein? Dann bitte aber nur von meinen Büchern, nicht etwa Deinen ganzen Verlag. Ich dachte, Du wolltest mein Bild in den ‚Klickermann'-Band nehmen? Nach der Voranzeige, die Christiansen mir zeigte, erscheint das Bild in ‚Ringelranken'. Na, meinetwegen!"

Blanck hörte auf seinen Autor und stattete „Ringelranken" genau so aus wie die wenige Wochen zuvor erschienene Nachauflage (14. - 16. Dusend) des „Klickermann": mit grünem Leinen, Goldschrift und Umrandung. Daß der Verlag die fertigen „Ringel-

Ringelranken

Iernste un spaßige Gedichte

von

Rudolf Tarnow

1. bis 5. Dusend

Hinstorffsche Verlagsbuchhandlung, Wismar i. Meckl.
1927

Haupttitel zu „Ringelranken“, 1927

ranken“ einigen Buchhändlern des Landes früher zustellte als dem Verfasser die Belegexemplare, nahm Rudolf Tarnow zum Anlaß für folgende, am 24. Oktober 1927 an Blanck gerichtete Zeilen: „Am Sonntag habe ich in Rostock öffentlich vor ausverkauftem Hause vorgetragen, und zwar in der Hauptsache aus ‚Ringelranken‘. Zu meinem Erstaunen wurde mir von Anwesenden das neue Buch schon gezeigt, mir war es peinlich, daß ich als Verfasser es selbst noch nicht kannte. So möt't ok sin!“ Als Tarnow dann Anfang November 1927 seine Autorenexemplare in Händen hielt und in Ruhe darin blätterte, war er erschreckt und entsetzt über sein Porträtbild, das sich auf der linken Titelseite befand. Empört ließ er am 3. November 1927 Blanck wissen: „Die Bücher habe ich erhalten, mein Konterfei ist einfach schrecklich. Ich sehe ja aus wie ein Itzig und bin mir nicht im geringsten ähnlich. Tu mir den Gefallen und fertige von den Bildern keine neuen an, nimm vielmehr für den Rest der Auflage das andere Bild. Ich werde jedenfalls aus meinen Freiexemplaren das Bild herausreißen. ... Mit dem Konterfei muß eine Änderung eintreten. Alles ist entsetzt – und ich sehe doch so nett aus.“

Noch rechtzeitig zum Weihnachtsgeschäft des Jahres 1927 befand sich der ansprechend ausgestattete, 136 Seiten umfassende Leinenband „Ringelranken“ auf den Ladentischen der mecklenburgischen Buchhandlungen. Was Tarnow unter Ringelranken verstanden wissen wollte und welche Grundstimmungen ihn zu diesen Gedichten bewegt haben, das teilte er seinen Lesern wie folgt mit:

„So as de Blom in Ranken steiht,
Ok üm uns sülwst dat ranken deiht,
Oft sünd dat Foeden, weik un fien,
Sei eiden uns as Sünnenschien,
Mitünner ok, denn ketteln se,
As wiern ut luter Netteln se,
Tauwielen oewer sünd se swier,
As wenn ein Leid tau drägen wier,
So güngen mien Gedanken,
So schrew ick ‚Ringelranken‘.“

Das Buch enthält 64 Ringelranken, verteilt auf vier selbständige, durch eigene Überschriften ausgewiesene thematische Bereiche. Die Gedichte des ersten Teiles handeln überwiegend von der Liebe, von Liebesglück und Liebesleid. In vielen von ihnen ist das Erleben der Liebe in enger Verknüpfung mit dem Erleben der Natur geschildert, wodurch Tarnow zu eindrucksvollen lyrischen Bildern als Ausdruck großer, echter Gefühle gelangt, mit Ausnahme dort, wo die Zucht seines eigenen Fühlens fehlte oder unvollkommen war, so daß die Gestaltung vor allem der unglücklichen Liebesbeziehungen teilweise ins Sentimentale abglitt. Von den Gedichten der zweiten Abteilung, die thematisch zwar außerordentlich vielgestaltig sind, sich aber doch alle dem Zusammenleben der Menschen und ihren unterschiedlich motivierten Verhaltensweisen widmen, treten insbesondere jene stärker hervor, die wie freundliche Ratgeber Lebenshilfen im Sinne von „Mötst di nich argern" erteilen wollen. Nicht immer ist in ihnen das belehrende Element angemessen gezügelt. Es wirkt teilweise vordergründig und erweist sich dabei als störend. Die steten Auf forderungen, die gut gemeinte Aufmunterungen sein möchten, daß man sich freuen und nicht ärgern, zufrieden und nicht mißgünstig sein solle, sind des Guten oft zuviel.

Im dritten Abschnitt reihen sich an den bekannten Gedichtstyp, der Lebensoptimismus gepaart mit Zufriedenheitssentenzen zum Ausdruck bringt, auch solche Gedichte, die ausgesprochen humoristisch sind und ebenso gut als Schwänke in den „Burrkäwers" hätten verarbeitet werden können. Das vierte und letzte Kapitel enthält durchweg ernste Gedichte, die erfüllt sind von Gedanken über das Alter, von Sehnsucht nach der Kindheit und Jugend, von Erinnerungen an Elternhaus und Mutterliebe und vom Gemahnen daran, daß der Tod seine Arme bereits offen hält. Die in diesem Schlußteil vereinigten Gedichte geben – mehr als Tarnow sonst möglich war – viel preis von den starken, eigenen Gefühlen, die den alternden Dichter außerordentlich tief bewegt und gedrängt haben, sie literarisch zu gestalten und mitzuteilen.

Nicht erst die besinnlich-ernsten, oft von Wehmut und stiller Ergebenheit kündenden Gedichte in dem letzten Teil von „Ringelranken", auch manche Textstellen sonst in diesem Buch und im „Köster Klickermann" machen auf Weltanschauungsfragen bei Rudolf Tarnow aufmerksam, die nicht unerheblich für sein Schaffen waren. Er unterlag einer gewissen Schicksalsgläubigkeit. Sie führte dazu, daß wichtige Fragen, wie die nach der Erkennbarkeit der Welt oder nach dem: Was ist zu tun? in der bewegten und sozial unsicheren Zeit zwischen 1918 und 1933, eben negativ beantwortet wurden: Sich in das Gegebene zu fügen und sich abzufinden mit der Welt, wie sie ist. Bestehendes in Frage zu stellen oder Unbekanntes ergründen zu wollen, hielt Tarnow für unangebracht. Er riet dem „doemlichen Minschenkind", solche Fragen zu unterlassen, denn:

„Dor is dien Klauk tau Enden, dat bliwt di swart un swiggt“, und er verwies mit Blick auf Gott: „Nimm doch, as he dat gäben un sök nich hen un her.“

Die außerordentlich belastende ökonomische Unsicherheit in der Zeit der Weimarer Republik mit Inflation, Weltwirtschaftskrise und Massenarbeitslosigkeit rief nicht nur die idealistischen Positionen bei Tarnow hervor und beeinflußte seine dichterischen Aussagen, sondern sie schuf auch die Grundlage dafür, daß solche Äußerungen auf ein entsprechend aufnahmebereites Publikum trafen. Ein großer Teil der Bevölkerung verhielt sich schicksalsergeben und bemühte sich nicht, die Ursachen für die eingetretenen Verhältnisse zu finden oder diese gar zu ändern. Die Welt in dieser „narrschen Tied“ zu verstehen, war Tarnow und seinen literarischen Figuren nicht möglich, wohl aber, sich in ihr irgendwie zurechtzufinden, einzurichten und es in ihr auszuhalten. Tendenzen einer sozialen Kritik, um die Lebensbedingungen zu verbessern, gab es bei Tarnow nicht. Statt dessen entwickelte er, um das Leben erträglich zu finden, eine Philosophie, die zur Harmonisierung der Gesellschaft, zur Ausgleichung und Versöhnung bestehender Gegensätze in ihr beitragen sollte. Darum ersann er zahlreiche, in ansprechende Verse gekleidete Lebensklugheiten, die sich durch ihre spruchartig-eingängige Form fast wie Lebensweisheiten gaben. Allen voran das bekannte „Mötst di nich argern!“, das sich mit seinen beiden Schlußzeilen wie beschwörend an den Leser wendet und ihn auffordert: „Minsch, blot nich argern, / Ne, lachen deiht gaud.“

„Mötst di nich argern,
Hett keinen Wiert,
mötst di blot wunnern,
Wat all passiert,
Mötst ümmer denken,
De Welt is nich klauk,
Jeder hett Grappen,
Du hest se ok!

Mötst di nich argern,
Hett keinen Sinn,
Ward di blot schaden
Un bringt nix in,
Ward an di fräten
As Qualm un Rook,
Is 't nahst vergäten,
Büst grad so klauk!

Mötst di nich argern,
Is Unrecht di dahn,
Haug mal up'n Disch
Un gliek is 't vergahn,
Kort is dien Läben
Un lang büst du dod,
Minsch, blot nich argern,
Ne, lachen deiht gaud!“

An anderer Stelle wird ersichtlich, welche Art Lachen erzielt werden soll, nämlich eine Heiterkeit, die wert- und zweckfrei ist, die an den Außenseiten des Lebens bleibt und zu allem freundliche Miene macht, wenn es heißt:

„Freu di tau de ganze Ir,
Wie de Wind ok weiht,
Freu di – un du markst nich mihr,
Dat se so verdreiht.“

Noch deutlicher akzentuiert wird dieses veräußerlichte Lachen, das sich von sozialer Engagiertheit entfernt hat, wenn behauptet wird: „Will mit alls taufräden sien“ oder:

„Minsch, wenn ick di raden kann,
Fang denn nich dat Grüweln an“
oder:
„Lach di recht von Harten ut,
Denn kümmst du ut dat Grüweln rut!“

Viele spruchartige Wendungen, die immer wieder zitiert und deklamiert werden, stammen also aus Tarnows „Ringelranken“. Volksweisheiten stellen sie nicht dar, eher etwas kleinmaschige Lebenslisten, bestenfalls geeignet, die Tücken und kleinen Ärgernisse durch Selbsttäuschung für einen Augenblick zu überwinden, zu vergessen.

Der Band „Ringelranken“ hat von 1927, dem Jahr seiner Erstveröffentlichung, bis zu Tarnows Tod 1933 nur die eine Auflage erlebt. Damit sind Tarnows Hoffnungen, die er auf Grund der großen Vorleseerfolge im Rundfunk und bei Vortragsreisen auf die Resonanz seines Buches gesetzt hatte, nicht erfüllt worden. Wie er, so irrten sich auch manche Rezensenten, die den „Ringelranken“ eine Verbreitung in weitesten Kreisen des Volkes vorausgesagt hatten. Das aber ist im Grunde nur einer Ringelranke, dem schon mehrfach zitierten „Mötst di nich argern“, gelungen, das als graphisch gestaltetes Blatt in Hunderttausenden Exemplaren von Hinstorff herausgebracht und von fast ebensovielen mecklenburgischen Haushalten zum Wandschmuck erkoren worden ist.

Viele Gedichte aus „Ringelranken“ überragen in ihrer literarischen Qualität die sogenannte ernste Lyrik, die Tarnow den „Burrkäwers“ beigegeben hat, ganz entschieden. Auch wenn sie den Wohllaut von Klaus Groths „Quickborn“, die herbe Schlichtheit von John Brinckmans „Vagel Grip“ und die innige Tiefe von Alwine Wuthenows „En poa Blomen ..“ nicht erreichen, haben es die besten von ihnen doch verdient, in den bleibenden Bestand niederdeutscher Lyrik aufgenommen zu werden.

Die Kritik reagierte auf die „Ringelranken“ im ganzen zurückhaltend. Tarnows am 11. November 1927 gegenüber Fritz Blanck geäußerte Befürchtung: „Es werden Quickborn und Rostock denn wohl wieder bös über mich herfallen. – Mir wurrscht!“ trat nicht ein. Seine Frage an Blanck: „Hast Du die Kritik in der ‚Mecklenburgischen Zeitung‘ von Krüger gelesen?“ läßt vermuten, daß er mit Krügers Wertungen und Ausführungen über „Ringelranken“ wohl einverstanden war. In Krügers Rezension „Rudolf Tarnows ‚Ringelranken‘ “ heißt es: „Vor Jahren tobte ein leidenschaftlicher Kampf um den Dichter. Der

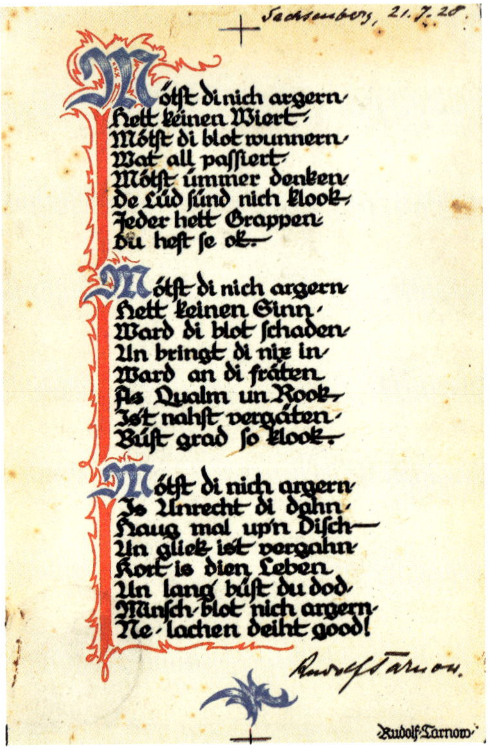
Sachsenberg, 21.7.28.

Mößt di nich argern
Hett keinen Wiert,
Mößt di blot wunnern,
Wat all passiert.
Mößt ümmer denken,
De Lüd sünd nich klook,
Jeder hett Grappen,
Du hest se ok.

Mößt di nich argern,
Hett keinen Sinn,
Ward di blot schaden,
Un bringt di nix in.
Ward an di fräten
As Qualm un Rook,
Is't nahst vergäten,
Büst grad so klook.

Mößt di nich argern,
Is Unrecht di dahn,
Hau mal up'n Disch —
Un glieks ist vergahn.
Kort is dien Leben
Un lang büst du dod.
Minsch, blot nich argern,
Ne, lachen deiht good!

Rudolf Tarnow.

Rudolf Tarnow

Sturm hat sich gelegt, und ich will ihn nicht wieder aufrühren, nicht die Frage stellen, ob und inwieweit er berechtigt war. Das aber glaube ich sagen zu können: wären die ‚Ringelranken', die er uns als neueste Gabe auf den Tisch legt, damals schon erschienen gewesen, dann wäre der Streit in versöhnlicherer Form ausgefochten worden. Denn es geht Sonne und Lachen von diesem Buch aus. ... Zum ersten Mal gibt Tarnow sich selbst, und so kann er sein Bestes geben. ... Und da, wo Tarnow sich selbst gibt, vom eigenen Fühlen singt, da lauschen wir ihm nur zu gerne. Wir finden bei ihm keine Stürme, keine aufwühlenden Leidenschaften oder hohen Gedanken. Alles ist in eine behagliche Atmosphäre getaucht, wie wir es bei Babst finden. Aber in diesem Kreis tritt Tarnow uns als ein kerniger, liebenswerter Mensch entgegen, als Vertreter jenes tüchtigen, strebsamen, warmherzigen deutschen Bürgertums, das die Grundlage unseres Volkes bildet. Das den Kampf mit dem Leben tapfer führt, mit lachendem Munde die Sorgen scheucht, ein gerüttelt Maß Lebensklugheit besitzt. Und viel Humor. Auch zuweilen in die Sterne guckt. ... Wir Mecklenburger können solche Bücher gebrauchen, die, Mut zum Leben weckend und Sonnenschein ausstrahlend, in weitesten Kreisen anklingen. Wir brauchen sie schon der Pflege unserer Heimatsprache willen und begrüßen dieses Buch als Helfer. Und mancher prägnante Vers, das glaube ich sicher, wird in den Volksmund übergehen." Wie wahr!

Auf Vortragsreisen durchs Land

Als das Buch „Ringelranken" erschien, war Rudolf Tarnow sechzig Jahre alt. Mit einigem Stolz konnte er auf seine literarischen Erfolge und auf das in seinem Berufsleben bisher Geleistete zurückblicken. Viel Fleiß und viel Hingabe gehörten dazu, um all den Aufgaben als Betriebsinspektor des Sachsenberges, den zahlreichen schriftstellerischen Plänen und den unerbittlichen Wünschen des Publikums, das ihn überall und immer wieder sehen und hören wollte, gerecht zu werden. Noch heute erinnern sich ältere Schweriner, daß in seinem Arbeitszimmer oft bis in die späte Nacht hinein das Licht brannte. Die an seinem Wohnhaus Vorbeigehenden wußten, daß er dann in seiner „Dichterecke“, wie er seinen Lieblingsplatz nannte, saß und arbeitete. So sehr ihn auch die literarische Tätigkeit beanspruchte, mit seinen Pflichten als Beamter ist er nie ernsthaft in Konflikt gekommen. Sonst wäre er vom Mecklenburgischen Ministerium für Medizinalangelegenheiten gewiß nicht am 1. April des Jahres 1926 zum Betriebsoberinspektor ernannt worden. Eben dieses Ministerium hatte sich inzwischen auch mit der Tatsache abgefunden, daß Tarnow des öfteren Vortragsreisen unternahm und demzufolge nicht auf dem Sachsenberg anwesend sein konnte. Am 8. März 1924 hatte es jedoch in dieser Angelegenheit Aufklärung und Rechenschaft verlangt: „Es ist hier zur Sprache gekommen, daß der Betriebsinspektor Tarnow vielfach durch Reisen zu Vorträgen sich von der Anstalt entfernt. Das unterzeichnete Ministerium wünscht zu wissen, in welchem Umfange dies geschieht, und weist darauf hin, daß die Vorschriften über die Beurlaubung von Beamten inne gehalten werden müssen.“ Die Direktion des Sachsenberges sah sich genötigt, dem Ministerium am 18. März 1924 mitzuteilen, „daß der Betriebsinspektor Tarnow mit Wissen der Direktion zu plattdeutschen Vorträgen aus seinen eigenen Dichtungen für wohltätige und gemeinnützige Zwecke und auf Ansuchen von vaterländischen und ähnlichen Vereinigungen in und außerhalb Schwerins wiederholt von der Anstalt abwesend gewesen ist; es sei dies im letzten Winterhalbjahr ca. 12 Male der Fall gewesen. Er habe diese Vorträge jedoch nur während seines offiziellen Urlaubs bzw. an den Abenden des Sonnabends und des Sonntags gehalten, zu welchen er, obgleich er zu diesen Zeiten dienstfrei gewesen sei, stets Urlaub bei der Direktion beantragt und auch erhalten habe. Diese freien Tage habe er außerdem auf seinen jährlichen Urlaub anrechnen lassen.“

Das Ministerium war beruhigt. Es verfügte mit Schreiben vom 19. März 1924: „Das unterzeichnete Ministerium will zwar grundsätzlich nichts dagegen erinnern, wenn der Betriebsinspektor Tarnow gelegentlich Reisen von kürzerer Dauer unternimmt, um zur Förderung wohltätiger und gemeinnütziger Unternehmungen Vorträge zu halten. Da aber bei der Wichtigkeit der Anwesenheit des Betriebsinspektors für die Anstaltswirtschaft ein häufiges Reisen unerwünscht ist, erwartet das unterzeichnete Ministerium, daß diese Reisen nur in angemessenen Grenzen stattfinden. Es ist für die Anstalt nicht gleichgültig, ob der Betriebsinspektor einen zusammenhängenden Urlaub nimmt oder ihn auf viele einzelne kürzere Urlaubszeiten verteilt.“ Tarnow hat seine Vortragstätigkeit nicht eingeschränkt, hat seinen Vorgesetzten aber auch keinen Anlaß gegeben, sein Verhalten zu rügen. Manchmal wird es nicht einfach gewesen sein, immer das richtige Maß zwischen Pflicht und Neigung

Rudolf Tarnow auf Vortragsreise nach Hagenow, Winter 1924

einzuhalten, denn Einladungen und begeisterte Zuschriften kamen von allen Seiten. Nahezu in allen mecklenburgischen und vorpommerschen Städten ist Rudolf Tarnow aufgetreten, in vielen sogar mehrmals. Allein von Mitte Januar bis Mitte Februar 1928 las er in fünf Orten: Bützow (15.1.), Schwerin (19.1.), Baumgarten (21.1.), Rehna (22.1.) und Lübeck (15.2.). Es gibt keine exakte Übersicht darüber, wie und wo überall er seine Dichtungen vorgetragen hat, doch es mochte während der anderen Jahreszeiten und in den anderen Jahren kaum anders gewesen sein als in diesem Wintermonat von 1928.

Als Rudolf Tarnow Ende Mai 1929 vom Inhaber der Buchhandlung Treichel zu einer Lesung sogar nach Jena in Thüringen gebeten wurde, sagte der Autor nicht nur zu, sondern teilte dem einladenden Veranstalter einiges über seine Person, seine Vorträge und seine Vortragsbedingungen mit. Er schrieb ihm am 4. Juni 1929: „Sehr geehrter Herr Treichel! Ihr Brief ist mir von meinem Verleger in die Sommerfrische nachgesandt, deshalb komme ich erst heute zur Beantwortung. Den gewünschten Vortrag kann ich Ihnen halten; seit ca. 15 Jahren halte ich aus meinen Werken Vorträge und bin in Mecklenburg, Vorpommern, Holstein und Hannover bekannt. Durchschnittlich trage ich im Winterhalbjahr 30 bis 40 mal vor, und zwar nur aus meinen Werken. An Honorar beanspruche ich 100 M., freie Reise und freie Unterkunft. Es ist mir aus dienstlichen Gründen – ich bin der 1. Verwaltungsbeamte der Landesirrenanstalt – am liebsten, wenn Sie einen Sonnabend wählen würden. Auch möchte ich Sie bitten, sich bald zu entschließen, da schon jetzt die Anfragen nach einem Sonnabend aus Norddeutschland bei mir einlaufen. Reklamematerial steht zur Verfügung. – Hochachtungsvoll Rudolf Tarnow.“ Die Lesung fand im Auftrage des „Vereens Plattdütsch Lüd Jena“, veranstaltet von der Buchhandlung Treichel, am 2. November 1929 in Jena statt. Der an Treichel gerichtete Brief stellt eine Art Grundmuster für jene Briefe dar, die Rudolf Tarnow als Antwort auf Anfragen nach seinen Vorträgen verschickte.

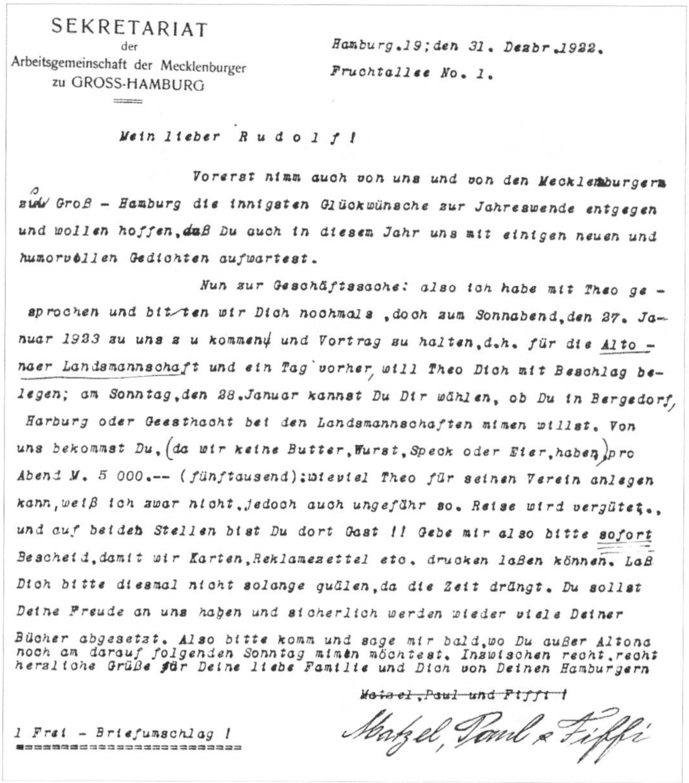

SEKRETARIAT
der
Arbeitsgemeinschaft der Mecklenburger
zu GROSS-HAMBURG

Hamburg.19; den 31. Dezbr.1922.
Fruchtallee No. 1.

Mein lieber R u d o l f !

Vorerst nimm auch von uns und von den Mecklenburgern zu Groß – Hamburg die innigsten Glückwünsche zur Jahreswende entgegen und wollen hoffen, daß Du auch in diesem Jahr uns mit einigen neuen und humorvollen Gedichten aufwartest.

Nun zur Geschäftssache: also ich habe mit Theo gesprochen und bitten wir Dich nochmals, doch zum Sonnabend, den 27. Januar 1923 zu uns z u kommen und Vortrag zu halten, d.h. für die Altonaer Landsmannschaft und ein Tag vorher, will Theo Dich mit Beschlag belegen; am Sonntag, den 28. Januar kannst Du Dir wählen, ob Du in Bergedorf, Harburg oder Geesthacht bei den Landsmannschaften mimen willst. Von uns bekommst Du, (da wir keine Butter, Wurst, Speck oder Eier, haben) pro Abend M. 5 000.-- (fünftausend); wieviel Theo für seinen Verein anlegen kann, weiß ich zwar nicht, jedoch auch ungefähr so. Reise wird vergütet., und auf beiden Stellen bist Du dort Gast !! Gebe mir also bitte sofort Bescheid, damit wir Karten, Reklamezettel etc. drucken laßen können. Laß Dich bitte diesmal nicht solange quälen, da die Zeit drängt. Du sollst Deine Freude an uns haben und sicherlich werden wieder viele Deiner Bücher abgesetzt. Also bitte komm und sage mir bald, wo Du außer Altona noch am darauf folgenden Sonntag mimen möchtest. Inzwischen recht, recht herzliche Grüße für Deine liebe Familie und Dich von Deinen Hamburgern

~~Matzel, Paul und Fiffi !~~

Matzel, Paul & Fiffi

1 Frei – Briefumschlag !

EINLADUNG ZU VORTRÄGEN NACH HAMBURG, 1923

Natürlich hat er sie variiert, doch in der Grundaussage waren sie sehr ähnlich.

Wenn Rudolf Tarnow seine Vorträge für die Winterhalbjahre mit durchschnittlich 35 Lesungen angibt, so dürfte der Durchschnitt eines ganzen Jahres mit 50 Veranstaltungen gewiß nicht zu hoch bemessen sein. Bei einer über rund zwanzig Jahre sich erstrekkenden Vortragstätigkeit – Tarnow trug aus seinen „Burrkäwers" bereits seit 1911/12 vor – ist es sehr wahrscheinlich, daß er insgesamt etwa 1000 Lesungen aus seinen Werken gehalten hat.

Er besuchte die Verwundeten in den Lazaretten des Ersten Weltkrieges, sprach in unzähligen Kriegervereinen, rezitierte bei Fahnenweihen und Denkmalsenthüllungen, las in Heimatbünden und gestaltete Abende in den plattdeutschen Clubs, bei Turnvereinen, in niederdeutschen Gilden und bei den Landsmannschaften der Mecklenburger außerhalb der Landesgrenzen.

Tarnow machte kein Hehl daraus, für seine Lesungen ein Entgelt zu nehmen. Forderte er gewöhnlich, etwa ab 1924, 100 Mark Honorar pro Abend bei freier Fahrt und freier Unterkunft, so gewährte er den plattdeutschen

Vereinen und kleinen Gemeinden einen Vorzugspreis von 50 %, verlangte also nur die Hälfte des sonst üblichen Honorars. Nicht selten verzichtete er auf sein Honorar. Fühlte er sich allerdings ausgenutzt, dann wurde er unerbittlich. Einer Stahlhelmgruppe schrieb er Mitte Dezember 1927 nach Bützow: „Ich habe in den letzten Wochen in und außerhalb Schwerin an sechs patriotischen und ähnlichen Veranstaltungen mitgewirkt, natürlich immer gratis und franko, dies mache ich für die Folge grundsätzlich nicht mehr mit, wenn ich nicht eine entsprechende Entschädigung erhalte. Ich beanspruche 50 Mark und freie Reise und stelle die weitere Bedingung, daß ich noch am Vortragsabend mit dem letzten Zug zurückfahren kann."

Kompliziert wurde es für Rudolf Tarnows Vortragsreisen während der Inflationszeit. Tarnow war gezwungen, höhere Honorare zu nehmen und mußte doch oft genug feststellen, daß sich sein Einsatz kaum gelohnt hatte. Als der Landesverband der landwirtschaftlichen Genossenschaften zu Rostock Tarnow zu einer Lesung bat, aber das Honorar von 800 Mark pro Abend für zu hoch hielt, antwortete Tarnow am 10. Mai 1922 kurz und bündig: „Die Landwirte haben ihre Produkte um das 60 - 100fache im Preise gesteigert. 800 Mark für einen Vortrag ist nur das 8fache des Friedenspreises. Wenn die Landwirte nicht 800 Mark zahlen können, sollen sie mich in Ruhe lassen."

In einem Brief vom 14. Dezember 1922 an die „Plattdütsche Volksgill to Lübeck" schilderte Tarnow seine Situation als Interpret eigener Werke während der Inflation in Deutschland: „Infolge der Geldentwertung sind auch die Unkosten für Vortragsreisen derartig gestiegen, resp. werden sie im März '23 voraussichtlich eine derartige Höhe erreicht haben, daß es keinen Sinn mehr hat, auf Vortragsreisen zu gehen. Wenn ich vor Jahresfrist für einen Vortrag neben freier Fahrt und freier Unterkunft mit Verpflegung 500 Mark erhielt, so ließ sich hiermit etwas anfangen. Heute ist alles um das 40fache gestiegen, ich bekomme für 20.000 M. grade 1 Meter Anzugstoff, der früher 10 M kostete. Die Vereine aber haben kein Geld, können und wollen auch nichts ausgeben, aus diesem Grunde habe ich mich entschlossen, da ich überhaupt aus dienstlichen Gründen meine Vortragsreisen bedeutend einschränken muß, die Abhaltung solcher gegen Honorar vorläufig ganz einzustellen. Es ist traurig, daß sich selbst bei plattdeutschen Vorträgen alles um den leidigen Mammon drehen muß, aber noch nie ist der alte Schnack: ‚Die Kunst geht nach Brot' wahrer gewesen als heute."

Die Redewendung „Kunst geht nach Brot" war nicht nur wahr, sondern auch wörtlich zu nehmen. Wo es ging, erbat sich Tarnow statt des Honorars in Geldform eine Vergütung seiner Vorträge in Naturalien. Landwirtschaftliche Produkte, die ihren Mann ernährten, standen vornan in dem Katalog der Forderungen Tarnows. Margarete Zollendorf aus Güstrow, die Tarnow zu einer Lesung nach Güstrow gerufen hatte, schrieb am 23. Januar 1923 an den Autor: „Wie Sie mir telephonisch sagten, war Ihre Forderung für den Abend 2 Zentner Gerste. Mein Mann bittet mich, Sie zu fragen, ob Sie die Gerste in natura oder in Geld verrechnet wünschen. In ersterem Falle wäre es wohl ratsam, vor dem 1. Februar die Gerste abzusenden, damit Ihnen die erhöhte Fracht erspart bleibt."

Der Molkereigenossenschaft in Warnow/Mecklenburg sagte Tarnow für den 5. April 1923 einen Vortrag zu und stellte ihr in einem Brief vom 7. März 1923 anheim, ihn mit zwei Zentnern Gerste zu entschädigen oder mit einem Zentner Gerste und 5 Pfund Butter und 5 Pfund Speck oder mit 10 Pfund Butter und 10 Pfund Speck. Den Brotkorb brauchte Tarnow also nicht höher zu hängen. Fürs leibliche Wohl zu sorgen, war ihm selbst in der Inflationszeit 1922/23 mit seinen Vorträgen gelungen.

In Rudolf Tarnows Nachlaß fand sich eine Postmappe mit etwa 350 Briefen, die in der Zeit von 1922 bis 1932 an ihn gerichtet worden waren. Sie stammten überwiegend von Briefschreibern aus Mecklenburg und Vorpommern, zu einem Teil auch aus den angrenzenden niederdeutschen Sprachräumen und aus Hamburg. Fast ausnahmslos enthielten sie Einladungen an den Autor, zu einer Lesung kommen zu wollen, zum ersten oder wiederholten Male. Tarnow hat versucht, die Anforderungen zu erfüllen. Selten einmal mußte er ablehnen, weil ihn Krankheit hinderte oder weil der Termin schon vergeben war.

Geschäftlich hatte Tarnow infolge seiner ausgedehnten Vortragstätigkeit eine ganze Menge dazugelernt. Er scheute sich bald nicht mehr, durchaus zu fordern, was er sich wert zu sein schien. Mit zunehmender Bekanntheit seiner Person und wachsender Beliebtheit seiner Dichtungen fiel es ihm leichter, seine Forderungen zu benennen und eine Entschädigung, ein Entgelt nicht dem Zufall oder der Geneigtheit derer zu überlassen, die ihn um eine „literarische Leistung" ersuchten. Interessant ist in diesem Zusammenhang ein Brief Tarnows vom 22. Oktober 1928 an die Kreissparkasse Demmin, die ihn um einen aufs Sparen bezüglichen Sinnspruch gebeten hatte: „In letzter Zeit scheinen die Sparkassen es auf mich abgesehen zu haben. Im Auftrage sämtlicher mecklenburgischer Sparkassen habe ich erst in diesen Tagen ein Werbegedicht verfaßt, nun kommen Sie aus Pommern. Ich bin bereit, Ihnen einen werbenden, zündenden Spruch zu schreiben, jedoch vermisse ich etwas in Ihrem Brief. Ich habe nämlich dieselben Grundsätze wie Ihre Sparkasse: Zusammentragen, sparen – mit dem Pfund wuchern. Ich wuchere mit meinen geistigen Fähigkeiten. Unentgeltliches Schreiben derartiger Sprüche gab es noch vor der Inflation, heute nicht

Rudolf Tarnow zu Besuch bei Ella und Heinrich Koss in Grimmen, 1925

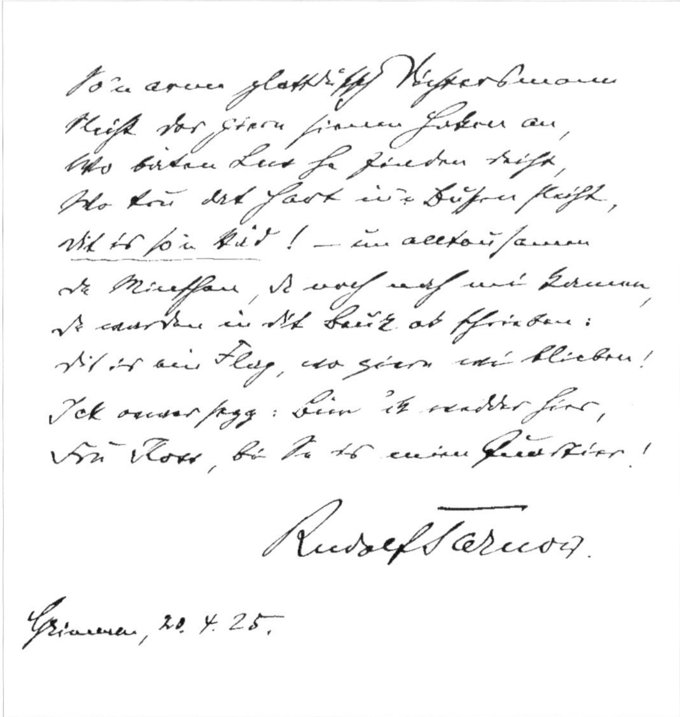

Rudolf Tarnow.

Grimmen, 20. 4. 25.

Rudolf Tarnow eröffnete das Tagebuch von Ella und Heinrich Koss, Grimmen, am 20. April 1925 mit dieser Inschrift (Schlussteil).

mehr. Heute geben Sie keine Gelder umsonst weg, ich keine Sprüche. In mein Honorar für die mecklenburgischen Sparkassen haben sich diese (35 an der Zahl) geteilt, jede zahlt 20 Mark. Bei Ihnen liegt die Sache natürlich anders, da Sie allein in Frage kommen. Ich bitte Sie nun, mir offen erklären zu wollen, welches Honorar für einen werbenden 4-Zeiler mit meinem Namen Sie zu bewilligen bereit sind. Ich würde alsdann sofort an die Abfassung des Spruches gehen."

Ob sich Sparkasse und Autor haben

verständigen können, muß offen bleiben. Mit welchem Selbstwertgefühl aber Tarnow in dieser sich anbahnenden geschäftlichen Beziehung auftrat, ist immerhin bemerkenswert.

Die enormen Belastungen, die die vielen Vortragsreisen durchs Land mit sich brachten, nahm Tarnow auf sich, weil er zum einen natürlich Freude an den Lesungen hatte und zum anderen auch fest davon überzeugt war, so seinen literarischen Kindern am wirkungsvollsten den Weg zum Publikum bahnen zu können. Seinem Verleger, mit dessen Werbemaßnahmen er nicht zufrieden war, schrieb er am 29. Dezember 1927: „Die beste Reklame ist und bleibt doch, wenn ich selbst die Sachen zu Gehör bringe. Du weißt ja gar nicht, was Du an Deinem Verfasser hast, Du hartleibiger Verleger.“

Bei solchen Gelegenheiten ging er oft recht großzügig mit Freiexemplaren seiner Bücher um, was ihm den nachstehenden Rüffel des aufmerksamen Verlagsmannes einbrachte: „Und dann, mein lieber Tarnow, wenn Dir auf einem Vortragsabend hübsch um den Bart gegangen wird und Du bist in Stimmung, so bist Du m.E. reichlich freigiebig mit Dedikationsexemplaren. Laß die kleinen Mädchen, denen Du eins Deiner Bücher mit Deinem Namen dedizierst, sich das Buch kaufen. Reklame für Deine Bücher machen diese so verschenkten Exemplare ganz gewiß nicht.“

Tarnow mußte seine Sache als Interpret eigener Dichtungen wirklich gut gemacht haben. Dr. Buhle faßte die Eindrücke von einer solchen Lesung wie folgt zusammen: „Son'n Abend ward woll keiner, de em bilewt hett, vergäten. Wi seihn den Dichter vör uns stahn an dat Vördragspult ... un Rudolf Tarnow dreggt denn vör, wat in em süng un klüng. Un de Oort, woans he sien Dichtungen an uns rantaubringen wüßt, wier einzig. Wat 'n ut sien Würd rutehüren un wat ut sien Mienenspill tau uns spräken ded, dat wier reine Schaffensfreud, de fäuhlte he in son'n Oogenblick jüst so wedder as in de stillen Stund'n tau Hus an'n Schriewdisch. Wenn denn oewer all sien Tauhürers so recht fri ut'n Harten rut lachen deden, denn stünn he dor un verschöt kein Mien un keek so fragwies up all de Minschen dal, as wull he seggen: Kinnings, wat hewt ji blot, wat giwt dat denn hier tau lachen? Man, de em neger kennen deden, de seegen doch son'n lütt Smustergrienen in sien Mundeck.“

Es wuchs als Ergebnis der Vortragsreisen nicht nur die Popularität Rudolf Tarnows, es vergrößerte sich auch der Kreis seiner Freunde und Bekannten. Überall wo er war, wollte man ihn bald wieder erleben. Nicht anders in Grimmen, wo er gern und häufig weilte. Das erste Mal im April 1925, das letzte Mal im Oktober 1929, wie es dem Gästebuch derer zu entnehmen ist, die ihm wohl die besten Gastgeber und engsten Freunde in der Ferne waren: Ella und Heinrich Koß. Bei ihnen fand er Freundschaft, Verständnis und eine leidenschaftliche Verehrung seiner Kunst. In ihrem Haus, unter ihren Freunden, in ihrer Stadt, die er insgesamt sechsmal aufsuchte, fühlte er sich wohl. Hier im Foto-Atelier von A. Kraehmer zu Grimmen entstanden die besten Porträtaufnahmen von Tarnow. Von dieser Stadt aus unternahm er manchen Abstecher zu Lesungen in der vorpommerschen Nachbarschaft. Wenn es Abschied zu nehmen galt von Grimmen und der Familie Koß, bat er: „Holt Hart un Hus mi apen, bet wi uns wedder drapen."

Der Bühnenautor

Rudolf Tarnow gehörte 1913 zu den Gründungsmitgliedern der Plattdeutschen Gilde Schwerin. Er blieb der Gilde bis zu seinem Tode treu und gehörte in den zwanzig Jahren seiner Mitgliedschaft zu den Männern, die sich engagiert um das Gedeihen der Gilde und die Pflege der plattdeutschen Sprache und Literatur bemühten. Um 1925 hatte die Gilde bereits zwischen 500 und 600 Maaten (Mitglieder). Seit dieser Zeit feierte die Gilde jährlich zwei Heimatfeste, das eine im Frühjahr, das andere im Herbst. Die Feste wurden in den Schweriner Stadthallen durchgeführt und hatten oft den Charakter von Fastelabenden. Rudolf Tarnow war dann gefragt, die entsprechenden plattdeutschen Texte zu verfassen, die Abende zu inszenieren und die Darbietungen in die richtige Abfolge zu bringen. Bei den Fastelabenden wurden gern Schwänke und Fastnachtstücke von Hans Sachs aufgeführt, die Rudolf Tarnow zu Fastelabendspielen umgearbeitet und in „meckelbörgsch Mundort" gebracht hatte. Folgende „Fastelabendspille" sind überliefert: „Dat Kälwerutbräuden", „De Reis' in't Paradies", „De dodig Ehemann", „Uhlenspeigel un de drei Blinden" und „De Düwel un dat olle Wief". Mit den Umarbeitungen der Schwankspiele und deren Übertragungen ins Plattdeutsche hat Rudolf Tarnow eine verdienstvolle Arbeit geleistet, mit der er das Schweriner Gildenleben sehr bereichert hat. Die „Fastelabendspille" hätten es durchaus verdient, von kleineren Bühnen und niederdeutschen Spielgruppen beachtet und in die Spielpraxis von heute und morgen aufgenommen zu werden.

Durch die sprachliche und szenarische Arbeit an den Hans-Sachs-Stücken mochte Rudolf Tarnow Gefallen gefunden haben an szenischer Gestaltung, am Formen von Dialogen. Womöglich war er dadurch angeregt worden, sich dramatischem Schaffen zuzuwenden. Er griff einen alten Stoff auf und schuf 1928 das Bühnenstück „De Lübecker Martensmann. Ein Heimatspill ut olle Tieden in fiew Biller". Das Stück wurde am 9. November 1928 im Saal des Christlichen Vereinshauses, in der Apothekerstraße 48, von Mitgliedern der Plattdeutschen Gilde sowie von Angehörigen der Schülerbühnen des Realgymnasiums und der Oberrealschule unter der Leitung von Karl Pingel uraufgeführt

Verein für das Deu[illegible]chtum im Ausla[illegible]

Ortsgruppe Schwerin i. M.

Freitag, den 9. und Sonntag, den 11. November 1928
im Saale des Christlichen Vereinshauses (Apothekerstraße 48):

De
Lübecker Martensmann

en Spill ut olle Tiden in 5 Biller von Rudolf Tarnow.

Aufgeführt von Mitgliedern der Plattdeutschen Gilde, sowie von Angehörigen der Schülerbühnen des Realgymnasiums und der Oberrealschule i. E.

Spielleitung: Karl Pingel.

Personen:

Der regierende Bürgermeister von Lübeck	Dr. Paul Buhle
1. Senator	Ulrich Hotow (O 2)
2. Senator	Paul Ider
Kellermeister vom Lübecker Ratskeller.	August Schlichting
Herrendiener Lobesam	Karl Pingel
Der Schloßvogt	Walter Severke
Der Bürgermeister von Schwerin	Joh. Albrecht Strenge
Schmiedemeister Evers	Richard Rentz
Riemermeister Neubeck	Wilhelm Hoot
Kellermeister Uhl	Ernst Warning
Stellmachermeister Becker	Albert Schröder
Der herzogliche Notarius	Ulrich Hotow (O 2)
1. Zeuge	Karl Hubbauer (O 2)
2. Zeuge	Ewald Ziegler (O 2)
Küchenmeister	Ludwig Wilh. Masch (U II)
Hofgärtner	Hans Heinz Gries (O II)
Kastellan	August Schlichting
Kutscher	Walter Weiher (O 2)
Unteroffizier der Schloßwache	Ernst August Behm (U 2)
Gefreiter der Schloßwache	Friedrich Karl Rinow (O 2)
Stadtsoldat	Fritz Endt
1. Soldat	Heinz Schmidt (O 2)
2. Soldat	Ralph von Rettberg (O 2)
3. Soldat	Fritz Hesse (O 2)
4. Soldat	Rolf Jädicke (U 2)
1. Lehrjunge	Fritz Jenssen (O 1)

Lehrjungen: Adolf Ditense (O 1), Ludw. Wilh. Masch (U II), Hans Andreas (O II), Hans Heinz Gries (O II), WalterGarling (U 1), UlrichSchröder (U II), Wilhelm Helm (U 1), Karl Alwart (U 1), Alfred Ahrens (U 2), AlfredStern (U 2), Willi Haase (U 2), Hans Heinz Bollow (U 3).

1. Löper — Ulrich Schröder (U II)

Löpers: Alfred Ahrens (U 2), Alfred Stern (U 2), Friedrich Bossow (U 2), Willi Haase (U 2).

Zeit: um 1800.

Die Kulissenbilder sind von Herrn Dekorationsmaler Hans Bollow entworfen und ausgeführt.

Der Reinertrag ist für deutsche Auslandsschulen bestimmt.

P[illegible]eise der Plätze im Vorverkauf: 1. Platz 1,50 Mk., 2. Platz 1,– Mk., Sal[illegible]ie 0,70 Mk., bei der Stillerschen und der Herbstschen Buchhandlung.

An der Abendkasse 20 Pf. Aufschlag.

THEATERZETTEL ZU „DE LÜBECKER MARTENSMANN“, 1928

und am 11. November am selben Ort wiederholt. Die erste Aufführung aber, die Generalprobe, fand bereits am 7. November 1928 statt, und zwar im Rahmen des Heimatfestes der Gilde, des Martinsfestes, in den Schweriner Stadthallen. Die Aufführung am 7. November wurde von 1400 Gildenmitgliedern und Gästen gesehen, der höchsten Besucherzahl, die je ein Fest der Gilde erlebt hat. Zu den Ehrengästen zählte auch der hochgeschätzte Volkskundler Professor Richard Wossidlo aus Waren. Dr. Paul Buhle, der 1. Gildenmeister, schrieb 1936 in den „Mecklenburgischen Monatsheften“ auf Seite 211 „Alltauhop hebben s’ ehr Freud hatt an dat schöne Stück, wat Tarnow mit väl Leew schrewen hett.“

Rudolf Tarnow legte seinem Bühnenspiel die alte Überlieferung zugrunde, die Dr. Ralf Wendt im „Mecklenburg-Magazin“, Nummer 22, vom 30. Oktober 1992, so beschreibt: „Über viele Jahrhunderte hinweg – der erste authentische Bericht stammt aus dem Jahre 1567 wurde zwischen dem Hohen Senat der Freien und Hansestadt Lübeck und den mecklenburgischen Herzögen in der Residenzstadt Schwerin ein kulturhistorisch bedeutsamer Brauch gepflegt, über den viel geschrieben wurde, aber auch heute noch viel gerätselt wird. Alljährlich brachte – nur von wenigen Unterbrechungen abgesehen – zu Martini, dem 10. November, ein von Lübeck ausgewählter, trink- und eßfreudiger sogenannter Martensmann in Anwesenheit von zwei Zeugen ein Faß Rheinwein von 1 Ohm (Ohm = etwa 155 Liter) an den fürstlichen Hof nach Schwerin. Die Fahrt führte ihn in einem offenen Kaleschwagen über Schönberg, Rehna nach Schwerin, wo seine Ankunft zugleich ein Stadtereignis war. Die Übergabe des Weins im herzoglichen Schloß ... wie auch der Empfang des Martensmanns mit seiner Begleitung vollzogen sich nach streng festgelegten Regeln, den sogenannten Zeremonien. Seinen Höhepunkt erlebte der Brauch in der zweiten Hälfte des 18. Jahrhunderts. 1817 wurde der Martensmannbrauch durch einen Ablösevertrag zwischen dem Großherzog Friedrich Franz I. und der Freien Hansestadt Lübeck beendet.“
Tarnows Stück schildert nun, wie der Martensmann in Lübeck seine Instruktion erhält, wie Schusterjungen und Wache am Schweriner Schlagbaum den Martensmann empfangen, wie dieser im Schloß sich seines Auftrages entledigt, dabei den Schloßvogt unter den Tisch trinkt und dann als trinkfester Sieger nach Lübeck heimkehrt. Es ist dem Autor gelungen, die Handlung, unter Wahrung des geschichtlichen Hintergrundes, in humorvoller Weise auszubauen und zu beleben. Die Typen: der Martensmann, der Schloßvogt, der herzogliche Notar, die Bürgermeister von Lübeck und Schwerin und andere, sind gut und anschaulich geprägt, die Straßen- und Trinkszenen voller Lust und Leben.

Die Kritik zollte dem Stück „De Lübecker Martensmann“ und der Leistung der Laienschauspieler aus den Reihen der Plattdeutschen Gilde und aus Schweriner Schulen respektvolle Anerkennung und artigen Beifall. Kritisches wurde kaum angemerkt. Die „Mecklenburgische Zeitung“ schrieb am 8. November 1928 lediglich: „Oft geht ein rauher und derber Ton durch das Spiel. Für zimperliche Ohren vielleicht bisweilen zu derbe und drastisch. Aber man sage nicht, daß dieser Ton hier nicht passe und lebenswahr sei. Der Martensmann und seine Kumpanen waren alles andere als gemütvolle Engel, und man halte sich die historische Tatsache vor Augen, daß das Freß- und Saufgelage auf dem Schweriner Schlosse damals aus 36 Gängen zu bestehen pflegte. Auch auf der Szene nahm dieses feuchte Gelage einen breiten Raum ein. ... In allem: Es war ein hübscher, wohlgelungener Gillenabend. Rudolf Tarnow war sichtlich beglückt über diesen seinen Erfolg."

Sah es der Autor auch so? Er konnte sich eine Prise Ironie nicht verkneifen, und der erste Satz des am lo. November 1928 an Fritz Blanck gerichteten Briefes lautete: „Den ‚Martensmann' habe ich glücklich hinter mir, er hat mir zwei Riesenlorbeerkörbe eingebracht, also zum Fischekochen habe ich Lorbeerblätter bis an mein Lebensende."

Das Bühnenstück „De Lübecker Martensmann" ist gedruckt und veröffentlicht worden. Allerdings nicht die Hinstorffsche Verlagsbuchhandlung Wismar, wie von Tarnow angestrebt, zeichnete für die Herausgabe verantwortlich, sondern die Plattdeutsche Gilde Schwerin. Den Druck besorgte E. Köhn, Schwerin. Das Büchlein umfaßt 67 Seiten, und sein Innentitel lautet: De Lübecker Martensmann. Ein Heimatspill ut olle Tieden in fiew Biller. Von Rudolf Tarnow. Upführt von de Plattdütsch Gill ut Swerin an'n 9. Näwelmand 1928. Schwerin 1929.

Der „Martensmann" befand sich noch in den Pressen der Druckerei, da hatte sich Rudolf Tarnow im Spätsommer des Jahres 1929 bereits einem weiteren Stoff aus der heimischen Volkserzähltradition zugewandt, dem Sagenkreis um das legendäre Petermännchen, den Schweriner Schloßgeist. Seinem Verleger Fritz Blanck schrieb er am 19. September 1929 nach Wismar: „Ich schreibe jetzt an einer Dramatisierung des Petermännkens." Kurz zuvor, am 2. September 1929, hatte er Blanck mitgeteilt: „Dr. Buhle tritt mich fortwährend, zum November ein 2. Heimatspiel ‚Petermännken' zu schreiben, ich habe aber wenig Fiduz zu diesen ‚Honoris causa'-Dichtungen." Dennoch ging Tarnow an die Arbeit und befaßte sich intensiv mit einer Vielzahl von Sagenvarianten und erarbeitete ein auf drei Bilder angelegtes Konzept der Fabelführung für sein noch zu schreibendes Bühnenstück „Dat Petermännken". Da der Text des Stückes nicht gedruckt worden ist und weil nach dem bisherigen Kenntnisstand davon ausgegangen werden muß, daß nur Teile des Stückes erhalten geblieben sind, sollen Tarnows konzeptionelle Überlegungen zum „Petermännken", die er mit dem Vermerk „1. Gedankengang" versah, hier vollständig wiedergegeben werden:

DAT PETERMÄNNKEN.
EIN HEIMATSPILL IN 3 BILLER VON RUDOLF TARNOW.

ERSTES BILD:

Höhle im Petersberg bei Pinnow. Die Unterirdischen befinden sich in großer Sorge und Aufregung. Eine Untat ist geschehen, einer der Ihrigen hat einen christlichen Mönch mit dem Schwert getötet. Alle Unterirdischen wissen, daß nach urewigem Gesetz ein derartiger

Frevel den Untergang ihres Reiches zur Folge haben muß. – Der König sitzt in Schmerz versunken auf seinem Thron, die Unterirdischen hocken scheu in der Runde und klagen sich mimisch gegenseitig ihr Leid. Leise, klagende Musik. Ein Unterirdischer nähert sich dem König, um von ihm Näheres über das drohende Geschick zu erfahren. Der König weist ihn stumm zurück und verharrt in ratlosem Schweigen und Brüten. Der Unterirdische geht zu seinen Brüdern zurück. Unterhaltung über den Hergang der Untat. Petermännchen, der Liebling des Königs und des ganzen Volkes, hat schwere Blutschuld auf sich und seine Brüder geladen. Auf einer Insel im See (der heutigen Schloßinsel) befindet sich ein Heiligtum der Götter, das unter besonderer Obhut der Unterirdischen und des heidnischen Wendenfürsten steht. Auf dieser Insel haben christliche Mönche das Kreuz aufgepflanzt und die christliche Lehre verkündet. Petermännchen, leicht erregbar und zu unüberlegtem Handeln geneigt, ist – ohne Auftrag des Königs – den Mönchen feindselig gegenübergetreten, hat mit ihnen Händel angefangen und sich in Haß und Zorn hinreißen lassen, einen der Mönche mit dem Schwert zu töten. Nachdem die Untat geschehen war, sah Petermännchen zu seinem Entsetzen, welches Unheil er auf sein Volk heraufbeschworen hatte. Er versuchte, das Blut vom Schwert zu entfernen – vergeblich. Er eilte in die Höhle zurück und gestand dort seine Schuld. Alles war entsetzt, der König ließ ihn in Fessel legen und das noch vom Blut gerötete Schwert in einer versteckten Höhle verbergen. Nunmehr erwartet das ganze Volk in Angst und Verzweiflung die drohende, unabwendbare Strafe. Der König vermag das quälende Brüten nicht länger zu ertragen, er fährt auf und befiehlt wilde Musik und Tanz. Tanz der Unterirdischen. In die wilde Lust mischt sich von Zeit zu Zeit wieder die Klage und die Resignation. Mitten im wildesten Trubel läßt der König plötzlich die Musik abbrechen, er sieht das Nutzlose der Selbstbetäubung ein. Drückendes Schweigen. Der König will, noch bevor der Richter der Götter erscheint – es ist bereits am dritten Tage nach der Mordtat – Aussprache mit Petermännchen halten. Er läßt ihn vor sich führen. Petermännchen erscheint gebeugt in Ketten, der Kummer drückt ihn nieder. Vorhaltung des Königs, seine Klage über die Untat, durch die das ganze Volk betroffen sei. Petermännchen gesteht seine Schuld reumütig ein, seine Liebe zu den alten Göttern, sein leicht erregbares Blut, sein Haß gegen die Anhänger des Gekreuzigten hätten seine Sinne verwirrt und ihn zu der Tat getrieben. Er bittet, die Götter anzuflehen, daß nur ihm das Urteil gesprochen würde, er allein wolle die Schuld büßen. Der König ist hoffnungslos, die Entscheidung liegt in der Hand der Götter. Ein dumpfes Rollen kündigt die Ankunft des Götterboten an, er entsteigt dem Schacht der Erde in furchterregender Gestalt und in düsterer Kleidung. Die Unterirdischen knien unterwürfig in Scheu und Furcht. Der Götterbote gibt unter tiefem Schweigen kund, daß das Reich der Unterirdischen wegen des begangenen blutigen Frevels dem Unter-

gange verfallen sei. Flehen des Königs und des ganzen Volkes. Ablehnung seitens des Boten. Erschütterndes Flehen seitens des Petermännchens. Er beschwört die Götter, sein Volk für seine Tat nicht mitbüßen zu lassen; sie möchten die Sühne, wie groß sie auch sei, ihm ganz allein auferlegen. Der Bote verkündet, daß die Götter zu einer Milderung der Strafe bereit seien, weil die Tat nicht aus unedlen Trieben, sondern aus Liebe zu den Göttern geschehen sei. Endgültige Strafe: Das Reich der Unterirdischen solle in tiefen Schlaf versinken, Petermännchen sei zur Sühne auf die Insel im See verbannt. Dort solle er versuchen, seine Schuld zu büßen. Wenn es ihm gelingen würde, in der Johannisnacht einen reinen Menschen zu bewegen, mit ihm in den Petersberg zu steigen, dort während dreier Nächte das Mordschwert vom Blut zu reinigen, dann könne mittels dieses Schwertes die Schuld am Petermännchen getilgt werden. Nur alle 100 Jahre in der Johannisnacht wäre es möglich. Würde er einen derartigen reinen Menschen nicht finden, müßte das ganze Volk der Unterirdischen wiederum 100 Jahre im Schlaf verbringen. Die Art und Weise der Sühne wird vom Götterboten unklar und mystisch ausgedrückt. Petermännchen nimmt an, daß nach dem urewigen Gesetz: Blut um Blut, Zahn um Zahn – nur durch sein Blut die Schuld getilgt werden könne. Erschütterndes Schweigen. Petermännchen erklärt sich bereit. Abschied vom König und vom Volk. Der Bote erhebt die Hand, Petermännchen versinkt. Leise klagende Musik. Der Götterbote gibt das Zeichen der Vernichtung. Die Unterirdischen sinken zurück und fallen in tiefen Schlaf. Die Bühne verdunkelt sich, bei klagend ausklingender Musik fällt der Vorhang.

ZWEITES BILD:

Schloßgarten auf der Schloßinsel. Abendstimmung. Im Hintergrunde das herzogliche Schloß. In der Mitte der Szene ein Brunnen. Mädchen holen Wasser und tauschen Neuigkeiten aus. Ihre Unterhaltung kommt auf das Petermännchen. Sie erzählen sich von seinem geheimnisvollen Treiben und seinen losen Streichen, daß er schon seit Hunderten von Jahren im Schlosse und in der näheren Umgebung sein Wesen treibe. Sie unterhalten sich von seiner Herkunft und seiner Bestimmung, von seiner Stellung zum Fürstenhause, daß er gar nicht der Schutzgeist des Fürstenhauses sei, vielmehr sein Widersacher, daß ein Fürst sterben müsse, sobald sich Petermännchen ihm zeige. Sie flüstern sich allerhand Geschehnisse im Volksmunde zu, sich dabei scheu umsehend, kurz, das ganze Sagengewebe wird von den Mädchen durchgesprochen. Eins von den Mädchen ist keck und erklärt schließlich, das Ganze sei ein Ammenmärchen und Lügengewebe. Sie glaube überhaupt nicht an Petermännchen. Sie hätte ihn noch nie qesehen. Wenn er wirklich existiere, möge er sich doch zeigen.

Petermännchen tritt plötzlich aus dem Gebüsch heraus. Aufschreien der Mädchen, wilde Flucht. Petermännchen lacht hämisch und zeigt dann in seinem Selbstgespräch sein inneres Wesen. Schadenfreude (Haß gegen die Menschen im allgemeinen, gegen das Fürstengeschlecht im besonderen, weil es vom alten Götterglauben abgefallen war), heiße Sehnsucht nach seinen in Todesbann liegenden Brüdern. Trauer und Klage über das jahrhundertlange, erfolglose Suchen nach dem Erretter. Wiederholt hatte er den Versuch gemacht, jedoch im entscheidenden Moment versagten bei dem Menschen die Willensstärke und der Mut. In drei Tagen ist wieder Johannisnacht, und hundert Jahre sind seit dem letzten Versuch verstrichen. Petermännchen befindet sich auf der Suche nach einem reinen, zu der Lösung geeigneten Menschen. Er glaubt ihn in einem Schloßsoldaten gefunden zu haben, den er seit längerer Zeit beobachtete. Dieser ist anders geartet als seine Kameraden; er hält sich von ihrem rohen Treiben zurück und geht einsam seine Wege. Allabendlich pflegt er im Schloßgarten spazieren zu gehen. Petermännchen will ihn belauschen und ihm heute näher treten. Der Soldat erscheint, Petermännchen zieht sich zurück. Der Soldat tritt auf. Ernste, gewinnende Erscheinung. Selbstgespräch über den wunderschönen Abend, Freude an der Natur und an allem Schönen und Reinen. Petermännchen tritt ihm plötzlich entgegen. Erschrecken des Soldaten. Aber da ihm Furcht fremd ist und er ein reines Gewissen und einen festen Glauben hat, überwindet er die anfängliche Scheu. Petermännchen redet freundlich auf ihn ein. Der Soldat gibt offen sein Erstaunen und seine Neugierde zu und fragt ihn nach dem Grunde seines ihm unverständlichen, geheimnisvollen Treibens. Petermännchen erklärt ihm, daß er Gefallen an ihm gefunden habe und daß er ihm sein Vertrauen schenken wolle. Auf ihm laste seit Jahrhunderten ein Fluch. Ihm, dem Soldaten, sei es gegeben, diesen Fluch zu bannen und ihn zu erlösen. Der Soldat würde eine edle Tat vollbringen. Er verspricht ihm dabei alle Schätze der Erde, die einem Menschen begehrenswert erscheinen möchten. Der Soldat weist letzteres zurück. Wenn er ihm helfen könne, würde er es selbstlos tun, so schriebe es ihm sein Glaube vor. Selbstlose Nächstenliebe sei christliches Gebot. Petermännchen ist erstaunt und bestürzt über die Macht eines solchen Glaubens. Solche uneigennützige Handlungsweise ist ihm unverständlich. Petermännchen spricht diese Anschauung aber nicht aus, um nicht mit dem Soldaten in Widersprüche zu geraten. Er ist davon überzeugt, daß seine Erlösung nur durch das im Berge verborgene Mordschwert und durch seinen Opfertod gelingen kann. Er erwähnt hiervon aber nichts, weil er eine Weigerung des Soldaten befürchtet. Er fordert ihn nur auf, in den kommenden drei Nächten ihn nach einem verborgenen Ort zu begleiten. Dort würde er ihm ein verrostetes Schwert geben. Dieses möchte der Soldat in den drei Mitternachtsstunden reinigen. Um 12 Uhr in der Mitternacht würde er ihn an dieser Stelle erwarten. (Inzwischen ist der Mond aufgegangen, wunderbare Mondscheinnacht). Nach einigem Zögern und Überlegen, während dessen Petermännchen drin-

gend auf ihn einredet, willigt der Soldat ein. Schneller Abgang.

DRITTES BILD:

Höhle im Petersberg. Johannisnacht. Unbestimmtes, magisches Licht, vom Gestein in der Höhle herrührend. Der Soldat sitzt auf einem Stein und putzt das verrostete Schwert. Es ist bereits die dritte Nacht, daß er am Werke ist. Bald ist die Reinigung vollendet. Er freut sich. Die Freude wird unterbrochen durch seine Unruhe über sein geheimnisvolles Unternehmen, aber sein reiner Glaube, nichts Unrechtes zu tun, verscheucht seine Bedenken. Nun ist das Schwert blank und rein, kein Fleck ist mehr zu sehen. Er ruft nach Petermännchen. Dieser tritt ein in der alten Gewandung der Unterirdischen. Er hat den Soldaten bei seiner Arbeit allein gelassen, um ihn nicht zu stören. Der Soldat zeigt ihm das gereinigte Schwert und glaubt, nun das Werk vollendet zu haben. Petermännchen ist außer sich vor Freude über das allerdings erst halbvollendete Werk. Er lobt den Soldaten. Dann denkt er plötzlich an seinen nahen Tod. Ein stilles Schauern überfällt ihn, aber er überwindet es, gilt es doch, seine Brüder zu erlösen. Zagend teilt er nun dem Soldaten mit, daß er ihm das Schwerste verschwiegen habe: Das Erlösungswerk könne nur durch seinen Tod vollendet werden; er möge das Schwert ergreifen und ihm das Haupt abschlagen. Der Soldat fährt entsetzt zurück, dazu will er nie und nimmer seine Hand reichen, er würde eine Todsünde begehen. Petermännchen gesteht ihm, daß er einen Christen vor vielen hundert Jahren getötet habe, daß er den Tod verdient habe und daß er sich nach dem Tode sehne. Blut um Blut, Zahn um Zahn sei ein ewiges Gesetz, der Soldat vollzöge nur eine gerechte Strafe als Rächer einer Untat an einem christlichen Mitbruder. Der Soldat lehnt entschieden ab. Blut könne unmöglich durch neue Blutschuld getilgt werden, die ewige Verdammnis würde sein Lohn sein. Petermännchen beschwört ihn noch dringender, er gesteht ihm das ganze Verhängnis seines Volkes ein. Durch seine Mithilfe würde sein ganzes Geschlecht erlöst sein, durch seine Weigerung würde der Fluch auf seinem Volke haften bleiben, ihn selbst würde er zur Verzweiflung treiben. Der Soldat ist erschüttert, er sinkt auf die Knie zum inbrünstigen Gebet. Petermännchen verfolgt sein Gebaren mit wachsendem Erstaunen. Die Macht der Christuslehre wirkt auf ihn ein. Der Soldat erhebt sich, ein heiliger Entschluß hat sich in ihm durchgerungen: Wenn wirklich nur durch Blut die Schuld gesühnt werden kann, so will ich – dem Beispiel meines Erlösers folgend – mich als Opfer bringen. Ich stehe allein in der Welt. Ein ganzes Volk zu erlösen, deucht mir eine edle Tat zu sein, wohl eines armseligen Menschenlebens wert. Ich bin bereit, stoß zu!
Der Soldat breitet die Arme auseinander, um den tötlichen Streich zu empfangen. Petermännchen weicht vor diesem ihm Unfaßbaren zurück. Großes Rollen im Berg. Die Felswand öffnet

sich, heraus tritt eine edle Gestalt in lichtem Gewande und schreitet auf die beiden zu: Der Bann ist gelöst, die Schuld ist getilgt, Blut wird nicht durch Blut, sondern durch die selbstopfernde Liebe getilgt. Petermännchen sinkt vor der lieblichen Erscheinung auf die Knie. Die Gestalt wendet sich an den Soldaten und dankt ihm für seinen Edelmut, er verspricht ihm Glück für sein ferneres Leben. Peternnännchen umarmt in überströmender Dankbarkeit den Soldaten. Die Erscheinung fordert den Soldaten auf, nunmehr an die Oberwelt zurückzukehren. Ein Zeichen. Der Soldat versinkt.

Die Gestalt wendet sich an Petermännchen: Und nun zu dir und den Deinen. Über das Finstere und Dämonische des alten Götterglaubens hat die Helle des Kreuzes den Sieg davongetragen. Helfende Liebe soll auch deinem Volke künftig der Leitgedanke seines Wirkens gegenüber den Menschen sein. Verkünde diese Wahrheit deinem Volke, gelobe es mir, daß du es in diesem Sinne aufklären willst, nachdem du die Macht der Religion der Liebe selbst empfunden hast. Petermännchen verbeugt sich zustimmend. Die Gestalt erhebt die Hand. Rollen im Berge, liebliche Musik ertönt. Die Felswand öffnet sich, das Licht wird heller, man sieht die schlafenden Unterirdischen, sie erwachen, sehen sich erstaunt um und brechen in Jubel über ihre Erlösung aus. Petermännchen stürzt dem König zu Füßen, dieser zieht ihn an seine Brust und umarmt ihn. Unter allgemeiner Freude über die Erlösung und bei jubelnder Musik schließt sich langsam der Vorhang. Ende. RUDOLF TARNOW.

DR. PAUL BUHLE (1882-1964). FREUND UND BERATER RUDOLF TARNOWS. GEMÄLDE VON ULRICH HOTOW

Im Zusammenhang mit diesem Konzept ist ein Brief von Interesse, den Dr. Buhle am 6. Oktober 1929 an den Autor geschrieben hat. Buhle hatte von Anfang an großen Anteil genommen an Tarnows Arbeit am „Petermännken" und hat dem Autor mit manchem Rat und Vorschlag helfen können. Mit Tarnows Einwilligung hatte er das Konzept zum „Petermännken" an Professor Wossidlo geschickt und um dessen Meinung dazu gebeten. Da Wossidlo krank war, konnte er nicht gleich antworten.

Dann endlich traf am 6. Oktober 1929 Wossidlos Stellungnahme ein. Sie enthielt manchen kritischen Hinweis, eigentlich sogar grundsätzliche Einwände, weil es in Tarnows Entwurf immer wieder zur Vermischung der heidnischen und christlichen Glaubenswelten kommt. Doch er versagte seine Hilfe nicht, denn wörtlich schrieb er: „Sollten Sie und Tarnow – meinen Bedenken zum Trotz – an dem Plan festhalten, so bitte ich, mich zu benachrichtigen, damit ich nachsinnen kann, ob ich Tarnow in Einzelheiten helfen kann.“ Dr. Buhle teilte dem Freunde Tarnow noch am selben Tag nicht nur die gewiß ernst zu nehmenden Ansichten Wossidlos mit, sondern auch eigene Überlegungen. So riet er ihm: „Dit is en Wark, bi dat'n den Plan lang bi sick rümmerdragen mütt, ganz anners as bi'n Martensmann.“ Sein wichtigster Vorschlag, der den Fortgang und die Struktur des „Petermännken“ maßgeblich beeinflußte, war: „Laten S' sick mal dit dörch'n Kopp gahn: Woans wier't, wenn Se dat jetzige tweite Bild an'n Anfang nehmen ...“. Tarnow befolgte den Rat und schuf einen ersten Akt, über den Dr. Buhle in einem Brief vom 3. Januar 1930 an Tarnow meinte: „Anbei Akt I mit bestem Dank zurück. Ein paar Bemerkungen zu Einzelheiten lege ich bei. Mein Gesamteindruck ist: An diesem Akt würde auch Wossidlo sicher Freude haben. Die Handlung ... ist spannend, und, was das Wichtigste ist, die Spannung steigert sich bis zum Schluß.“

Tarnow schildert ein lustiges Treiben unter Mädchen und Burschen, die im Schloßdienst stehen. Sie necken einander und erzählen sich im Dunkel des Burggartens Gespenster- und Spukgeschichten, auch die vom Petermännken. Zu den jungen Menschen gehören Dürten und Heinrich, deren zarte Liebesbeziehung von Tarnow anrührend gestaltet wird. Heinrich ist der treue Schloßsoldat, der später zum Erlöser des verwunschenen Petermännken wird. Der erste Akt endet damit, daß Heinrich in den Schlaf sinkt. Sein Traum handelt vom Petermännken, dessen Schuld und dessen Erlösung. Das Traumgeschehen beginnt und vollendet sich in den nächstfolgenden Akten.

Die Begeisterung, die diese ersten Spielszenen des „Petermännken“ bei den Vorstandsmitgliedern der Plattdeutschen Gilde auslösten, war so groß, daß man sich sofort entschloß, sie noch auf dem Frühjahrs-Heimatfest aufzuführen. Am 11. März 1930 fand in den Stadthallen die Uraufführung des ersten Aktes, gespielt von Mitgliedern der Gilde, statt. Tarnow hatte für den Abend der Uraufführung einen „Vörspruch“ verfaßt, den er den Anwesenden vor Spielbeginn vortrug. Darin hieß es:

„So will ick jug denn all begröten,
Von Harten jug willkamen heeten,
Poor schöne Stund'n söllt ji beläben,
Hüt willn w' mal ganz wat anners gäben.
Blot einen Haken is dorbi,

Hüt giwt't wat von de Spökeri,
Von't Petermännken ward dat sien
Un spält in't Sloß von Oll-Swerin.

Nu möt ick wieder noch verraden:
Jug ward hüt blot 'ne Vörspies' baden,
Ein Vörspill blot – dat dicke Enn',
Dat liehrt, villicht, in'n Harwst ji kenn',
Dat giwt jo noch ein anner Flag,
Dat giern Kemedi maken mag,
Dor spälen blot de grot Kanonen,
Dor ward de Sak sick bäder lohnen.

Von uns deiht jeder, wat he kann,
Ji äwer kiekt dat gnädig an,
Un is dat nix, denn wier dat Spaß,
Denn hew ick schuld, ick bün de Klas."

Das Spiel kam an. Darsteller und Gildenvorstand waren zufrieden. Tarnow nahm die Ermutigung mit nach Hause, daß sein Stück, wenn er es denn im begonnenen Sinne zu Ende führte, ein Erfolg werden könnte. Die Aussicht, daß es von der Niederdeutschen Bühne im Staatstheater aufgeführt werden würde, bestärkte ihn, sein Bestes zu geben. Dr. Buhle bedauerte zwar, daß das „Petermännken"-Spiel dem Heimatfest der Gilde verloren gehe, trotzdem befürwortete er die Uraufführung am Staatstheater. Am 3. Januar 1930 schrieb er dem Dichterfreund: „Ich verkenne keineswegs, daß für eine Aufführung im Staatstheater gewaltige Gründe sprechen: die besseren Hilfsmittel des Staatstheaters gewährleisten eine tadellose Aufführung; das Stück kann auf diese Weise einem weiteren Kreis von Zuschauern zugänglich gemacht werden,und – was für Sie in Zukunft von Wichtigkeit sein kann – als Autor eines im Staatstheater aufgeführten Stückes würden Sie leichter Zugang zu anderen niederdeutschen Bühnen finden."

Als Dr. Buhle dann spürte, daß Tarnows Arbeit am „Petermännnken" ins Stocken geriet, als der Autor durch Herzbeschwerden am Weiterschreiben gehindert war und eine Herzheilkur in Anspruch nehmen mußte, schrieb er ihm am 13. Juli 1930 einen anteilnehmenden und aufmunternden Brief: „Mien leiw Herr Tarnow! Dat deiht mi bannig leed, dat Se dat dor in Bad Nauheim so beluert hett! Buten dat schönste Sommerweder, womoeglich noch 30 Grad in'n Schatten, as wi 't hier hatt hebben, un denn in'n Bett liggen möten un oewer sien Hartweih nahdenken, dat hal de Düwel, wenn he 't hebben will!

Ick kann Se 't nahfäuhlen, wenn Se dat Petermännken ganz ünnen nah'n Kuffer wedder rinnerpackt hebben. Na, upschawen is nich uphawen, un de Gesundheit mütt nu mal vörgahn, un wenn dat dissen Harwst mit de Urupführung an'n Ollen Goren (wo das Staatstheater steht, A.Hü.) noch nix ward, denn helpt dat eben nich. ... Se warden den ollen Sloßgeist in'n richtigen Ogenblick noch wedder ut sien Höhl ruterhalen."

Am 8. Februar 1930 hatte Rudolf Tarnow ein „Petermännken-Leed" geschrieben. Es ist anzunehmen, daß es

auf dem Heimatfest der Gilde am 11. März 1930, dem man den Namen Petermännkenfest gegeben hatte, in den Stadthallen erklungen ist. Tarnow hatte die Verse so gesetzt, daß sie nach der Melodie des Liedes „Ick weit einen Eikbom" gesungen werden konnten. Vielleicht aber war das Petermännken-Lied für die Aufführungen im Staatstheater gedacht? Hier kann nur gemutmaßt werden.
Da der Text des „Petermännken-Leedes" unveröffentlicht ist, soll er hier folgen:

PETERMÄNNKEN-LEED
(Singwies: Ick weit einen Eikbom)

Wer wannert woll rümmer tau nachtslapen Tied
As Spoek dörch dat Sloß tau Swerin?
Mit Sloetels un Lücht, mit'n Degen tau Sied,
As würd he de Slüter hier sien?
He is nich grot,
Dreggt spitzen Hood
Un kleedt sick in Swart un in Witt un Rot?

Dat is Petermännken, de wannert ümher
Un hölt all's in Reig un in Schick.
So drad einer ful un gor ihrlich nich wier,
Denn kriggt he em 's nachts bi dat Gnick,
Un de em narrt,
Ward taast un tarrt,
Bet he wedder nett un manierlich ward.

Man, is einer ihrlich un flietig un flink
Un iwrig in Warken un Dohn,
Denn kümmt Petermännken, dat kroetige Ding,
Un giwt em woll 'n Dahler as Lohn,
Ganz lies' un sacht,
Ihr' de dat dacht,
Un hett denn in'n Stillen in de Fust sick lacht.

Wier König vör Johren un drög ok 'ne Kron,
Sien Riek wier deep ünner de Ir,
Bet he würd verflucht üm sien unchristlich Dohn,
Nu söcht he un wannert ümher,
Sien Not is swor,
All' hunnert Johr
Von Flauk em tau lösen de Stund is dor.

So driwt he sien Wäsen all dusend von Johr
As Schutzgeist von't Sloß tau Swerin,
Kennt Rast nich un Rauh nich, is hier bald un dor,
Ward ümmer up Wannerung sien,
Is bannt un bunn'n,
Bet kümmt de Stund'n,
Dat he ok erlöst un sien Rauh hett fund'n.

Dr. Buhles Überzeugung, Tarnow werde das „Petermännken"-Manuskript im rechten Moment wieder hervorholen und an der Dramatisierung des Stoffes weiterarbeiten, bewahrheitete sich. Noch während der Herzkur in Bad Nauheim vom 23. Juni bis 26. Juli 1930 hat Tarnow die Arbeit am die Tarnow 1930 geschaffen hat: „Dat Randewuh. Wat an'n 100. Geburtsdag von Fritz Reuter nachts von twölf bet ein in'n Rathus tau Stemhagen passiert is" und „Mecklenburgischer Erntfestzug. Aufführungen bei der Feier des 100jährigen Bestehens der Heil-und Pflegeanstalt Sachsenberg bei Schwerin".

Letzte Jahre

Rudolf Tarnow war als Betriebsoberinspektor des Sachsenberges und als plattdeutscher Autor eine bekannte und angesehene Persönlichkeit in der Stadt Schwerin. Durch sein offenes, unkompliziertes Wesen und seine freundliche und gesellige Art gewann er bald einen ausgedehnten Bekannten- und Freundeskreis. Zu regelmäßigen Begegnungen kam es mit den Schweriner Freunden. Mit ihnen traf er sich am Biertisch, im Seglerverein oder in der Plattdeutschen Gilde. Das Gildenleben wurde ja maßgeblich von ihm mitgeprägt, nun schon seit mehr als zehn Jahren. Sein 60. Geburtstag im Jahre 1927 war Anlaß, ihm manche Ehrung zuteil werden zu lassen. Der Schweriner Gildenvorstand, dem Dr. Paul Buhle, H.K.A. Krüger und Dr. Wilhelm Neese angehörten, beschloß, Tarnow zum Ehrenvorsitzenden, „tau unsen Ihrenbaas", zu ernennen. Die Landsmannschaft der Mecklenburger zu Hamburg-Altona wählte ihn am 3. April 1927 zu ihrem Ehrenmitglied. Die Gilde der Mecklenburger in Kiel vollzog diesen für Tarnow ehrenvollen

Rudolf Tarnow, 1927

Schritt am 3. Dezember 1927. Voller Stolz berichtete er über diese ihm erwiesenen Würdigungen seinem Verleger Blanck nach Wismar, allerdings begleitet von einem Augenzwinkern und folgenden, nicht sehr ernst gemeinten Sticheleien: „Woans kam ick Di vör? Dorgegen büst Du doch man einen ganzen lütten Schieter. Du wardst in'n Läben kein Ihrenmitglied, hest't ok nich verdeint, dortau hest Du Dienen Verfasser väl tau väl argert. Verleggers kamen all in de Höll." Mit gleicher Münze zahlte Blanck zurück und erwiderte: „Du mußt wirklich Recht haben, dorgegen bün ick einen Schieter, und zwar im wahrsten Sinne des Wortes. Ehrenmitgliedschaft

Rudolf Tarnow an seinem 60. Geburtstag am 25. Februar 1927. Mit Frau Erna am Geburtstagstisch

bringt kein Geld ein und dorup schiet ick."

Um Geldeinnahmen waren beide, Autor und Verleger, sehr bemüht. Alle seit etwa Beginn der zwanziger Jahre entstandenen Gelegenheitsdichtungen, von denen Tarnow die meisten im Auftrage des Verlages verfertigte, dienten dazu, die pekuniäre Situation beider Partner aufzubessern. Von 1923 bis 1933 war Tarnow ein ständiger Mitarbeiter am „Voß-un-Haas-Kalender", wie der Volksmund den bei Hinstorff in Wismar erscheinenden „Mecklenburg-Schwerinschen und Mecklenburg-Strelitzschen Kalender" nannte und wie er ab 1932 auch wirklich hieß. In der Kalenderabteilung „För de Gören" sind 70 Kindergedichte von Rudolf Tarnow erschienen, 20 davon entstammten seinem Buch „Rüter-Püter". Die dem Band „Rüter-Püter" entnommenen Gedichte waren in der Regel die besseren Kindergedichte, die von Tarnow in den Kalenderjahrgängen zu lesen waren. Zu den wenigen guten Kindergedichten, die Tarnow seinem Verleger zuliebe für den „Voß-un-Haas-Kalender" neu geschaffen hatte, gehören unter anderen „De tweiig Schirm" (Jahrgang 1926) und „Brauder hett ein Swesting krägen" (Jahrgang 1932):

De tweiig Schirm

Un pladdert dat von baben dal
Un gütt dat as mit Mollen,
Dat deiht mi nix, ick hew'n Schirm,
Den kann 'ck mi oewerhollen,
Un hölt de Schirm ok nich ganz dicht
Un drüppelt dat in'n Nacken,
Dat Water löppt all wedder rut,
Ick hew 'n Lock in'n Hacken.

Brauder hett ein Swesting krägen

Brauder hett ein Swesting krägen,
In de Weig, wo he eins lägen,
Makt sick nu sien Swesting breit.
In de Weig weit he Bescheid,

Wi Gillenmeister un Schöppen von de Plattdütsch Gill to Swerin betügen dörch dissen Breif, dat wi beslaten hebben, unsen Maaten

RUDOLF TARNOW,

de siet vele Johren as enen dägten Nedderfassen för Heimatspraak un Heimatoort in Wurd un Schrift intreden is, de dörch sien Dichtungen uns' Maaten an männig Gillenawende Freud' maakt un in swore Kriegs- un Nahkriegstiden vel Dütsche upricht't hett, hüt as an sinen 60. Geburtsdag to unsen

JHRENBAAS

to maken.

Swerin, den 25. Hornung 1927.

P. Brockmann

J. Buckentin

Willem Gielow

RUDOLF TARNOW WIRD ANLÄSSLICH SEINES 60. GEBURTSTAGES ZUM EHRENVORSITZENDEN DER PLATTDEUTSCHEN GILDE SCHWERIN ERNANNT.

Will mal seihn, wo ehr dat lett,
Ob se woll all Bieters hett.

Krüppt ut't Bedd un kickt mal to,
Vadding – Mudding, slapen jo.
Ne, wo süht sien Swesting ut,
Hölt de Hännings vör de Snut.
Ne, so lütt un mükerig,
Ne, so dümming wier ick nich!

Spaß hat ihm diese Art Reimerei nicht bereitet. Den meisten Gedichten ist auch anzumerken, daß Tarnow sich zwingen mußte, Kinderverse auf Bestellung zu verfertigen. Doch die Kalendermacher der Hinstorffschen Verlagsbuchhandlung waren unerbittlich. Ende Mai, Anfang Juni jeden Jahres schickten sie ihm Bilder mit Kindermotiven, die Tarnow dann textlich auszugestalten hatte. Mit wie wenig Bereitschaft und Neigung er das tat, geht aus seinem Brief vom 2. Juni 1927 an Fritz Blanck hervor: „Die Görensachen sind viel schwieriger, als Du Dir in Deiner Naivität einzubilden

Anlässlich seines 60. Geburtstages (25. Februar 1927) wird Rudolf Tarnow Ehrenmitglied der Landsmannschaft der Mecklenburger zu Hamburg-Altona.

scheinst. Du schreibst mir einfach vor: 30 Buchstaben, 13 Zeilen; 27 Buchstaben, 9 Zeilen usw. In diesen Rahmen soll ich meinen dichterischen Erguß hineinpressen. Klaukschieter! Du kriegst nicht eines fertig!"

Tarnow bekundete auch in den Folgejahren nur wenig Lust zu der ihm abverlangten, ihn stets quälenden Kalenderreimerei. Am 16. Mai 1930 gab er Fritz Blanck mit Ironie zu verstehen: „Die Görenbilder für den Kalender 1931 habe ich also wieder glücklich in Händen, und ich hatte mich schon so sehr gefreut, daß diesmal der Kelch an mir vorübergehen werde. ... Ich muß in der nächsten Zeit wieder auf zwei Monate nach Nauheim und soll da recht der Ruhe pflegen – und da kann ich wieder mit der Kalendermacherei ins Bad ziehen, worauf ich gar nicht schlimm (scharf, A.Hü.) bin."

Außerdem gehörten zum sogenannten „Voß-un-Haas-Klimbim", wie Tarnow sich auszudrücken pflegte, auch die Neujahrsgedichte, nach denen er ebenfalls kein Verlangen hatte. Er mußte sie jedoch in schöner Regelmäßigkeit liefern, eben alle Jahre wieder. Am Ende waren es zehn.

Mehr Freude bereitete Tarnow die Spruchdichtung und deren Veröffentlichung als Einzelblätter in graphisch ansprechender Form. Nachdem der erste Spruch „Mötst di nich argern“ in einer Auflage von 20 000 Postkarten und etwa 4 000 größerformatigen Blättern bereits nach kurzer Verkaufszeit (Ende 1927 bis Mitte Februar 1928) vergriffen war, wurde vom Verleger Fritz Blanck sogleich die zweite Auflage in gleicher Höhe in Auftrag gegeben. Tarnow sah sich ermutigt, zwei weitere Sprüche, und zwar „Minsch, wenn ick di raden kann“ und „Gauden Rat will ick di gäben“, zur Veröffentlichung in gleicher Form anzubieten. Dem Verleger Blanck schlug er am 7. September 1928 vor: „Ich möchte im Ganzen 3 Sprüche (Lebensweisheiten) schreiben, und zwar noch einen über das Grübeln und einen über das junge Herz. Ich füge sie an; Bohnhof hält sie für Schlager und meinte, wir sollten sofort damit antreten, die Stimmung wäre durch ‚Mötst di nich argern‘ vorbereitet, es könnte ein Bomben-Weihnachtsgeschäft werden. Wie denkst Du darüber?“ Blanck willigte ein und antwortete ihm schon am nächsten Tag: „Nun zu den andern beiden Sprüchen. Ich bin bereit, auch diese beiden herauszubringen, jedoch – als vorsichtiger Mann – nur unter der Bedingung, daß die Verrechnung mit dem ersten Spruch vonstatten geht, d.h., daß ein eventuelles Defizit bei den beiden weiteren Sprüchen durch das Plus des ersten Spruches gedeckt wird. Wenn Du hiermit einverstanden bist, werde ich mich sofort mit Gahlenbeck zwecks Zeichnung der beiden Sprüche in Verbindung setzen.“ Der Schweriner Maler und Graphiker Gahlenbeck zeichnete die Sprüche, verlieh ihnen die graphische Gestaltung. Als Mehrfarbendrucke in den Formaten 10 mal 14 cm (Postkarte), 18 mal 27 cm und 25 mal 37,5 cm wurden sie in zahlreichen Auflagen und in hoher Stückzahl auf den Markt gebracht. So bedeutend aber konnten die Einnahmen für Tarnow nicht gewesen sein. Die Sprüche kosteten gemäß ihren Größen 10 Pfennige, 90 Pfennige und 1,35 Mark. Den Verdienst teilten sich Autor, Verleger, Grossisten und Buchhändler. Tarnow bekam mit 1 Pfennig pro Spruchkarte (Postkarte) nicht gerade den Löwenanteil.

Im Rahmen der Gelegenheitsdichterei war sich Tarnow nicht zu gut, auch Verse für Reklamezwecke zu verfassen. In dem Gedicht „Du sast sporen“, im Auftrage des Verbandes der mecklenburgischen Sparkassen geschrieben und als Deckeleindruck in den Sparkassenbüchern des Landes verwendet, forderte Tarnow seine Landsleute auf, sparsam zu sein und das ersparte Geld den Kassen anzuvertrauen. – Fünf recht umfängliche

Gedichte, alle als Sondereinzeldrucke 1928 erschienen, warben auf originelle Weise für den Kunsthonig von Häuer aus Lübeck.

Tarnows Verleger Fritz Blanck machte sich lustig über diese Verseschmiederei und mahnte den Autor, kostbare Zeit nicht so leichtfertig zu vertun. Doch der war anderer Meinung: „Auf Deine Anpflaumerei wegen der Honig-Gedichte möchte ich doch etwas erwidern. Kunst geht nach Brot, namentlich in heutiger Zeit, auf den Ruhm mit hungrigem Magen pfeife ich. Es war von mir eine Augenblickslaune, und habe ich den Wunsch des mir bekannten Dr. Chemikers erfüllt, weil ich sah, daß auch Paul Simmel für den gleichen Zweck gemalt hatte. Du zahlst mir für die Beiträge zum Voß-un-Haas-Kalender 150 M, Abrechnung nach 3/4 Jahr, – für diese Gedichte habe ich das Dreifache erhalten, zahlbar sofort. Ich wäre doch ein Idiot gewesen, aus überkandideltem Dichterfimmel auf diese Gelegenheit zu verzichten. Ich habe absolut keine Absicht, mich als Reklamedichter zu produzieren, aber diese kleinen Gedichte bringen meinen Namen wieder in Erinnerung, genau wie die Plakate (gemeint sind die größerformatigen Spruchdrucke, A.Hü.). Du rögst Di jo nich, also möt ick dat maken. Un denn kam ick up disse Ideen blot denn, wenn mi dat Geld knapp is. Sorg Du dorför, dat Bäuker verköfft warden un dat de Afräknungen an'n Fälligkeitstermin von sülwst sick afwickeln. Versspreckst Du, dat Du Di bädern wist, denn will ick mi ok bädern un kein Reklamegedichte wedder schrieben. Suum cuique! Dor rük an!"

Die Auseinandersetzungen zwischen Tarnow und Blanck nahmen allmählich heftigere Formen an. Doch bisher war es ihnen gelungen, die Unstimmigkeiten auf gütliche Weise aus dem Wege zu räumen, indem sie aufeinanderzugingen und sich verständigten. Mit der Zeit aber mußte Tarnow den Eindruck gewinnen, daß er bei Kompromißlösungen stets den kürzeren zog, was er seinem Kontrahenten am 26. November 1928 deutlich zu verstehen gab: „Du bist ein großer Diplomatiker, mit Dir ist nichts anzufangen. Du behauptest auch dann noch das Gegenteil, wenn Du es selbst nicht mehr glaubst. Wie sagt der Martensmann? ‚Föllt mi nich in, hier still tau swiegen, so lang ick stried, kann recht ick kriegen!' Also kommen wir wieder zu einem Kompromiß. Weißt Du, edler Gönner, bei all unsern Kompromissen hast Du eigentlich immer den Vorteil gehabt, und ich habe mich so nach und nach verschlechtert. Na, mötst di nich argern! ... Übrigens, heute lese ich im ‚Eekbom', daß zwischen Reuter und Hinstorff schon vor 60 Jahren derselbe Klamauk bestanden hat. Das ist erblich in der Familie."

Immer häufiger traten Störungen in ihren geschäftlichen Beziehungen auf. Tarnow zeigte sich unzufrieden mit der Art und Weise, wie und zu welchen Zeitpunkten der Verlag abrech-

Minsch, wenn ick di raden kann,
Wend' di nich dat Grüweln an!
Dat oll Grüweln is nix wiert,
Dordörch ward't ierst recht verkihrt,
Lewer denk mit lachen Mien:
Dat künn noch väl narrscher sien!

Minsch, wenn ick di raden kann,
Wend' di nich dat Grüweln an!
Geiht't ok noch so kunterbunt, -
Läwst jo noch un büst gesund,
Smecken deiht noch Koem un Bier,
Sleihst di dörch - wat wist du mihr!

Minsch, wenn ick di raden kann,
Wend' di nich dat Grüweln an!
Hest du noch 'n Knust in't Schapp,
Geiht di dat noch lang' nich knapp,
Putz em weg - un lach dorbi,
Fäuhlst di gliek von Sorgen fri!

Minsch, wenn ick di raden kann,
Wend' di nich dat Grüweln an!
Tüg' di lewer 'n Buddel Wien,
Gornich good naug kann se sien,
Drink se ut - un drink noch ein,
Di ward anners - sast blot seihn!

Rudolf Tarnow.

·Nr. 2·

„Minsch, wenn ick di raden kann…"

nete und ihm das oft längst fällige Honorar zustellte. Der Verlag wiederum beklagte sich darüber, daß Tarnow uneinsichtig und nicht entgegenkommend genug wäre und daß er kein Verständnis aufbrächte für die Schwierigkeiten, in die die Wirtschaft allgemein und mit ihr die Buchproduktion geraten sei. Tarnow erhob nachdrücklichen Einspruch dagegen, daß sich sein Verleger nicht mehr an die vertraglichen Regelungen hielt, und forderte im Brief vom 11. Oktober 1929 an Fritz Blanck: „Vertrag und Abmachungen sollen zu Recht bestehen und innegehalten werden, das ist doch die Basis aller korrekten Geschäfte zwischen Autor und Verleger, sonst artet

Gauden Rat will ick di gäben:
Holl di jung in Hart un Sinn,
Mit de Jungen mötst du läben,
Stellt sick eins dat Oeller in.

Mit de Jungen mötst du't hollen,
Du wardst wedder jung dorbi,
Oewer geihst du mit de Ollen,
Minsch, denn is't bald ut mit di.

Mit de Jungen mötst du singen
Von de Lew un gollen Wien,
Denn wardst du dat Oeller dwingen,
Uemmer jung in'n Harten sien!

Rudolf Tarnow

·Nr 3·

„GAUDEN RAT WILL ICK DI GÄBEN…"

die Sache ja zu einem Chaos aus. ... Und das steht doch fest: Würde ich nicht ab und zu energisch auf Abrechnung drängen, Du denkst gar nicht daran, mir unaufgefordert eine Abrechnung zu machen, Du denkst vielmehr: He seggt jo nix, denn segg Du man ok nix, desto länger behöllst Du Din Geld!"

Der Verhandlungston zwischen ihnen verschärfte sich. Die Gefahr war groß, daß sie zu keiner gemeinsamen Sprache mehr finden würden, zu unterschiedlich waren ihre Standpunkte. Im Brief vom 23. Oktober 1929 an Fritz Blanck klagte Tarnow ein: „Diese Schreiberei ist zwecklos, wir reden ja aneinander vorbei. Wir kommen nicht

vom Fleck, und hätte ich bis Neujahr oder gar Ostern gewartet, Du würdest mit denselben Einwendungen kommen und mir dieselben Antworten geben. Also rekapitulieren wir: Folgendes steht fest:
1. Du bist mit Honorarzahlungen, die Du selbst anerkannt hast, im Rückstand. –
2. Es befinden sich in Deinen Händen meine Gewinnanteile von Spruch 1, 2 und 3. –
3. Ob und wann Du zu 1. und 2. zahlen willst, darüber hüllst Du Dich in Schweigen. –
4. Du läßt lustig weiter drucken, Du setzt mein Einverständnis eben voraus. Du mußt doch einsehen, daß dies nicht so weitergehen kann. Zu welchem Zweck soll die eingehende mündliche Aussprache dienen? Die Sache liegt doch ganz klar, erfülle doch Deine Verpflichtungen und handle nach Vertrag und Abmachungen, und alles ist gut. Ich bin doch nicht derjenige, der gegen etwas verstoßen hat, ich bin doch bis jetzt immer der Nachgebende gewesen. Das darf aber doch kein Dauerzustand werden.“ Blanck sah sich in seiner bedrängten finanziellen Lage genötigt, eine Aussage zu treffen, die er, auch wenn sie ihm schwer fiel, dem Autor am 19. November 1929 übermittelte: „Es bleibt da also nur die Möglichkeit, daß Du Dir einen anderen Verleger suchst, der diese Verluste tragen kann und vielleicht auf Deine Bedingungen eingeht. ... An eine Durchführung dieses Vorschlages glaube ich aber noch nicht; vielmehr hoffe ich, daß ... wir wie früher in alter Eintracht weiter zusammenarbeiten können.“ Tarnow reagierte entsprechend und übermittelte seinem Verleger am 23. November 1929 einlenkend: „Wenn es sich irgend machen läßt, bin ich dafür, daß wir in alter Eintracht weiter zusammenarbeiten.“ Die Zahlungsquerelen zwischen Tarnow und Blanck waren damit keinesfalls beigelegt. Tarnow spürte, daß Freundschaft und Eintracht bei Geldangelegenheiten in diesen Zeiten nicht zählten. Mit Rücksicht auf seine Gesundheit und in der Erkenntnis, daß er die immer komplizierter werdenden Finanzgeschäfte nicht mehr durchschaute, beauftragte er Ende Dezember 1929 seinen Sohn, den Syndikus Dr. jur. Walter Tarnow aus Berlin, die Auseinandersetzungen mit der Hinstorffschen Verlagsbuchhandlung zu führen. Mit juristischem Schneid versuchte Dr. Tarnow, die Interessen seines Vaters wahrzunehmen. Doch den wirtschaftlich gewieften und um seine Existenz ringenden Verleger vermochte er kaum zu beeindrucken. Dr. Tarnow hatte sich besonders zu Beginn der Jahre 1931 und 1932 in der Streitsache Tarnow/Blanck engagiert und die Forderungen und Rechte seines Vaters in längeren Schriftsätzen zum Ausdruck gebracht.

Unter den verheerenden Folgen der Weltwirtschaftskrise, die alle Bereiche des Lebens und der Arbeit erfaßt und erschüttert hatte, geriet der Verlagsunternehmer Fritz Blanck in immer größere Zahlungsbedrängnis. Der Absatz der Bücher lag weit unter den Erwartungen. Auch Tarnows Titel, selbst die „Burrkäwers“, waren während dieser Zeit, also in den Jahren von 1928 bis 1932, keine Zugnummern mehr. Von „Rüter-Püter“ wurden im ganzen Jahr 1930 nur 32 Exemplare und von „Ringelranken“ auch lediglich 139 Bücher verkauft. Blanck signalisierte am 11. Januar 1932 dem Dichter, der diese Misere nicht völlig überschaute, den alarmierenden Satz, „daß irgend etwas geschehen muß, wenn wir den Absatz Deiner Bücher nicht ganz einschlafen lassen wollen.“ Es ist fraglich, ob der Preisnachlaß von 10 Prozent, zu dem sie sich 1930 entschlossen, hier eine spürbare Abhilfe geschaffen hat. Zu keinerlei Verhandlungserfolg führte das forsche Eingreifen des Dr. jur. Walter Tarnow, der seinen kranken Vater unterstützen sollte und wollte in dessen Konflikt mit Blanck. Die unnachgiebigen Forderungen Dr. Tarnows zwangen den Verleger Blanck, der dem Bankrott nahe war, abermals erklären zu müssen, daß es das beste wäre, „wenn wir uns geschäftlich trennen“, „wenn sich Ihr Herr Vater einen anderen Verleger suchte.“

Zu einer Trennung, die für beide Seiten gewiß unvorteilhaft gewesen wäre, ist es nicht gekommen. Die Vernunft hatte letztlich die Oberhand behalten und dafür gesorgt, daß Verleger und Autor wieder zu normalen Arbeitsbeziehungen zurückkehrten. Blanck setzte seine ganze Hoffnung auf einen weiteren, den siebenten Band der „Burrkäwers“, von dem Tarnow seit 1930/31 gelegentlich, aber mit der gebotenen Vorsicht und Zurückhaltung sprach.

Am 19. Mai 1931 war zum ersten Mal in ihrer Korrespondenz von einem siebenten „Burrkäwers“-Band die Rede. Unter diesem Datum schrieb Blanck an den Autor: „Wenn Du beabsichtigst, zum Herbst einen neuen Burrkäwersband (Bd. 7) herauszubringen, was ich hoffe, so wäre ich Dir sehr dankbar, wenn Du mir hiervon einige Läuschen zur Verfügung stelltest, damit ich mit dem einen oder anderen durch Abdruck in Zeitungen schon eine Vorreklame bewerkstelligen kann. Natürlich müssen es möglichst zugkräftige Läuschen sein.“ Als Blanck am 11. Juni 1931 noch einmal nachfragte: „Was macht der 7. Band Burrkäwers?“, erhielt er zur Antwort: „Zu den ‚Burrkäwers‘ fehlt mir momentan die rechte Stimmung.“

Rudolf Tarnow war müde geworden. Ein Herzleiden schwächte seine Arbeitskraft und nahm ihm den Antrieb zum künstlerischen Schaffen. Gelegentlich schrieb er noch das eine oder andere heitere Gedicht, z.B. „In 't Johr Tweidusend“ 1928 und „Jochen as Bedeinter“ 1932, doch für ein gezieltes Hinarbeiten auf einen siebenten „Burrkäwers“-Band gibt es keine Anzeichen.

Vielleicht fürchtete Tarnow auch die Kritik, das „Huhnhäuser-Struck-Specht'sche Rezept“, wie er am 5. Dezember 1927 schrieb. Die Literaturkritik hatte es nicht gut mit ihm gemeint. Ein weiteres „Burrkäwers“-Buch könn-

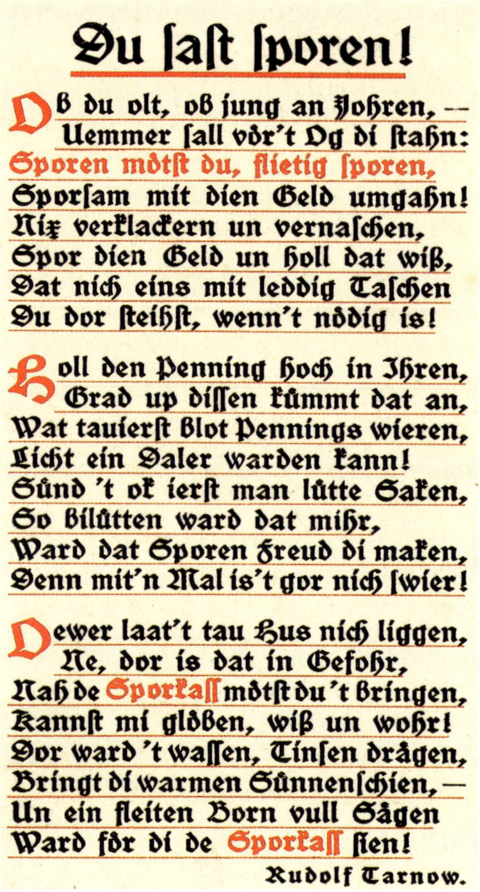

Du sast sporen!

Ob du olt, ob jung an Johren, —
Uemmer sall vör't Og di stahn:
Sporen mötst du, flietig sporen,
Sporsam mit dien Geld umgahn!
Nix verklackern un vernaschen,
Spor dien Geld un holl dat wiß,
Dat nich eins mit leddig Taschen
Du dor steihst, wenn't nödig is!

Holl den Penning hoch in Ihren,
Grad up dissen kümmt dat an,
Wat tauierst blot Pennings wieren,
Licht ein Daler warden kann!
Sünd 't ok ierst man lütte Saken,
So bilütten ward dat mihr,
Ward dat Sporen Freud di maken,
Denn mit'n Mal is't gor nich swier!

Dewer laat't tau Hus nich liggen,
Ne, dor is dat in Gefohr,
Nah de Sporkass mötst du't bringen,
Kannst mi glöben, wiß un wohr!
Dor ward 't wassen, Tinsen drägen,
Bringt di warmen Sünnenschien, —
Un ein fleiten Born vull Sägen
Ward för di de Sporkass sien!

Rudolf Tarnow.

te den Rezensenten Anlaß zu neuen Angriffen bieten. Denkbar, daß auch solche Überlegungen seine Schreibmotivation gelähmt haben.

Um so mehr freute sich Tarnow über Anerkennungen, die ihm gelegentlich doch auch aus niederdeutschen Fachkreisen zuteil wurden. So empfand er es als Ehre, daß eine Auswahl aus seinen Texten in ein Schullesebuch 1927 aufgenommen werden sollte. „Ich halte es für eine großartige Reklame, daß die Sachen überhaupt in die Lesebücher hineinkommen“, schrieb er am 20. August 1927 an Fritz Blanck, dem er zehn Tage zuvor bereits Näheres über das Lesebuchvorhaben mitgeteilt hatte: „Studienrat Vitense, Neubrandenburg, schrieb an mich, daß er beauftragt sei, zu dem Knabenlesebuch ‚Deutsches Erbe‘ für Sexta bis Obersekunda einen Anhang für Norddeutschland herauszugeben, in dem die verschiedenen Mundarten aufgeführt werden sollen. Er möchte gerne aus ‚Klickermann‘ die Einleitung von ‚Frühlingstied‘, ‚De Sommerabend‘ und ‚Winterstied‘-Anfang zum Abdruck bringen, auch eventuell etwas aus Burrkäwers. Ich habe ihm ‚Sünnenstrahl‘ und ‚Mudderlew‘ vorgeschlagen, habe ihn auch auf Ringelranken hingewiesen. Den Auszug aus ‚Klickermann‘ habe ich ihm selbstredend erlaubt und ihm geschrieben, ich würde auch Deine Zustimmung einholen.“ In der brieflichen Anfrage von Otto Vitense, datiert unter dem 8. August 1927, stehen außerdem zwei Sätze, die Tarnow mit besonderer Freude gelesen haben wird: „Ich meine, in einem mecklenburgischen Heimatbuch für Schulen insbesondere darf Ihre Dichtung nicht fehlen. Gerade Ihr ‚Köster Klickermann‘ ist für mich neben Reuters ‚Kein Hüsung‘ und ‚Hanne Nüte‘ das Schönste dieser Art, was ich kenne.“

Es war ihm eine große Genugtuung, als er 1929 in eine wichtige Funktion bei der Leitung der niederdeutschen Vereine und Gilden des Landes gewählt wurde. Daß er eine solche Führungsaufgabe gern übernommen hat, geht auch aus der Notiz hervor, die er

Fritz Blanck.
Inhaber der Hinstorffschen Verlagsbuchhandlung Wismar. Seit 1920 Rudolf Tarnows Verleger

Erna und Rudolf Tarnow (vorn links) im Schweriner Seglerheim am Marstall, um 1930

am 2. September 1929 seinem Verleger schickte: „Daß ich 2. Vorsitzender des Mecklenburgischen Plattdeutschen Landesverbandes geworden bin, mit der Aussicht, im nächsten Jahr den 1. Vorsitz (der bislang in dem Anti-Rostock war) übernehmen zu müssen, habe ich Dir wohl schon geschrieben. Von diesem Landesverband ging seiner Zeit die Hühnerhaus-Fehde los. Wie sich die Zeiten ändern!“

Die Zeiten hatten sich wirklich geändert. Tarnow gehörte Ende der zwanziger/Anfang der dreißiger Jahre zu den bekannten niederdeutschen Autoren und nahm einen geachteten Platz in der plattdeutschen Literatur ein. Daran konnte auch der „Quickborn“ in Hamburg, die einflußreiche „Vereinigung von Freunden der niederdeutschen Sprache und Literatur“, nicht

Aus der Heimat

Beilage zur Norddeutschen Post

Nr. 4 — Sonntag, den 13. November 1932 — 1. Jahrgang

Aus meinem Leben.

Nichts ist mir widerlicher, als meinen sogenannten Werdegang zu Papier zu bringen. Ich habe überhaupt keinen Werdegang. Ich habe dasselbe durchgemacht, was alle übrigen Christenmenschen durchmachen müssen. Am 25. Februar 1867 soll ich geboren worden sein, so steht's wenigstens auf meinem Geburtsschein, und zwar in der Geburtsstadt Moltkes in Parchim, worauf ich mir in meinen „kindlichen“ Jahren nicht wenig einbildete. Als „Klabater“ habe ich mich viel auf der Straße herumgetrieben, habe mich mit den anderen Jungs geprügelt — ich glaube, ich habe immer die meisten gekriegt, weil ich nicht fix genug auskniff — und bin dann zur Schule gekommen. Ich soll ein guter Schüler gewesen sein, die Lehrer haben es wenigstens in den Zeugnissen bestätigt, in einem Fach haben sie sich aber geirrt, die 1 im Fleiß habe ich nicht verdient, ich bin ziemlich faul gewesen, aber aufgepaßt habe ich in der Klasse wie ein Schießhund, und da ich ein außergewöhnlich gutes Gedächtnis hatte, „einen behöllischen Kopp“, so kann ich eigentlich nicht von den Leiden, sondern nur von den Freuden der Schulzeit reden. Nach der Konfirmation kam ich in die Kaufmannslehre im Kontor einer Tuchfabrik und wäre auch wohl Kaufmann geblieben, wäre heute vielleicht ein angesehener Großkaufmann, wenn mir nicht die Militärzeit einen Strich durch die Rechnung gemacht hätte. Man überredete mich, beim „Kommiß“ zu bleiben und die Zahlmeisterlaufbahn einzuschlagen. Ich bin darauf eingegangen, habe fast zwanzig Jahre beim Kommiß abgerissen und wäre wohl heute noch Militärbeamter, wenn ich nicht 1906 durch einen Zufall auf die freie Stelle des Betriebsinspektors an der Landesheilanstalt Sachsenberg aufmerksam gemacht worden wäre. Ich bewarb mich, habe sie erhalten und bis zu meiner Pensionierung mit 65 Jahren innegehabt.

Aber Sie wollen wohl mehr von der dichterischen Ader, vom „Erwachen des Genius“ etwas wissen? Je, dorvon bün ick nix fraud worden. Ick kreg mit'n Mal so'n Zieper, tau fantesieren un tau riemen, un schrew allerhand Kram, un wenn 'ck dat vörläsen ded, denn lachten de Lüd, un dat hett mi kettelt, un ick schrew ümmer mihr, un dunn würd't ein Bauk, un de Lüd köften dat, un ick hew mi dacht: Na, denn man tau! Un hüt sünd dat all 6 Bäuker „Burrkäwers“ un ein Band „Köster Klickermann“ un ein Band „Rüterpüter“ un ein Band „Ringelranken“ un in'n ganzen sünd jo woll an 150 dusend Bäuker verköfft, un wenn mi wed Lüd ok runnermakt hemm un mien Bäuker wieren gornich tau bruken, un ick süll mi blot nich inbillen, dat ick 'n plattdütschen Dichter wier, denn hew ick ehr seggt: Ick will jo ok gorkeinen sien, un wenn ji mien Bäuker nich läsen willt, denn laat't ji dat blieben, ick bremmel jug kein Bäuker an, dat makt Hinstorp (die Hinstorffsche Verlagsbuchhandlung, Wismar) un weden mien Bäuker nich gaud naug schräben sünd, de kann sick jo sülwst hensetten un bäder schrieben. Un denn hemm s' mi taufräden laten, un hüt mögen mi de meisten Lüd, de mi kennen, ganz giern lieden, un ick dauh ok keinen wat, ümmer grad tau un so un so. För de Bühn is schrewen: „De Lübecker Martensmann“, dat Heimatspill „Petermännken“, veer Fasselabendswänk vun Hans Sachs in mekelnbörger Mundort. Rund 160 000 Bäuker burren in de Welt umher. Schrieben sünd kamen ut Amerika, Japan, Australien, villich nimmt Piquardt ok noch wed na den Maand mit rup.

Un nu bün ick 65 Johr, müß in'n Rundfunk spräken, un allerhand Remedie un Hophei willen s' mit mi maken, — Kinnings, laat't mi taufräden! Ick sitt lewer in mien stille Eck un drink einen Buddel Rotspon. Wat ick woll möcht, könnt ji alltauhop mi nich gäben: Dörtig Johr jünger müch ick sin; denn wull ick jug oewer wiesen, wat 'n Hark is! O ha, o ha!

Rudolf Tarnow.

Autobiographischer Abriss Rudolf Tarnows

vorbeigehen. Als es zu Beginn des Jahres 1932 darum ging, Professor Dr. Conrad Borchling, dem Nestor der niederdeutschen Philologie, eine besondere Ehrung zuteil werden zu lassen, wandte sich Dr. Strempel im Namen des Quickborn-Vorstandes auch an Rudolf Tarnow: „Am 20. März feiert Prof. Dr. Conrad Borchling seinen 60. Geburtstag. Die Vereinigung Quickborn beabsichtigt, diesem Förderer unserer plattdeutschen Sache zu seinem Ehrentage eine Mappe zu überreichen, die handschriftliche Schreiben unserer bedeutenden plattdeutschen Dichter enthält (Vers, Lied, Musik oder Prosa), und zwar ist geplant, daß jeder einzelne eine Seite zur Verfügung erhält.“ Tarnow entsprach der Quickborn-Bitte und schickte am 1. März 1932 sein handgeschriebenes, 1930 entstandenes Gedicht „Opapa“ zu dem gedachten Zweck nach Hamburg.

Als Rudolf Tarnow am 25. Februar 1932 seinen 65. Geburtstag beging, bereiteten ihm seine Leser, seine Freunde und auch die öffentlichen Blätter des Nordens viel Freude. Sie nahmen diesen Tag, dieses Ereignis zum Anlaß, den Dichter zu würdigen und ihm für seine Geschichten und den darin ausgebreiteten Humor zu danken. Die in Greifswald erschienene Wochenschrift „Heimatleiw un Muddersprak“ schrieb in ihrer Ausgabe vom 4. März 1932: „Am 25. Februar vollendete Rudolf Tarnow sein 65. Lebensjahr. Schon? wird manch einer fragen, der seine liebenswürdigen Werke kennt. Und wirklich, Tarnow ist nur auf dem Papier 65 Jahre alt, in seinen Werken bleibt er jung und frisch. ... Tarnow gibt so viel und so Schönes, möchten recht viele zu seinen Büchern greifen. Sie werden reich belohnt und dankbar sein.“

Die Plattdeutsche Volksgilde zu Lübeck widmete die gesamte Juni-Ausgabe ihres Monatsblattes „De Wiespaal“ dem Leben und den Werken Rudolf Tarnows. Unter der Überschrift „Rudolf Tarnow to sin 65. Geburtsdag“ heißt es: „Dusend mal dusend Meckelbörger lest em geern, un dusend mal dusend Lüd ut anner plattdütsch Land hört em geern, un mi hett mal een seggt: ‚He harr hunnert un mehr Gemeendeabende mitmakt, abers Tarnow sin Burrkäwers orre sin Ringelranken orre sin Rüter-Püter harrn ni nich fehlt. Un wenn de fehlt harrn, weer dat verkihrt worrn!‘ “

Viele freundliche Zuschriften hat er von seinen Lesern bekommen. Sie schickten ihm zu seinem Ehrentag Grüße und gute Wünsche. Aus der Vielzahl der Gratulationen sei eine herausgenommen, über die sich Tarnow vielleicht am meisten gefreut hat. Es ist der in Plattdeutsch abgefaßte Brief von Schauster Harms aus Brüel. Wilhelm Harms (1850-1933) war bekannt als Schreiber zahlreicher heiterer plattdeutscher Kurzerzählungen, die er von 1913 an jährlich im Hinstorffschen „Voß-un-Haas-Kalender“ erscheinen ließ und die mit Schauster Harms unterschrieben sind. Schauster Harms schrieb am 22. Februar 1932 in schlichten, ehrlichen Worten an seinen Freund und Kollegen und Kalendermitgestalter Rudolf Tarnow: „Mien leiw Meister! Wenn Du nu Dienen 65-ten Geburtsdag fierst as Meckelnburger Volksdichter un jerer echter Mecklenburger freut sich, denn hest Du dat verdeint. Lat s’ man all kamen mit ehr grot Geliehrsamkeit, sei känen nich antippen. ... Nimm minen bescheidenen Wunsch hen, so as hei mi ut’n Herzen kümmt: Möcht uns Hergott Di noch männig Johr Gesundheit schenken, dat Du uns mit Dienen einzigen Humor noch lang erhollen bliwst! Herzlichsten Gruß Schauster Harms.“

Häufiger hatten ihn in den letzten Jahren Wünsche für gute Gesundheit erreicht. Rudolf Tarnow nahm sie gern entgegen, denn er spürte, daß eine heimtückische Krankheit wie der Dieb über Nacht gekommen war und allmählich seine Kräfte verzehrte. Erste Anzeichen dafür, daß sein Herz krank geworden war, reichten bis ins Jahr 1927 zurück. Unter den Belastungen des Lebens und der Arbeit: im Verwaltungsbüro, am Schreibtisch in der Studierstube und auf Vortragsreisen durchs Land wurde die Kraft seines Herzens schwächer, gab es ihm immer öfter die ernsten Signale, daß es den Dienst nicht mehr wie gewohnt leisten konnte. Schmerzen in der Brust und Beklemmungen beim Atmen gemahnten ihn zur Vorsicht und Besorgnis.

War es die Krankheit, die ihn um die Jahreswende 1927/1928 zu Überlegungen führte, sein Leben einschneidend zu verändern? Am 1. Februar 1928 teilte er Fritz Blanck mit: „Ich trage mich mit Abschiedsgedanken betreffs des Sachsenberges, und möchte mir ein Haus kaufen resp. bauen. Das Geld dazu habe ich natürlich nicht. ... Nun ist es nicht ausgeschlossen, daß ich Gelegenheit habe, mein Verfasserrecht auf meine Bücher zu verkaufen. Tut man dies? Wie berechnet man das? Wie denkst Du als Verleger darüber? Ist es klug oder dumm gehandelt?“

Es erhebt sich die Frage, wovon Rudolf Tarnow denn gelebt haben würde, wenn er dem Sachsenberg den Rücken gekehrt und seine Position als Betriebsoberinspektor aufgegeben hätte. Ob er eine andere feste Betätigung in Aussicht hatte, ist nicht belegt. Tarnow mochte die Vorstellung gehabt haben, seine Existenz aus Vorlesungen und aus dem Erlös des Verkaufs seiner Autorenrechte bestreiten zu können. Fritz Blanck hat ihn vor solchen Schritten, die er für unüberlegt und gewagt hielt, ganz entschieden gewarnt. Tarnow erkannte, daß seine Absichten nicht ohne Tücken und Gefahren waren und schrieb bereits am 5. Februar 1928 an Blanck: „Mit dem Verkauf des Autorenrechts will ich Deinem Rat folgen; ich glaube selbst, dabei würde ich in die Nesseln legen und wäre der Dumme. Wir beide wollen also in gewohnter Weise weiterwursteln.“

Rudolf Tarnow blieb nicht nur Autor in der Hinstorffschen Verlagsbuchhandlung, sondern auch der oberste Verwaltungsbeamte auf dem Sachsenberg. Das Vorhaben, ein eigenes Haus zu bauen, ließ er fallen. Mit Rücksicht auf seine instabile Gesundheit ließ er ab von allen Plänen, die ihm zu dieser Zeit durch den Kopf gingen. Hätte er sie verwirklicht, wären noch mehr Unruhen und Aufregungen in sein Leben gekommen, sehr zum Nachteil für sein krankes Herz.

Rudolf Tarnows Gesundheitszustand verschlechterte sich seit dem Herbst 1928 zusehends. Eine Arterienverkalkung führte schnell zur Funktionsstörung seines Herzkreislaufsystems und zu starken Herzschmerzen. Tarnow mußte ärztliche Hilfe in Anspruch nehmen. Auch seine Vorgesetzten stellten mit Besorgnis fest, daß er „in letzter Zeit nur unter den größten Mühen den Dienst erledigen“ konnte, und hielten eine Kur für unerläßlich. Am 6. Juni 1929 reichte Tarnow seinen Kurantrag ein. Daraufhin wurde ihm vom Schweriner Ministerium für Medizinalangelegenheiten eine sechswöchige Herzheilkur, beginnend am 19. Juni 1929, in Bad Nauheim genehmigt und gleichzeitig eine Kurkostenbeihilfe von 200,00 Mark gewährt. Die ministerielle Entscheidung basierte auf dem Attest, das der Kreismedizinalrat Dr. Kölzow am 12. Juni 1929 ausgestellt hatte. Es hat folgenden Wortlaut: „Zwecks Ausstellung eines ... kreisärztlichen Zeugnisses habe ich heute Herrn Oberinspektor Tarnow – Sachsenberg untersucht. Er ist früher nie ernstlich krank gewesen. Vor etwa 2 Jahren stellten sich Atembeschwerden und Luftmangel, Schmerzen in der Herzgegend, Kopfschmerzen, Schwindelgefühl, Flimmern vor den Augen, Reizbarkeit und Vergeßlichkeit ein. Die Herz- und Atembeschwerden traten anfallsweise auf. Nach dem Zeugnis des Ob. Med. Rats Dr. Schmidt ergab die Untersuchung 1928 gespannten Puls, verstärkten II. Aortenton und eine ausgesprochene Erhöhung des Blutdruckes. Die Beschwerden waren nach dem Befunde auf eine Arteriosklerose zurückzuführen. Durch die damalige und seit Mai 1929 durch den Anstaltsarzt Dr. Gründler durchgeführte jetzige Behandlung haben sich die Beschwerden nicht gebessert, sondern sich vielmehr verschlimmert. So ist in einer der letzten Nächte ein schwerer Atemnotanfall aufgetreten, und auch bei Konferenzen haben sich wiederholt derartige Anfälle eingestellt. In den letzten 8 Wochen ist eine Gewichtsabnahme von 10 kg eingetreten. – Der Untersuchte ist 62 Jahre alt, 183 cm groß und wiegt halb bekleidet 115 kg. Der Körperbau ist kräftig, der Ernährungszustand überreichlich. Das Aussehen ist leidlich frisch. Über den Lungen waren, abgesehen von einer Lungenblähung mäßigen Grades, krankhafte Veränderungen nicht nachzuweisen. Die Herzgrenzen reichten nach links bis an die Brustwarzenlinie, nach rechts etwas über den linken Brustbeinrand hinaus. Die Herztöne waren unrein, der zweite Aortenton verstärkt. Die Herztätigkeit war arhythmisch, es traten Extrasystolen auf. Der Puls zählte in Ruhe 72 bis 78 Schläge in einer Minute, er war gespannt, ziemlich regelmäßig und gleichmäßig. Das Arterienrohr war verhärtet und etwas geschlängelt. Der Blutdruck war auch heute auf 180/135 mmHg erhöht. Der Leib bot nichts Auffälliges. Im Urin war kein Zucker, jedoch Eiweiß in geringen Mengen nachweisbar. Der Untersuchte leidet an Arteriosklerose, nach den Beschwerden auch an einer Arteriosklerose der Herzkranzgefäße. Nach den ärztlichen Zeugnissen ist durch die bisherige Behandlung keine Besserung eingetreten, die Ärzte halten eine Kur in einem Herzbade für notwendig. Auch ich halte diese Kur für unbedingt erforderlich, da nach dem Fehlschlagen der bisherigen medikamentösen Behandlung nur durch diese Badekur und durch keine andere Behandlung eine Besserung des Leidens und die Erhaltung der Dienstfähigkeit zu erwarten ist. Ich halte eine mindestens 6wöchige Kur in einem Herzheilbade für notwendig. Dr. Kölzow, Kreismedizinalrat."

In Bad Nauheim, 30 Kilometer nördlich von Frankfurt am Main gelegen, war Rudolf Tarnow im Haus Wagner in der Gabelsberger Straße 5 untergebracht. Sein behandelnder Arzt, Medizinalrat Dr. E. Schroeder, gab sich alle Mühe, die Herzmuskelschwäche des Kurpatienten aus Mecklenburg zu beheben und die Blutdruckerhöhung zu senken. Die Heilerfolge stellten sich bald ein. Tarnow fühlte sich gekräftigt, und fast schon ein wenig übermütig klingt es, wenn er am 4. Juli 1929 an Fritz Blanck schrieb: „Im übrigen ist es hier für mich, der den ganzen Tag liegen soll, langweilig und teuer. Ich werde wohl vorzeitig ausrücken, weil mir die Moneten ausgehen."

Tarnow hat tatsächlich eine Woche früher als ursprünglich vorgesehen Bad Nauheim verlassen, doch aus ganz anderen Gründen. Dr. Schroeder verordnete, daß Tarnow die Kur in Nauheim schon nach fünf Wochen am 21. Juli 1929 beenden sollte, hielt aber eine Nachkur von drei Wochen in einem Seebade „zur Sicherung der Kurerfolge" für dringend erforderlich, weil, wie er in seinem „Ärztlichen Zeugnis" schrieb, zu erwarten ist, „daß dadurch die Dienstfähigkeit wieder völlig hergestellt wird". Tarnows Antrag vom 12. Juli 1929 an die Direktion des Sachsenberges, „mir zu diesem Zweck beim Ministerium einen weiteren Kururlaub bis 14. August erwirken zu wollen", war erfolgreich. Die Nachkur verbrachte er an der mecklenburgischen Ostseeküste, und zwar in Arendsee, dem heutigen Kühlungsborn-West. Er wohnte in der Friedrich-Borgwardt-Straße 100.

Über das Ergebnis der insgesamt achtwöchigen Kur vom 19. Juni bis 14. August 1929 in Bad Nauheim und Arendsee urteilte Tarnow in einem Brief vom 2. September 1929 an Blanck: „Die Nauheim-Kur ist mir gut bekommen, ich bin wieder in alter Frische."

Rudolf Tarnows Gesundheit konnte nur vorübergehend stabilisiert werden. Immer wieder wurde er von schweren Herzattacken befallen und niedergedrückt, so daß weitere Kuraufenthalte vonnöten waren. Am 23. April 1930 stellte Dr. Gründler, der Anstaltsarzt des Sachsenberges und Rudolf Tarnows Hausarzt, folgendes Attest aus: „Herr Rudolf Tarnow ist heute von mir untersucht worden. Nachdem im Vorjahre durch eine Kur in Nauheim eine Besserung des Herzbefundes eingetreten war, machen sich zur Zeit wieder stärkere Herzbeschwerden bemerkbar. ... Eine 6wöchige Kur in Nauheim halte ich für nötig."

Die Kur wurde genehmigt. Rudolf Tarnow begab sich für die Zeit vom 23. Juni bis 2. August 1930 zur Kurbehandlung wiederum nach Bad Nauheim, wo er in der Pension Hübner,

Gabelsberger Straße 7, wohnte. Die Kur brachte ihm keine fühlbare Linderung seines Herzleidens. Nach ärztlicher Aussage war dieses Mal eine günstige Einwirkung nicht zu spüren. Tarnow selber äußerte gegenüber Blanck am 9. September 1930: „Gesundheitlich geht es mir mies. Das Herz streikt." Wiederholt klagte er nun über Herzbeschwerden, ließ den Verleger wissen, daß es ihm nicht gut geht. Am 14. Januar 1931 schrieb er: „Ich habe wieder mit dem Herzen zu tun, ich darf mich nicht aufregen", und am 23. Januar 1931: „Mein Herzleiden, das sich augenblicklich wieder verschlimmert hat." Rudolf Tarnow befand sich in ständiger ärztlicher Betreuung. Sein Hausarzt Dr. Gründler mußte in den ersten Monaten des Jahres 1931 eine rapide Verschlechterung des Herzbefundes feststellen und anerkennen, daß das Leiden mit Hilfe von Medikamenten nicht mehr zu beeinflussen war. Er überwies seinen Patienten an den Kreisarzt Dr. Kölzow zwecks Untersuchung und Ausstellung eines amtsärztlichen Zeugnisses zur Gewährung einer erneuten Kurbehandlung. Dr. Kölzow untersuchte Rudolf Tarnow am 4. Mai 1931 und schrieb in sein Gutachten: „Herr Tarnow klagt jetzt in der Hauptsache über Atemnot bei geringster Anstrengung, insbesondere beim Treppensteigen. Die Atemnot hat im letzten Jahre ständig zugenommen, es treten auch wieder schwere nächtliche Anfälle auf. Der Untersuchte ist 64 Jahre alt und wiegt heute mit Hose und Schuhen 115,6 kg. Das Gesicht ist gerötet, nach Anstrengungen nimmt es eine dunkle Farbe an, die ohnehin beschleunigte Atmung wird mühsam." Der Kreismedizinalrat Dr. Kölzow empfahl eine Kur in einem Radiumbad. Die Wahl fiel auf Bad Reinerz im mittleren Schwarzwald. Die sechswöchige Kur begann am 27. Mai 1931. Rudolf Tarnow war im Parkhotel untergebracht. Diese Kur stand unter einem unglücklichen Stern. Nach knapp vierzehn Tagen vertraute Tarnow am 11. Juni 1931 einem Brief an Blanck die Mitteilung an: „Ich habe schlechte Nachricht von Hause, meine Tochter ist schwer krank, meine ganze Badekur geht in die Brüche, es wird wohl nicht anders kommen, ich breche die Kur ab. Durch das fortwährende Grübeln wird mein Herzfehler nur noch schlimmer, und das viele Geld ist nutzlos hingeworfen." Wenige Tage später erreichte ihn die Schreckensnachricht, daß der Zustand seiner Tochter das Schlimmste befürchten ließ, und er solle sofort nach Hause kommen. Als er nach fünfzehnstündiger D-Zugfahrt in Schwerin eintraf, fand er seine Tochter noch lebend vor, doch am 15. Juni 1931 ist sie um die Mittagszeit „nach kurzem, schwerem Leiden" gestorben.

Auf dem kleinen Sachsenbergfriedhof, wo Rudolf Tarnow eine Familiengrabstätte erworben hatte, wurde Tochter Elsbeth am 18. Juni 1931 in aller Stille beigesetzt.

Elsbeth Tarnow war nur 33 Jahre alt geworden. Seit dem 27. Dezember

Am 27. Dezember 1926 hatte Elsbeth Tarnow den Studienrat Dr. Wilhelm Groth geheiratet. Aus ihrer Ehe waren die Kinder Gisela und Klaus-Jürgen hervorgegangen.
Elsbeth Groth starb als junge Frau im Alter von 33 Jahren.

Bild unten:
Todesanzeige von Tochter Elsbeth Groth geb. Tarnow

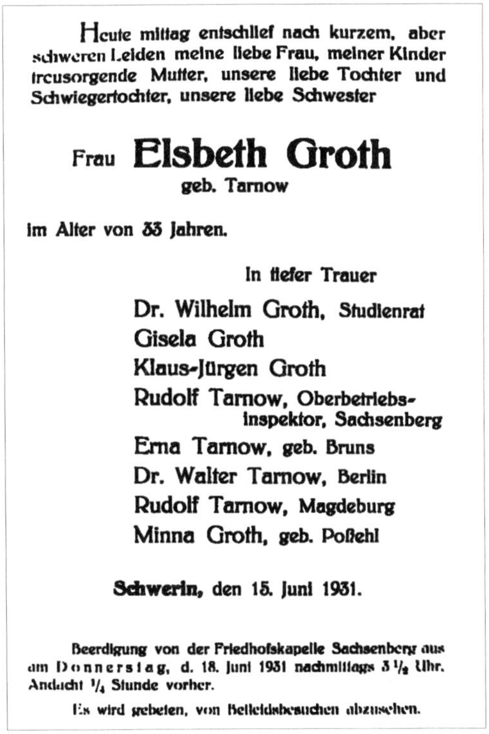

Heute mittag entschlief nach kurzem, aber schweren Leiden meine liebe Frau, meiner Kinder treusorgende Mutter, unsere liebe Tochter und Schwiegertochter, unsere liebe Schwester

Frau **Elsbeth Groth**
geb. Tarnow

im Alter von 33 Jahren.

In tiefer Trauer
Dr. Wilhelm Groth, Studienrat
Gisela Groth
Klaus-Jürgen Groth
Rudolf Tarnow, Oberbetriebsinspektor, Sachsenberg
Erna Tarnow, geb. Bruns
Dr. Walter Tarnow, Berlin
Rudolf Tarnow, Magdeburg
Minna Groth, geb. Poßehl

Schwerin, den 15. Juni 1931.

Beerdigung von der Friedhofskapelle Sachsenberg aus am Donnerstag, d. 18. Juni 1931 nachmittags 3 1/2 Uhr. Andacht 1/4 Stunde vorher.

Es wird gebeten, von Beileidsbesuchen abzusehen.

1926 war sie mit dem Studienrat Dr. Wilhelm Groth verheiratet und hatte zwei Kindern das Leben geschenkt. Tochter Gisela wurde am 25. Juni 1928 geboren und Sohn Klaus-Jürgen am 17. Mai 1930.

Über die Art der Erkrankung Elsbeths und die Ursachen ihres Todes gibt es zwei unterschiedliche Ansichten. Rudolf Tarnow schrieb am 24. Juni 1931 an Fritz Blanck: „Meine Tochter war an Gehirnhautentzündung erkrankt.“ Die Familienüberlieferung nennt mit der gebotenen Ehrfurcht vor der Verstorbenen einen anderen Grund für Elsbeths Tod: Durch Eheprobleme in tiefe Verzweiflung gestürzt, habe sie eine Überdosis an Tabletten eingenommen, die zu ihrem Tode geführt hätten.

Rudolf Tarnow hat den Tod seiner Tochter, an der er sehr gehangen hat, nicht verwinden können. Der Zustand seiner Gesundheit gab Anlaß zu äußerster Besorgnis. Wie es um ihn und

Verabschiedung Rudolf Tarnows in den Ruhestand am 1. Juni 1932. Rudolf Tarnow vorn in der Mitte, links neben ihm der Anstaltsdirektor Dr. Johannes Fischer

seine Familie stand, beschrieb er in einem Antragspapier vom 17. Juni 1931 an die Direktion des Sachsenberges: „Der herbe Schlag hat mich derartig getroffen, daß ich gezwungen bin, mich vorläufig krank zu melden; auch kann ich meine Frau, die gleichfalls seelisch erschöpft ist, nicht allein lassen, umsomehr als wir eins der verwaisten Kinder zu uns genommen haben. Ich bitte zu gestatten, daß ich die Badekur in ca. 14 Tagen wieder aufnehme." Seiner Bitte wurde stattgegeben. Rudolf Tarnow setzte am 1. Juli 1931 die Kur in Bad Reinerz fort, und zwar in Begleitung seiner Frau. Am 28. Juli sollte die Kur beendet sein. Sie mußten aber die unangenehme Erfahrung machen, wie kostenaufwendig ein solcher Kuraufenthalt, wie teuer das Pflaster in dem Badeort Reinerz war. So gerieten sie in finanzielle Schwierigkeiten. Die vom Schweriner Ministerium gewährte Kurkostenbeihilfe von 150 Mark war längst aufgebraucht. Rudolf Tarnow bat seinen Verleger Fritz Blanck mehrfach inständig, die längst fälligen Honorare von mehreren hundert Mark zu überweisen, doch der war zahlungsunfähig, dem Bankrott nahe.

Am 13. Juli 1931 umriß Tarnow in einem Brief an Blanck noch einmal

Rudolf Tarnow im Kreis der Familie. von links: Schwager Homann aus Parchim, Schwester Minna Homann geb. Tarnow, Sohn Walter Tarnow, Enkelin Gisela Tarnow, Frau Erna Tarnow, Sohn rudi Tarnow, Rudolf Tarnow. Im Hausgarten, Spätsommer 1932

Weihnachten 1932. (Von links nach rechts: Erna Tarnow, Sohn Rudi Tarnow, Rudolf Tarnow, Enkelin Gisela Groth, Sohn Dr. jur. walter Tarnow)

seine finanzielle Englage und die daraus resultierenden Folgen für die Fortführung der Kur: „Unsere Kur brechen wir Ende dieser Woche ab, die zweite Hälfte müssen wir uns verkneifen. Der Arzt hat mit dem Kopf geschüttelt, derartige halbe Kuren wären zwecklos, dann hätten wir nur zu Hause bleiben und das Geld sparen sollen, die bisher verbrauchten 700 Mark sind ins Wasser geworfen.“ Solche Briefpassagen waren nicht bloße Drohungen, um endlich an das ausstehende Geld zu kommen, sie waren Ausdruck der tatsächlichen Finanzsituation Tarnows. Am 20. Juli 1931 ist das Ehepaar Tarnow vorzeitig und voller Ärger und ohne den erhofften Kurerfolg nach Schwerin zurückgekehrt.

Obwohl Tarnows Gesundheit keineswegs wieder hergestellt war, versuchte er seinen Dienst auf dem Sachsenberg zu verrichten. Doch es ging nicht. Ab

6. August 1931 mußte er für längere Zeit dienstunfähig krank geschrieben werden. Vom 3. Dezember an hat er dann einige Stunden täglich arbeiten können. Erst am 23. Januar 1932 erhielt er die ärztliche Erlaubnis, wieder vollen Dienst zu verrichten.

Nachdem Rudolf Tarnow am 25. Februar 1932 sein 65. Lebensjahr vollendet hatte, wurde er auf Grund des Artikels 1 der Landespersonalabbauverordnung zum 1. Juni 1932 in den Ruhestand versetzt. Die förmliche Dienstentlassung fand am 8. Juni 1932, um 11.30 Uhr, im Konferenzzimmer des Hauptgebäudes auf dem Sachsenberg statt. Der Raum war bis auf den letzten Platz gefüllt. Alle wollten sie ihm in dieser feierlichen Stunde des Abschieds die Ehre erweisen und ihm Dank sagen für seine aufopferungsvolle Arbeit, die er 26 Jahre lang als Betriebsinspektor der Heilanstalt Sachsenberg geleistet hat. Das ihm überreichte Dankschreiben des Ministeriums für Medizinalangelegenheiten lautete: „Am 1. Juni 1932 treten Sie in den Ruhestand. Das unterzeichnete Ministerium spricht Ihnen aus dieser Veranlassung für Ihre langjährigen treuen Dienste den Dank des Staates aus und begleitet Ihre Zukunft mit den besten Wünschen.“

Rudolf Tarnows nahe Zukunft war von der bangen Frage bestimmt, ob er die Dienstwohnung, in der er seit 1912 lebte, noch eine Weile nutzen dürfe. Er richtete an das Ministerium für Medizinalangelegenheiten den Antrag: „Das Ministerium bitte ich genehmigen zu wollen, daß bei meinem Ausscheiden aus dem Staatsdienst – 1. Juni 1932 von einer sofortigen Räumung meiner jetzigen Dienstwohnung abgesehen wird, daß es mir vielmehr gestattet wird, bis spätestens 1. April 1933 – Dienstwohnung und Dienstgarten gegen Zahlung der bisherigen Miete resp. Pacht weiter zu benutzen. Ich möchte in Ruhe eine passende Stadtwohnung suchen.“

Das Medizinalministerium bewilligte Tarnows Antrag und zeigte sich auch dann noch konziliant, als abzusehen war, daß es Tarnow nicht gelingen würde, die Dienstwohnung zum vereinbarten Termin freizuräumen. Zum geplanten Umzug in die endlich gefundene Stadtwohnung kam es nicht mehr. Rudolf Tarnow starb am 19. Mai 1933 an den Folgen seines schweren Herzleidens.

Am frühen Nachmittag des 23. Mai 1933 wurde Rudolf Tarnow zu Grabe getragen. Eine unübersehbar große Trauergemeinde hatte sich versammelt. Noch einmal waren sie alle gekommen, denen er nahegestanden, sei es durch seine berufliche Arbeit oder sein literarisches Wirken. Sein Heim vermochte die vielen Menschen nicht zu fassen, die zum letzten Male an seinem Sarge mit den Angehörigen in stiller Andacht verweilen wollten. Gemäß seinem oft geäußerten Wunsch: „Ne plattdütsch Grawred mücht ick hebben, un en plattdütsch Leed söllt ji singen, wenn ji mi to Rauh bringt“, hielt der Schweriner Pastor Schoof

Heute morgen entschlief sanft mein geliebter, treusorgender Mann, mein lieber Vater, Schwiegervater, Opa, unser guter Bruder, der

Oberinspektor a. D.

Rudolf Tarnow

im 67. Lebensjahr.

In tiefem Schmerz
im Namen der Hinterbliebenen

Erna Tarnow geb. Bruns.

Sachsenberg, den 19. Mai 1933.

Die Beerdigung findet in Sachsenberg am Dienstag, den 23. Mai 33, nachm. 2 Uhr, vom Trauerhause in Sachsenberg aus statt.

Es wird gebeten von Beileidsbesuchen absehen zu wollen

TODESANNONCE RUDOLF TARNOWS

eine ergreifende niederdeutsche Trauerandacht. Sie soll die erste gewesen sein, die in Mecklenburg seit rund 200 Jahren wieder in plattdeutscher Sprache gehalten worden ist. Nach dem gemeinsamen Gesang „Still min Hart, ganz lisen, faat di in Geduld“ sprach Pastor Schoof in seiner Andacht über das Bibelwort: „Ick will di segen, un du sast en Segen sin!“ Rudolf Tarnow habe göttliche Gnade erfahren, indem sein Leben reich an Arbeitskraft und Arbeitsfreude gewesen sei. Rudolf Tarnow seinerseits habe durch seine Dichtungen segensreich gewirkt, denn „väl Minschen hett he dat Hart fröhlich makt.“

RUDOLF TARNOW, GESTORBEN AM 19. MAI 1933

GRABSTEIN DER FAMILIE TARNOW AUF DEM SACHSENBERGFRIEDHOF SCHWERIN

Einem Wunsche des Toten entsprechend, nahm der Trauerzug seinen Weg an dem Hauptgebäude der Heil- und Pflegeanstalt vorbei durch den Park hin zum kleinen Friedhof des Sachsenberges. Mit den Angehörigen geleitete ein großes Gefolge den Verstorbenen zu seiner letzten Ruhestätte.

Der Sarg wurde in die Gruft gesenkt, der Tote der Heimaterde zurückgegeben. Auf den Grabstein wird man die Worte schreiben: „Uns Liew ward vergahn, uns Wark blift bestahn.“ Der Freund und mecklenburgische Dichterkollege Gustav Ritter-Grabow verfaßte einen Nachruf auf Rudolf Tarnow. Die Schlußzeilen heißen:

„Liggt Truer hüt ok up uns Hart,
Wiel du nu büst för ümmer gahn,
Dien Nam, dat is gewiß, dei ward
Lebennig in Erinn'rung stahn.“

RUDOLF-TARNOW-BÜSTE. GESCHAFFEN VOM BILDHAUER PREIBISCH AUS BOIZENBURG, 1933

SOHN RUDI TARNOW. KAUFMANN IN MAGDEBURG. FOTO UM 1939. 1939 HEIRAT MIT ILSE WISCHEROPP. KINDER: UWE UND THEA

RUDI TARNOW WAR DER ERBE DER URHEBERRECHTE AN DEN WERKEN DES VATERS. AM 6. JUNI 1944 IST RUDI TARNOW IM ZWEITEN WELTKRIEG BEI DÜNKIRCHEN IN FRANKREICH GEFALLEN. ENKEL UWE TARNOW, HEUTIGER INHABER DER URHEBERRECHTE, SETZT DIE PFLEGE UND VERBREITUNG DER SCHRIFTEN RUDOLF TARNOWS FORT.

Zeittafel

1867
25. Februar: Rudolf Tarnow in Parchim geboren. Vater: Heinrich Tarnow (25. 9. 1837 - 5. 5. 1924), Schuhmacher. Mutter: Dorothea Tarnow geb. Pingel (21. 1. 1844 – 11. 6. 1919).

1873 bis 1881:
Besuch der Mittelschule in Parchim.

1881
Beginn der Kaufmannslehre im Kontor der Tuchfabrik von Carl Heucke in Parchim.

1885
Buchhalter in Melsungen an der Fulda.

1886
1. Oktober 1886 bis 1. November 1887: Angestellter in der Handelsfirma von F. Paul in Wittstock.

1887
Wehrdienst im Mecklenburgischen Dragoner-Regiment Nr. 18 in Parchim.

1888 bis 1892:
Mitglied der Leibkompanie des Großherzogs in Schwerin.

1893
bis Juni 1894: Zahlmeisteraspirant im Dragoner-Regiment Nr. 18 in Parchim.

1893
24. Dezember: Verlobung mit Erna Bruns.

1894
bis 15. April 1906: Zahlmeisteraspirant im Dragoner-Regiment Nr. 17 in Ludwigslust.

1896
7. April: Heirat mit Erna Bruns.

1897
18. Februar: Sohn Walter geboren.

1898
21. Juni: Tochter Elsbeth geboren.

1901
1. März: Sohn Rudolf (Rudi) geboren.

1902
Druck des Gedichtes „Heidland“. – In: De Eekbom, 20. Jg., 15.2.1902, Nr. 4, S. 29.

1906
15. April: Einstellung als Betriebsinspektor an der Heil- und Pflegeanstalt Sachsenberg in Schwerin. Wohnung Wismarsche Straße 173.

1908
bis Ende September 1912: Wohnung Wismarsche Straße 2 / Ecke Molkereistraße.

1910
Rudolf Tarnows „Ein Randewuh im Rathaus zu Stavenhagen. Festdichtung zur Grundsteinlegung des Fritz

Reuter-Denkmals in Stavenhagen am 7. November 1910“ erscheint als Sonderdruck des „Mecklenburgischen Wochenblattes Stavenhagen“ in der Beholtzschen Buchdruckerei Stavenhagen.

1911
„Burrkäwers“ 1. Band erscheint in der Verlagsbuchhandlung Beholtz in Stavenhagen.

1912
1. Oktober: Rudolf Tarnow bezieht Dienstwohnung in Einfamilienhaus auf dem Sachsenberg. „Burrkäwers“ 2. Band erscheint im Verlag von Ludwig Davids in Schwerin. Zwischen 1912 und 1920 erscheinen alle Werke Tarnows bei Ludwig Davids in Schwerin.

1914
„Burrkäwers“ 3. Band erscheint.

1915
„Burrkäwers“ 4. Band erscheint.

1916
„Burrkäwers“ 5. Band erscheint.

1918
„Burrkäwers“ 6. Band erscheint.

1919
Rudolf Tarnow schreibt die Traumdichtung „De Roland von Swerin“.

1920
Tarnows Werke kommen nach dem Tode von Ludwig Davids zur Hinstorffschen Verlagsbuchhandlung in Wismar.

1921
9. Februar bis 13. August: Pressefehde um Tarnows „Burrkäwers“ in den Tageszeitungen Mecklenburgs. „Köster Klickermann“ erscheint (Landschullehrerepos).

1924
Das Kindergedichtsbuch „Rüter-Püter“ erscheint.

1924
Beginn der bis 1933 währenden regelmäßigen Mitarbeit am Hinstorffschen „Voß-un-Haas-Kalender“, für den Tarnow jährlich ein Neujahrsgedicht und mehrere Kindergedichte (För de Gören) schreibt.

1927
„Ringelranken“ erscheint.
Autobiographie „Mein sogenannter Werdegang“.
Tarnow wird Ehrenvorsitzender der Plattdeutschen Gilde Schwerin.

1928
9. November: Das Bühnenstück „De Lübecker Martensmann“ wird von der Plattdeutschen Gilde Schwerin uraufgeführt.

1929
„De Lübecker Martensmann“ erscheint, gedruckt bei E. Köhn, Schwerin.

19. Juni bis 27. Juli:
Herzheilkur in Bad Nauheim.

1930
23. Juni bis 2. August: Herzheilkur in Bad Nauheim.

1931
14. April: Premiere des „Petermännken. En Spill von Globen un Heimat in 4 Biller“ an der Niederdeutschen Bühne im Staatstheater Schwerin.

27. Mai: Beginn der Herzheilkur in Bad Reinerz.

15. Juni: Tod der Tochter Elsbeth.

1. bis 20. Juli: Fortsetzung der Kur in Bad Reinerz in Begleitung seiner Frau Erna Tarnow. Ab 6. August: Rudolf Tarnow für längere Zeit dienstunfähig krank geschrieben.

Ab 3. Dezember: Arbeit nur stundenweise möglich.

1932
1. Juni: Rudolf Tarnow wird in den Ruhestand versetzt.

1933
April: „De Roland von Swerin“ erscheint im Richard Hermes Verlag, Hamburg,

19. Mai: Rudolf Tarnow an den Folgen seines Herzleidens gestorben.

23. Mai: Trauerfeier und Beerdigung auf dem Friedhof des Sachsenberges.

WEIHE DER RUDOLF-TARNOW-STRASSE IN DARGUN AM 4. JUNI 1994 DURCH DEN ENKEL UWE TARNOW

Quellen- und Literaturverzeichnis

Quellen

1. Nachlaß Rudolf Tarnow. Besitzer: Uwe Tarnow (Enkel Rudolf Tarnows), in Alfter-Impekoven. Der Nachlaß gliedert sich in 23 Bestandsgruppen: Biographische Dokumente; Schwankgedichte; Plattdeutsche Prosa; Verlagsverträge; „De Lübecker Martensmann"; Briefe an Tarnow I (1921-1928); Briefe an Tarnow II (1929); Briefe an Tarnow III (1930-1933); Lyrik; Prologe, Festdichtungen,Fahnenweihen; Szenische Entwürfe; Preislieder auf den Kaiser; „Dat Randewuh"; „Köster Klickermann"; „Dat Petermännken"; Verschiedenes (Sohn Rudolf und Familie Wischeropp); Verlagsabrechnungen 1932-1945; Briefwechsel zwischen Sohn Rudolf Tarnow und Fritz Blanck 1933/ 1934; Tarnow-Veranstaltungen (Plakate, Einladungen); Tarnow im Rundfunk; Sinnsprüche; Werbesprüche; Blaue Mappe (darin: „Ringelranken" und Briefe an Tarnow 1922-1932).

2. Bestand Rudolf Tarnow. – In: Handschriftensammlung des Fritz-Reuter-Literaturmuseums Stavenhagen. Zum Bestand gehören:
„Rüter-Püter" (Typoskript mit handschriftlichen Marginalien);
Briefwechsel zwischen Rudolf Tarnow und Verleger Fritz Blanck
1927-1932 (185 Blätter); Foto-Sammlung Rudolf Tarnow und Familie.

3. Bestand Rudolf Tarnow. – In: Stadtarchiv Schwerin. Zum Bestand zählen: Zeitungsartikel; Briefe an Tarnow; Fotos.

4. Bestand Rudolf Tarnow. – In: Landeshauptarchiv Schwerin. Der Bestand enthält: Briefe Tarnows an den Großherzog; Manuskript „De Roland von Swerin"; Stellungnahmen Tarnows zu Dienstanweisungen.

5. Tarnow-Sammlung. – In: Karbe-Wagner-Archiv Neustrelitz. Der Tarnowbestand enthält: Briefe an Rudolf Tarnow; Kondolenzschreiben zum Tode Tarnows; Fotos; Zeitungsartikel.

6. Tarnow-Mappe. – In: Hinstorff Verlag Rostock. In der Mappe sind: Briefe Rudolf Tarnows an Verleger Fritz Blanck 1921-1931; Briefe und Aufsätze zur Pressefehde 1921 (Läuschenkrieg).

7. Rudolf Tarnows Personalakte. – In: Archiv der Nervenklinik Schwerin (Sachsenberg). Inhalt der Personalakte: 150 Dokumente (125 amtlich numeriert, Lücken) aus der Beamtenzeit Tarnows als Betriebsinspektor der Heil- und Pflegeanstalt Sachsenberg von 1906 bis 1933.

8. Museum der Stadt Parchim: Bildsammlung und Archiv (Unterlagen zur Parchimer Schuster-Innung).

9. Tarnow-Archiv. – Bei: Dr. Arnold Hückstädt, Stavenhagen. Das Archiv enthält: Erstdrucke der Schriften Rudolf Tarnows; Manuskripte zu Gelegenheitsdichtungen und Bühnenstücken; Briefe; Fotos von Rudolf Tarnow, von der Familie und von Zeitgenossen; Zeitungsbeiträge über Tarnow. – Tarnow-Mappe (zusammengestellt von Frau Elli Koß, Grimmen).

Werke

Burrkäwers. 1. Band. – Stavenhagen: Beholtzsche Verlagsbuchhandlung, o.J. (1911)

Burrkäwers. 2. Band. – Schwerin: Verlag von Ludwig Davids, o.J. (1912)

Burrkäwers. 3. Band. – Schwerin: Verlag von Ludwig Davids, o.J. (1914)

Burrkäwers. 4. Band (Kriegsband). – Schwerin: Verlag von Ludwig Davids, o.J. (1915)

Burrkäwers. 5. Band (2. Kriegsband). – Schwerin: Verlag von Ludwig Davids, o.J. (1916)

Burrkäwers. 6. Band (3. Kriegsband)., Schwerin: Verlag von Ludwig Davids, o.J. (1918)

Köster Klickermann. – Wismar: Hinstorffsche Verlagsbuchhandlung, 1921

Rüter-Püter. För lütt un grot Kinner, – Wismar: Hinstorffsche Verlagsbuchhandlung, 1924

Ringelranken. Iernste un spaßige Gedichte. – Wismar: Hinstorffsche Verlagsbuchhandlung, 1927

De Lübecker Martensmann. Ein Heimatspill ut olle Tieden in fief Biller. Rutgäben von de Plattdütsch Gill tau Swerin. – Schwerin: Buchdruckerei E. Köhn, 1929

För de Gören (70 Kindergedichte). – In: Mecklenburg-Schwerinscher und Mecklenburg-Strelitzscher Kalender. – Wismar: Hinstorffsche Verlagsbuchhandlung, Jahrgänge 1924 bis 1933

Zehn Niejohrsgedichte. – In: Ebenda, Jahrgänge 1924 bis 1933

De Roland von Swerin. Ein Mahnraup ut swiere Tieden. – Hamburg: Richard Hermes Verlag, o.J. (1933)

Rudolf Tarnow. He läwt! Utwahl ut sien Dichtungen. Mit einem Vorwort: Rudolf Tarnow läwt. Von Dr. Paul Buhle. – Wismar: Hinstorffsche Verlagsbuchhandlung, 1935

Rudolf Tarnow. Lütt bäten Hoeg un Brüderie. Reimschwänke, Gedichte, Kurzprosa. Ausgewählt und herausgegeben von Arnold Hückstadt.
Rostock: Hinstorff Verlagt 1985 (Nachwort, S. 227 bis 236)

Rudolf Tarnow. In't Johr Tweidusend. Burrkäwers aus nachgelassenen Papieren. Herausgegeben von Arnold Hückstädt. – Rostock: Konrad Reich Verlag, 1992 (Nachwort, S. 119 bis 135)

Nicht gedruckte Texte Rudolf Tarnows (Nachlaß)

Fünf plattdeutsche Fastnachtsspiele nach Vorlagen von Hans Sachs:

Dat Kälwerutbräuden, o.J., Bühnenmanuskript
De Reis' in't Paradies, o.J., Bühnenmanuskript

Uhlenspeigel un de drei Blinden, 1930. Bühnenmanuskript

De dodig Ehemann, 1931. Bühnenmanuskript

De Düwel un dat olle Wief, 1931. Bühnenmanuskript

Petermännken. En Spill von Globen un Heimat in 4 Biller, 1930 (1931 uraufgeführt), Bühnenmanuskript

Randewuh, 1930 (dramatisierte Fassung des „Randewuh in'n Rathus tau Stemhagen"). Bühnenmanuskript

Verschiedene Gelegenheitsgedichte und Sprüche

Schriften über Rudolf Tarnow

Walter Lehmbecker: Rudolf Tarnow. Leben und Schaffen. – Hamburg: Verlag Krüger und Nienstedt, 1967 (37 Seiten)

Rudi Schütt: Rudolf Tarnow – Leben und Werk. Staatsexamensarbeit. Universität Rostock, 1968 (unveröffentlicht; aufbewahrt im Karbe-Wagner-Archiv Neustrelitz und im Tarnow-Archiv Dr.Arnold Hückstädt, Stavenhagen)

Arnold Hückstädt: Rudolf Tarnow. Lebensskizze, Bilddokumente und ausgewählte Burrkäwers. – Neubrandenburg/Stavenhagen: Kikut 9, Sonderheft, 1984 (62 Seiten)

Zeitschriften- und Zeitungsbeiträge (Auswahl)

Burrkäwers. Von Rudolf Tarnow. – In: Mecklenburgisches Wochenblatt Stavenhagen, vom 16.12.1911

Rudolf Tarnow. – In: Niedersachsenbuch. – Hamburg 1919, 3.Jg., S. 83

Fritz Specht: Rudolf Tarnow. – In: Mitteilungen aus dem Quickborn. Hamburg 1921, 14. Jg., Nr. 1, S. 5457

Dr. Alfred Huhnhäuser: Ein Beitrag zur Läuschendichtung. – In: Rostocker Anzeiger, Nr. 33, vom 9.2.1921

H.K.A. Krüger: Tarnow und die Läuschendichtung. – In: Mecklenburgische Zeitung, Nr. 41, vom 12.2.1921

Paul Fr. Evers: Stolzing-Beckmesser; Tarnow-Huhnhäuser. – In: Mecklenburgische Nachrichten, Nr. 37, vom 13.2.1921

Gustav Struck: Die Läuschendichtung und Tarnow. Ein unerfreuliches Kapitel plattdeutscher Literaturgeschichte. – In: Rostocker Zeitung, Nr. 42, vom 22.2.1921

Die Pressefehde über Tarnows „Burrkäwers" 1921 (Mappe mit 21 Zeitungsartikeln). – In: Landesbibliothek Schwerin, Inventar-Nummer Jz II 4052/1

Fritz Specht: Köster Klickermann. Von Rudolf Tarnow. – In: Mitteilungen aus dem Quickborn. – Hamburg 1922, Nr. 2, S. 45

Georg Clasen: Rüter-Püter. Von Rudolf Tarnow. – In: Mitteilungen aus dem Quickborn. – Hamburg 1925, 18, Jg., Nr. 4, S. 101

Eine Selbstbiographie Rudolf Tarnows. – In: Mecklenburgische Nachrichten, Nr. 38, vom 12.2.1927

Wilhelm Neese: Rudolf Tarnow. – In: De Eekboom, 1927, 45. Jg., Nr. 2, S. 28-32

(H.K.A. Krüger): Rudolf Tarnows Ringelranken. – In: Mecklenburgische Zeitung, von 1927 (in Tarnow-Archiv Dr. Arnold Hückstädt, Stavenhagen)

Der wiedererstandene Martensmann. (Von Rudolf Tarnow). – In: Mecklenburgische Zeitung, vom 8. 11. 1928

Rudolf Tarnow: Mein sogenannter Werdegang.– In: Hinstorffs Jubiläums-Almanach 1831-1931. – Wismar 1930, S. 86 f.

Niederdeutsche Bühne: Petermännken. Von Rudolf Tarnow. – In: Mecklenburgische Zeitung, vom 14. 4. 1931

Uraufführung: Petermännken. Von Rudolf Tarnow. – In: Rostocker Anzeiger, vom 15. 4. 1931

Petermännken. Rudolf Tarnows neues Heimatspiel. – In: Norddeutsche Post Parchim, vom 19. 4. 1931

Der plattdeutsche Dichter Rudolf Tarnow. Zu seinem 65. Geburtstag. In: Heimatleiw un Muddersprak. – Greifswald, 11. Jg., Nr. 10, vom 4. 3. 1932

Rudolf Tarnow to sin 65. Geburtsdag. – In: De Wiespaal. Monatliche Bilag vun den Lübecker General-Anzeiger, Nr. 6, vom 18. 6. 1932

Rudolf Tarnows letzte Fahrt. – In: Mecklenburgische Zeitung, vom 23. 5. 1933

Rudolf Tarnows letzte Fahrt. – In: 1. Beiblatt des Niederdeutschen Beobachters, Nr. 120, vom 24. 5. 1933

Rudolf Tarnow zum Gedächtnis. – In: Mecklenburgische Zeitung, Nr. 225, vom 26.9.1933

Rudolf Tarnow. – In: Mecklenburg-Schwerinscher und Mecklenburg-Strelitzscher Voß un Haas Kalender auf das Jahr 1934. – Hinstorffsche Verlagsbuchhandlung, Wismar

Uns' Rudolf Tarnow. Niederdeutsche Dichterstunde im Staatstheater. In: Mecklenburgische Zeitung, vom 5. 4. 1934

He läwt. Von Rudolf Tarnow. – In: Mitteilungen aus dem Quickborn, Jg. 28, 1934/35, S. 93

C.F. Maaß: He läwt! Im Andenken än Rudolf Tarnow. – In: Mecklenhurgische Monatshefte, XI. Jg., 1935, S. 188/189

Dr. Paul Buhle: De Plattdütsch Gill fiert Heimatfest (mit Bezug auf Rudolf Tarnow). In: Mecklenburgische Monatshefte, XII. Jg., April 1936, S. 210/211

Richard Spethmann: Rudolf Tarnow am 70. Geburtstag. – In: 1. Beiblatt der

Mecklenburgischen Zeitung, Nr. 45, vom 23. 2. 1937, S. 4

Alt-Schweriner Porträts. 7. Rudolf Tarnow. – In: Demokrat, vom 4. 3. 1954

Un ick heff mi dacht: Na, denn man tau. Vor 90 Jahren wurde Rudolf Tarnow geboren. Nach seinem Werk viel Nachfrage. – In: Der Demokrat, vom 23./24. 2. 1957

Ein Dichter unserer Heimat. Zum morgigen 100. Geburtstag von Rudolf Tarnow. – In: Der Demokrat, vom 27. 2. 1967

Jürgen Grambow: Pressefehde um einen Umstrittenen. – In: Der Demokrat, vom 17.1.1984

Arnold Hückstädt: Kindheit am Parchimer Kreuztor. Biographische Notizen über Rudolf Tarnow (1). – In: Norddeutscher Leuchtturm, Nr.1567, vom 27.5.1983, S. 6

Arnold Hückstädt: Inspektor auf dem Sachsenberg. Biographische Notizen über Rudolf Tarnow (2). – In: Norddeutscher Leuchtturm, Nr. 1568, vom 3.6.1983, S. 6

Jürgen Borchert: Kein neuer Läuschenkrieg. Neues Kikut-Heft über Rudolf Tarnow. In: Schweriner Volkszeitung, vom 16. 3. 1985

Jürgen Borchert: Ick bün wedder dor! Die Renaissance des Rudolf Tarnow.: In: Freie Erde, vom 2. 3. 1985

Gerd Richardt: Tarnows Größe und Grenze. – In: Ostsee-Zeitung, vom 29./30. 6. 1985, S. 4

Volksverbundene niederdeutsche Lyrik. Gedichtband „Lütt bäten Hoeg un Brüderie“ von Rudolf Tarnow. – In: Thüringer Tageblatt, vom 13. 7. 1985

Holger Becker: Reimschwänke und Prosa aus Mecklenburger Landen. Rudolf Tarnow: Lütt bäten Hoeg un Brüderie. – In: Neues Deutschland, vom 3. 8. 1985

Elelmuth Behm: Niege Burrkäwers von Rudolf Tarnow. – In: Nordkurier, vom 3. 6. 1992, S. 23

Bildnachweis

Für die Abbildungen ohne Nachweis stammen die Bildvorlagen aus dem Archiv des Autors.

Fritz-Reuter-Literaturmuseum Stavenhagen Cover, Frontispiz, S. 33, 35, 36, 37 unten, 38, 94 unten, 136, 156 unten
Karbe-Wagner-Archiv Neustrelitz S. 55, 139
Stadtarchiv Schwerin S. 27, 29, 30, 34, 37 oben, 103, 104
Museum Parchim S. 17, 20
Jürgen Borchert S. 60
Klaus-Jürgen Groth S. 137, 147 unten
Heinrich-Jürgen Koß S. 120
Dr. Wolfgang Lindow S. 85
Ilse Tarnow S. 48, 158 unten links, 159 unten
Dr. Werner Stockfisch S. 130
Dr. Ralf Wendt S. 7, 23, 31, 32

Dank

Der Autor bedankt sich sehr herzlich für die freundliche Unterstützung, die er bei der Erarbeitung der vorliegenden Tarnow-Biographie von vielen Institutionen und Personen erhalten hat. Mit hilfreichen Informationen, Schriftstücken und Bilddokumenten förderten das Zustandekommen dieser biographischen Arbeit:

- Handschriftensammlung des Fritz-Reuter-Literaturmuseums Stavenhagen; Hinstorff Verlag Rostock (Archiv); Karbe-Wagner-Archiv Neustrelitz; Landeshauptarchiv Schwerin; Museum der Stadt Parchim; Stadtarchiv Parchim; Nervenklinik Schwerin-Sachsenberg (Archiv); Stadtarchiv Schwerin.

- Jürgen Borchert, Schwerin; Dr. Arwed Bouvier, Schwerin; Hartmut Brun, Polz ; Dr. Jürgen Grambow, Rostock; Grete Grewolls, Schwerin; Kurt Harland, Schwerin; Wolfgang Kaelcke, Parchim; Heinrich-Jürgen Koß, Woltersdorf; Dieter Krüger, Neubrandenburg; Peter Kunze, Schwerin; Kurt Lange †, Schwerin; Helga Leopoldi, Schwerin; Dr. Wolfgang Lindow, Bremen; Dr. Siegfried Neumann, Rostock; Erhard Piersig, Schwerin; Hermann Rhein †, Wismar; Rolf Seiffert, Schwerin; Karl Taeschner †, Parchim; Dr. Ralf Wendt, Schwerin.

Ein ganz besonderer Dank gebührt dem Tarnowenkel, Herrn Uwe Tarnow in Alfter, der den in seiner Familie aufbewahrten Nachlaß des Dichters zur Auswertung und fachlichen Nutzung für die Biographie zur Verfügung stellte. Zu herzlichem Dank verpflichtet ist der Autor auch Frau Ilse Tarnow in Velbert, der Schwiegertochter Rudolf Tarnows, und dem Tarnowenkel, Herrn Klaus-Jürgen Groth in Schwerin.